I0796183

EL NUEVO MILLONARIO
DE LA PUERTA DE AL LADO

Thomas J. Stanley • Sarah Stanley Fallaw

EL NUEVO MILLONARIO
DE LA PUERTA DE AL LADO

Estrategias imperecederas para acumular riqueza

EDICIONES OBELISCO

Si este libro le ha interesado y desea que le mantengamos informado de nuestras publicaciones, escríbanos indicándonos qué temas son de su interés (Astrología, Autoayuda, Psicología, Artes Marciales, Naturismo, Espiritualidad, Tradición…) y gustosamente le complaceremos.

Puede consultar nuestro catálogo en www.edicionesobelisco.com

Esta publicación está diseñada para proporcionar información rigurosa y acreditada con respecto a los temas de discusión cubiertos. Se vende entendiéndose que ni el autor ni el editor están implicados en la provisión de servicios legales, sobre inversiones, contabilidad u otros servicios profesionales. Si se requiere de asesoría legal o de otro tipo de asistencia experta, se deberían buscar los servicios de un profesional competente. La mayoría de los nombres que aparecen en los casos prácticos son pseudónimos usados para proteger el anonimato de las personas implicadas.

Colección Éxito
El nuevo millonario de la puerta de al lado
Thomas J. Stanley y *Sarah Stanley Fallaw*

1.ª edición: septiembre de 2020
5.ª edición: enero de 2025

Título original: *The Next Millionaire Next Door*

Traducción: *David N. M. George*
Corrección: *Sara Moreno*
Diseño de cubierta: *Enrique Iborra*

Edita: Ediciones Obelisco, S. L.
Collita, 23-25. Pol. Ind. Molí de la Bastida
08191 Rubí - Barcelona - España
Tel. 93 309 85 25
E-mail: info@edicionesobelisco.com

ISBN: 978-84-9111-590-8
Depósito Legal: B-7.344-2020

Impreso en los talleres gráficos de Romanyà/Valls S. A.
Verdaguer, 1 - 08786 Capellades - Barcelona

Printed in Spain

En memoria de mi padre, Thomas J. Stanley; a mi valiente madre,
Janet G. Stanley; y a Tim, Anna, Kate y Julie.

PRÓLOGO

Durante casi cuarenta años, mi padre, Thomas J. Stanley, estudió a los estadounidenses acaudalados para descubrir y destacar caminos hacia la independencia financiera y el éxito económico que no dependieran de herencias o de otros grandes regalos monetarios. Descubrió algunos componentes universales en su trabajo, pero también vio que había muchos caminos que conducían hacia la riqueza que implicaban muchas elecciones singulares con respecto a las decisiones relativas a la carrera profesional, el consumo y el mundo de los negocios.

A pesar de los principios de planificación financiera basados en las pruebas encarnados en su libro *El millonario de la puerta de al lado: los sorprendentes secretos de los millonarios estadounidenses,*[1] *(MPA)*, y los caminos demostrados hacia la acumulación de riqueza que se han documentado de forma bastante clara, mucha gente sigue preguntando: «¿Por qué no soy rico?». Tanto si eres un pequeño empresario, profesor, abogado o un profesional de las ventas, hay un enfoque disciplinado y metódico para acumular riqueza que se ha visto que funciona. Tal y como escribió mi padre en *MPA*: «Ellos [los millonarios descritos en el libro] lo hicieron lenta y constantemente, sin firmar un contrato millonario con los Yankees, sin ganar la lotería, sin convertirse en el próximo Mick Jagger».[2]

1. Publicado por Ediciones Obelisco, Barcelona, 2019.
2. Stanley y Danko, 1996, pág. 3.

Este enfoque lento y constante se aplica a muchos de los retos propios de la vida, como aprender una nueva habilidad, ponerse o permanecer en una buena forma física, criar a tus hijos o comenzar un nuevo negocio. Alcanzar cualquier meta importante (incluyendo la independencia económica) requiere de una acción disciplinada a lo largo del tiempo, la conciencia de tus propias habilidades y la distribución eficaz de los recursos.

Pero el deseo de un cierto tipo de estilo de vida (uno con un nivel necesario de consumo y de exhibición de estatus) sigue haciendo que el viaje sea difícil para la mayoría de nosotros. Un estilo de vida que se ve dictado por lo que los demás hacen, conducen o visten no puede ser mantenido por la mayoría sin un enorme flujo de dinero entrante. Muchos de nosotros simplemente aceptamos nuestros hábitos actuales o rehusamos llevar a cabo el difícil trabajo para cambiarlos, mientras nos quejamos y solemos sucumbir a una vida de dependencia y preocupación.

A pesar de las protestas de algunos críticos hacia su trabajo, mi padre no era inocente y afirmaba muy claramente que las probabilidades de convertirse en alguien extraordinariamente rico partiendo de la nada no eran muy elevadas; pero sus investigaciones mostraron, una y otra vez, que los comportamientos pueden modificar las circunstancias de alguien, y su vida supuso una de estas historias. Había modificado meticulosa y constantemente la forma en la que se comportaba para convertirse en alguien económicamente independiente y superó sus orígenes increíblemente humildes.

Mi padre nunca quiso hacer una segunda edición de *MPA,* un libro que se ha convertido en un clásico desde su publicación en 1996 en EE. UU., en parte porque prefería escribir nuevos libros para sus lectores que aportaran unos puntos de vista distintos (o nuevos) sobre el asunto de la abundancia y la acumulación que riqueza en Estados Unidos. Sus libros posteriores incluyeron *The Millionaire Mind*, *Millionaire women next door* y *Stop Acting Rich*. Las investigaciones y el desarrollo de este libro empezaron en 2012, anticipando el vigésimo aniversario de la publicación de *MPA* en 2016. El objetivo original era el de examinar tendencias a lo largo del tiempo relacionadas con algunos nuevos temas, además de incluir comparaciones con los datos obtenidos para las anteriores obras de mi padre.

Juntos, decidimos echar otro vistazo a los millonarios de Estados Unidos para ver qué cambios (si es que se habían producido) podían apreciarse veinte años después de la publicación original de *MPA*, además de años después de la publicación de sus otras obras. Nuestro objetivo era el de reexaminar los rasgos comportamentales clave de los millonarios de la puerta de al lado mientras, al mismo tiempo, teníamos en cuenta el aspecto que tenía el acumular riqueza en la actualidad. Mi padre, el fundador original del Instituto del Mercado Próspero (Affluent Market Institute) y el autor del título original, aportó su punto de vista de la época del *baby boom* y su experiencia en las investigaciones de mercado al proyecto, mientras que yo, miembro de la generación X, con formación como psicóloga industrial, trabajé a su lado.

Teníamos otro plan en reserva, uno que modificaba el libro que estás leyendo de forma importante. Mi padre murió por culpa de un conductor borracho en 2015, la víspera del día en que íbamos a enviar la primera serie de invitaciones para la investigación. Tras su fallecimiento, asumí la tarea de recopilar sus notas junto con los hallazgos de la investigación de nuestro último estudio, entrelazando las notas, los blogs y las ideas que hubiera querido incluir en un nuevo libro en forma de capítulos junto con la interpretación de datos nuevos y otros que me había aconsejado recopilar en los años anteriores. Esta agridulce tarea me llevó más de tres años. Mientras tuve acceso a muchas de sus notas y escritos, no pude sustituir la singular perspectiva de mi padre en los nuevos datos y titulares actuales. Debido a ello, me vería obligada a presentar, humildemente, mis propias interpretaciones.

Había varias razones por las cuales sentí que, a pesar de la ausencia de mi padre, este proyecto debía completarse. Son las mismas razones por las cuales la investigación en los campos de la ciencia del consumo, la planificación financiera, la economía conductual y la psicología social dedicada a ayudar a la gente a tener éxito financiero deben proseguir también. En resumen, necesitamos un estudio científico continuo sobre cómo las personas pueden acumular riqueza por su cuenta para así confirmar o refutar mitos sobre la riqueza, anécdotas e historias para sentirse bien. Necesitamos emplear el rigor científico para separar lo que *suena bien* de lo que *funciona de verdad*.

Los mitos acerca de la riqueza siguen abundando en EE. UU. Los medios, el gobierno y la mente de los estadounidenses siguen confundiendo los ingresos con la riqueza. Cualquiera que haya amasado una fortuna por su cuenta suele ser visto con suspicacia, como si el único camino para el éxito financiero requiriese de elevados niveles de «ayuda económica externa» (regalos pecuniarios por parte de familiares), de ganar la lotería o de la falta de honestidad. Las imágenes brillantes y relucientes llenan la información que aparece en nuestras redes sociales y nos siguen confundiendo con respecto a la realidad de llegar a tener éxito económico.

Muchos de nosotros estamos penosamente mal preparados, y en algunos casos somos incapaces de gestionar nuestros propios asuntos económicos. Casi la mitad de los estadounidenses no podrían cubrir un gasto de cuatrocientos dólares estadounidenses (unos trescientos sesenta euros)[3] sin tener que vender algo o pedir dinero prestado.[4]

Seguimos, como nación, preocupados por nuestras finanzas. La Asociación Estadounidense de Psicología vio que casi el 64 % de los estadounidenses piensa que el dinero es una fuente de estrés «bastante o muy importante» en su vida.[5]

Esto sufre altibajos con la economía, pero el dinero suele ser el principal factor de estrés para los estadounidenses, superando el trabajo, las preocupaciones relativas a la salud y los problemas familiares.

Por último, es importante señalar que algunos críticos de *MPA* sugirieron que el *boom* del mercado de valores alimentado por la economía de Internet, que estaba en desarrollo a mediados de la década de 1990, fue la razón del éxito de las personas incluidas en el libro o, alternativamente, que el sesgo de la supervivencia (afirmando que los datos sólo se fijaban en aquellos que habían tenido éxito a la hora de hacerse ricos y no en si aquellos que fracasaron mostraban las mismas características) era la explicación de los resultados. Los críticos ignoraron que había comparaciones claras (y frecuentemente diferencias significativas) en su obra entre los *acumuladores*

---

3. De acuerdo con la cotización dólar estadounidense-euro (1 dólar = 0,91 euros) en enero de 2020. *(N. del T.)*
4. Reserva Federal de EE. UU. (Federal Reserve), 2015.
5. Asociación Estadounidense de Psicólogos (American Psychological Association), 2015.

prodigiosos de riqueza, que eran eficaces a la hora de transformar sus ingresos en riqueza, y los *malos acumuladores de riqueza,* que eran aquellos que con los mismos niveles de ingresos tenían poco que mostrar en sus cuentas. Los mismos comportamientos y hábitos examinados en *MPA* también se han aplicado a poblaciones formadas por personas del mercado de masas o aquéllas con un alto poder adquisitivo (es decir, aquéllas que no han «sobrevivido» para ser ricas todavía), y los datos de estas poblaciones de no-millonarios revela, constantemente, una correlación positiva entre una acumulación de riqueza acelerada y factores como tomar decisiones financieras prudentes, ignorando las presiones sociales para gastar, y estar enfocado en las metas.[6]

Este libro no sólo incluye descripciones e interpretaciones de los datos recabados justo antes y después del fallecimiento de mi padre, sino también pasajes escritos por él, normalmente en forma de entradas de blog que había marcado para que se incluyeran en el libro. En su mayor parte, los datos destacados en este libro se recopilaron durante 2015 y 2016, pero también incluí resultados de encuestas de otros estudios complementarios llevados a cabo entre 2012 y 2018 junto con los datos recopilados por mi empresa de investigación de datos, DataPoints, en distintos momentos a lo largo del tiempo.

En términos de la voz narrativa, decidí usar el pronombre *nosotros* a lo largo de este libro. Sin embargo, en algunos casos el lector también verá recuadros que subrayan el trabajo individual de mi padre y que incluyen notas, entradas de blog, ideas de capítulos y revisiones de datos. Pensé que eran fundamentales para el libro y que el lector debía saber que éstas eran sus propias palabras. En otros casos, he incluido algunas secciones con mis propias palabras, apuntando que son mis propias experiencias e investigaciones a las que me estoy refiriendo.

Su muerte prematura en 2015 ha dejado un vacío no sólo en la vida de su familia más cercana, sino que, basándome en los numerosos mensajes que recibimos en su página web y a través de otras fuentes durante la época posterior a su fallecimiento, también lo ha dejado en las vidas de los lectores de sus libros y su blog que estaban buscando ayuda o ánimos en sus viajes hacia la independencia económica.

6. Fallaw, 2017.

Con todos estos emotivos aspectos como telón de fondo, ofrezco este libro como una continuación de las investigaciones y el trabajo de mi padre. Durante los días posteriores a la tragedia que se cobró su vida, algunos en los medios aprovecharon la oportunidad para afirmar que el concepto del millonario de la puerta de al lado estaba muerto. Eso no es lo que dicen los datos. Espero que este libro demuestre que el millonario de la puerta de al lado sigue muy vivo y goza de muy buena salud, y que cualquiera que esté dispuesto a trabajar en ello puede seguir alcanzando el éxito económico.

Sarah Stanley Fallaw
Atlanta (Georgia)
Junio de 2018

Capítulo 1

EL MILLONARIO DE LA PUERTA DE AL LADO ESTÁ VIVO Y GOZA DE BUENA SALUD

Cree que puede hacerse. Cuando creas que algo puede hacerse, cuando lo creas de verdad, tu mente dará con formas de hacerlo. Creer en una solución sienta las bases para la solución.

DAVE SCHWARTZ, *La magia de pensar en grande*

El doctor Thomas J. Stanley pasó la mayor parte de su carrera profesional observando cómo los estadounidenses alcanzaban el éxito económico por su cuenta. Estudió a empresarios, ejecutivos, profesores, ingenieros y toda una multitud de personas con unos ingresos medios o por encima de la media para responder a la siguiente pregunta: ¿por qué algunas personas tienen una mejor capacidad para *transformar* sus ingresos en riqueza? Las obras publicadas como producto de esta vida de investigación para responder a esta pregunta han vendido más de 5 millones de libros.

¿Por qué tuvo esta obra un impacto tan importante? Puede que fuera porque las investigaciones revelaron que la riqueza podía conseguirse a través de nuestras propias conductas: no había condiciones previas, como unos derechos de nacimiento o un origen étnico privilegiados. A pesar de los titulares sensacionalistas que defendían lo contrario, sigue siendo posible, en la actualidad, acumular riqueza sin una herencia recibida al contado o un boleto de lotería ganador. Mientras las libertades de las que gozamos en Estados Unidos sigan existiendo, habrá personas que acumulen riqueza no debido a la suerte, ni al color de su piel, ni al éxito de sus progenitores, sino debido a las metas que se marcan, las conductas que emplean para alcanzar sus objetivos y su capacidad para ignorar las distracciones y a sus detractores a lo largo del camino.

Los sellos distintivos de lo que hizo *un millonario de la puerta de al lado* hace veinte años siguen siendo válidos. Vivir por debajo de tus medios supone, simplemente, otra forma de expresar una ecuación matemática: una ecuación que funciona independientemente de los panoramas políticos, los entornos económicos y las modas cambiantes. Las matemáticas siempre funcionan, pero las distracciones cotidianas, ya se traten de la mentalidad de permutar las cosas por algo de valor superior propia de la década de 1990 y principios de la de 2000, o las redes sociales siempre presentes de la actualidad, alejan a mucha gente del sencillo poder de ahorrar más de lo que gasta. El aumento de los costes de la asistencia sanitaria y la educación también requieren que pensemos de forma diferente en la manera en la que vivimos la vida: puede que el estilo de vida o la trayectoria laboral tradicionales que siguieron nuestros progenitores o nuestros abuelos no contribuyan a la acumulación de riqueza en la actualidad.

Pese a ello, algunos críticos han argumentado que el mismísimo concepto del millonario de la puerta de al lado está muerto, que el *boom* de las acciones alimentado por Internet en la década de 1990 dio lugar a las historias de éxito cubiertas por mi padre en *El millonario de la puerta de al lado,* y que el sesgo de la supervivencia estaba presente en nuestro conjunto de datos (es decir, la idea de que habíamos analizado sólo a los «ganadores», y que los «perdedores» desde el punto de vista económico podrían haber compartido las mismas características); pero afortunadamente, para aquellos que estén buscando la independencia económica, nuestro estudio más reciente y los datos resultantes indican que los comportamientos, los hábitos y los estilos de vida que contribuyen a la acumulación de riqueza no han cambiado en los últimos veinte años, y no dependen de las preocupaciones económicas, sociales o tecnológicas de su tiempo. Hemos visto que incluso en poblaciones no prósperas, las mismas características separan a aquellos que tienen más éxito transformando los ingresos en riqueza de aquellos que tienen menos éxito.

IDENTIFICANDO A LOS MILLONARIOS DE LA PUERTA DE AL LADO

Hay una base científica para dar con los millonarios, pero como son un subconjunto tan pequeño de la población estadounidense, obtener un gran número de ellos para cualquier intento de investigación mediante encuestas puede suponer un reto. Hay enormes conjuntos de datos y direcciones ligados a códigos postales que permiten que los investigadores tomen muestras en presuntos vecindarios con ingresos elevados y grandes fortunas personales, pese a que en esos vecindarios no todos sus residentes son millonarios. Las investigaciones tradicionales basadas en encuestas y los procedimientos para los mercados objetivos no son, necesariamente, métodos infalibles para encontrar a millonarios de la puerta de al lado, ya que los millonarios suelen acumular riqueza no gastando una fortuna en su residencia principal, haciendo así que sea menos probable que vivan en vecindarios pudientes. Pese a que se les pueda ver en esfuerzos destinados a la colaboración masiva y en blogs sobre la independencia económica, suelen guardarse para sí mismos la realidad de su éxito económico. Después de todo, la inclinación por no *parecer* ricos les ayudó, en primer lugar, a llegar al lugar en el que se encuentran.

Pero hoy en día sigue habiendo un grupo de personas que acumula riqueza por su cuenta y, ciertamente, en sus propios términos. Muchos de los millonarios de la puerta de al lado que aparecen en este libro y en obras anteriores nos escribieron para compartir sus historias. Aunque este grupo no se enorgullece transmitiendo su éxito al mundo, disfruta compartiendo sus experiencias (frecuentemente de forma anónima) con otros dispuestos a seguir su ejemplo. Mediante nuestra investigación con muestras obtenidas de la población general, también nos encontramos con personas adecuadamente etiquetadas como millonarias de la puerta de al lado *emergentes*. Éstas son personas que todavía no son millonarias, pero que, ciertamente, están camino de serlo.

Identificar a aquellos que están versados en transformar los ingresos en riqueza lleva más esfuerzo que una compra aislada como consumidores o un puesto de trabajo. Es cierto que los millonarios de la puerta de al lado que estudió mi padre y a los que entrevistó en 1996 solían trabajar en lo que la gente podría considerar sectores aburridos o mundanos, como el de la contabilidad o el de la chatarra. Hoy, igual que sucedía en 1996, los profesionales como los ingenieros y los profesores suelen poseer las características, personalidades y habilidades que les permiten transformar, de forma prodigiosa, sus ingresos en riqueza; pero nunca ha ocurrido que *todos* los pequeños empresarios o personas que trabajan en el sector de la chatarra tengan éxito transformando sus ingresos en riqueza. Tampoco ha sucedido nunca que *todos* los propietarios de coches viejos, relojes baratos y hogares modestos posean los conocimientos, talentos, habilidades y competencias para acumular riqueza por su cuenta. Éstos son marcadores, tal y como mostraba mi padre, pero no necesariamente *predictores*. No: en lugar de ello debemos tener en cuenta un patrón más amplio de comportamientos y experiencias frente a una única decisión financiera o elección con respecto al estilo de vida.

ALGUIEN OLVIDÓ CONTÁRSELO A LA COMUNIDAD DE LA INDEPENDENCIA ECONÓMICA

Desde la publicación de *MPA* en 1996, se ha desarrollado toda una comunidad que centra su estilo de vida y sus esfuerzos en la capacidad de retirarse (o de tener la opción de abandonar el trabajo retribuido) en una época de la vida que en la actualidad suele ser insólita. ¿Treintañeros que ahorran lo suficiente como para dejar de trabajar? Algunas de las mejores pruebas de que los millonarios de la puerta de al lado están vivos y gozan de buena salud es la dinámica comunidad *online* a la que se hace referencia como «IE/JT» (independencia económica/jubilación temprana). En 2011, un bloguero que tenía el apodo Mr. Money Moustache empezó a documentar sus hábitos de ahorro y de gastos, sus prácticas de inversión y su filosofía con respecto al comportamiento de los consumidores (empleando un lenguaje extravagante, como por ejemplo: «Tu vida actual de clase media es un Volcán de Despilfarro en Erupción», que es una de mis citas favoritas).[1]

1. Mr. Money Moustache, 2013.

Aunque no fue el primero en hablar sobre la frugalidad y la vida frugal en Internet, fue uno de los primeros en ser ampliamente leído y citado. Mr. Money Moustache abandonó el trabajo retribuido a los treinta, con aproximadamente 590 000 dólares[2] en activos totales. A través de sus escritos y de aquellos similares a los suyos, nació un movimiento cultural.

En la actualidad, se pueden encontrar más de 1 700 entradas de blog relacionadas con la IE/JT clasificados en Rockstar Finance (una especie de directorio para la comunidad de la IE/JT).[3] La mayoría implican alguna variación de un tema similar: un foco puesto en ahorrar dinero y ser capaz de hacer lo que quieras con tu vida lo antes posible. Muchos blogueros de esta comunidad se refieren a *EMP* como un libro transformador en sus travesías. Los casos prácticos y los viajes personales de estos blogueros son más voluminosos de lo que podría cubrirse en un libro e incluyen multitud de enfoques distintos: desde médicos y abogados que ganan un salario de seis cifras a otros profesionales con sueldos más bajos. Algunos escritores han acumulado muchos millones de dólares, pero todavía no han abandonado su carrera profesional, mientras que algunos con menos de un millón de dólares en patrimonio neto ya se han retirado. Predican el ser decididos y disciplinados en cuanto a diseñar un estilo de vida que te permita dejar de estar anclado a una empresa u organización, de modo que puedas decidir por tu cuenta qué quieres hacer con tu tiempo. Una vez más, esta gente no está en su sesentena ni setentena, sino en su veintena, treintena y cuarentena.

Tómate treinta minutos y lee detenidamente algunas de estas entradas de blog y llega a conocer a estas personas. Nótense los estilos de vida que describen y los detalles sobre cómo llegaron a donde están. Puede que no te *guste* cómo viven su vida, pero resultaría difícil discutir que sus comportamientos y elecciones no *funcionen* en su caso. Quedará claro que el millonario de la puerta de al lado está vivo y goza de buena salud en esta comunidad concreta.

2. Salvo si se indica lo contrario, los dólares siempre harán referencia a dólares estadounidenses. *(N. del T.)*

3. Rockstarfinance.com, 2018.

EL RESPETO POR EL DINERO: UN PRERREQUISITO PARA LA RIQUEZA

Allison Lamar, que creció en una región remota de Estados Unidos, tenía una madre alcohólica y un padre que se esforzaba por llegar a fin de mes mientras cuidaba de su esposa. Al final fueron los abuelos de Allison los que actuaron como sus mentores para ayudarla a asumir el control de su vida económica. Cuando entrevisté a Allison, compartió su singular punto de vista con este consejo relacionado con respetar el dinero: «Cuida del dinero de forma responsable y éste cuidará de ti más adelante. Cuando la gente dice que no se preocupa por el dinero, creo que se trata de una excusa para no ocuparse de él».

Allison tiene ahora cincuenta y cuatro años, tiene dos hijos que van a la universidad y es propietaria de un inmueble. Se ha comprometido, va a casarse y ha vivido en la misma localidad durante veinte años. Me dijo que fueron sus primeras experiencias y las conductas correspondientes las que le permitieron acumular riqueza y convertirse en millonaria dos veces:

> *Era la mayor, e iba a ayudar a averiguar cómo iba a vivir [mi madre]. Había cosas que quería como niña de trece años, y no era un regodeo en la autocompasión por no poder tenerlas. [...] Me dieron un trabajo para repartir periódicos, e incluso cuando las temperaturas eran de –40 ºC yo no faltaba. Soy emprendedora por naturaleza y soluciono los problemas. [...] No había banalidades en nuestra vida. Pasé mucho tiempo con mis abuelos. Mi abuelo trabajó duro toda su vida y acumuló riqueza. Veía lo decepcionado que estaba con algunos de mis primos, que se pensaban que tenían derecho a su riqueza. Ahora puedes ver esto al instante en Facebook: ves a todas esas personas con lo que parecen unas vidas increíbles, pero en realidad no es así. [...] Mi padre me decía constantemente que ahorrara el 10 %, y así lo hacían mis abuelos. Incluso cuando estaba en la universidad, ganando 6,50 dólares la hora, ahorraba el 10 %. Mis amigos se reían y me decían: «¿Por qué no esperas a tener un trabajo de verdad?». Era el hábito: inicié este hábito y nunca lo abandoné. [...] No me suponía un sacrificio: no era más que un hábito. También sentía como si estuviera respetando a mis abuelos al ahorrar para convertirme en millonaria. Estaba contenta con el pro-*

ceso de convertirme en millonaria: cuando lograba un objetivo quería otro. Siempre supe que sería millonaria: no era nada del otro mundo. Simplemente trabajé para conseguirlo. [...] Trabajar duro: está bien trabajar catorce horas algún día. Esos sacrificios valen la pena. Y echas la vista atrás y son dulces, de un modo u otro (conducir un coche sin aire acondicionado, por ejemplo), son dulces. [...] Me convertí en millonaria por primera vez cuando tenía treinta y cinco años, y hora tengo unos dos millones de dólares en patrimonio neto. Tengo cincuenta y cuatro años. Mis amigos nunca sospecharían que soy millonaria, ya que actúo de forma bastante «normal». El dinero es «agradable» en sí mismo, pero me preocupa más lo que el dinero puede hacer *que la acumulación de dinero en sí.*

Allison compartió sus pensamientos sobre por qué a tanta gente le resulta problemático acumular riqueza:

- Juegan al juego de las comparaciones empleando las convenciones sociales para decidir qué es importante y cómo competir con los demás. «Los padres, especialmente, pueden ser muy competitivos», dice.

- «La gente tiene que enfrentarse a la realidad sobre en qué lugar se encuentra». En otras palabras, ser consciente de tu situación económica y valorarla puede conducir a tomar unas decisiones realistas sobre cómo avanzar.

- Piensan que las pequeñas acciones no tienen consecuencias. Allison aprendió a valorar el poder sumatorio de las pequeñas decisiones mientras trabajaba bajo el frío, con temperaturas bajo cero, en el Medio Oeste de EE. UU. para ganar dinero.

Los primeras influencias y experiencias de Allison le ayudaron a dar forma a su viaje económico. En muchos puntos del camino, podría haberse rendido o haber tomado decisiones a corto plazo más fáciles, pero al respetar al dinero y al asumir una visión a largo plazo, siendo esto resultante, en parte, por la influencia de sus abuelos, su viaje le está proporcionado ahora una gran libertad:

Debes ser capaz de enfrentarte a la situación en la que te encuentres y no tener miedo, pero sí ser consciente: enfrentarte a la realidad de tu estado contable. [...] Esto se materializó de verdad cuando me divorcié. Sabía que tenía opciones. Algunas mujeres permanecen en una relación porque no comprenden el dinero o están asustadas. Yo sabía que tenía opciones. [...] Trabajo en un departamento de incendios: trabajo porque quiero trabajar. Ahora gano más dinero con mis inversiones que con mi trabajo, y la gente no tiene ni idea. Me gusta que sea así.

Allison compartió su historia no por la fama o la fortuna, no para escribir una publicación en Instagram, sino más bien para mostrar a los demás que, independientemente de tus circunstancias, lograr el éxito económico depende no de lo que haya sucedido en el pasado, sino de los comportamientos que emplees hoy y mañana: conductas que se describieron en 1996 y que siguen teniendo validez en la actualidad.

MÁS MILLONARIOS DE LA PUERTA DE AL LADO: ¿ODIAS LOS MÉTODOS Y AMAS LOS RESULTADOS?

Nadie discutiría el ascendiente y la influencia de Dave Ramsey en el mundo de las finanzas personales. De acuerdo con el portal web del Ramsey Group, 13 millones de personas sintonizan cada semana el programa de Ramsey, que se retransmite en una radio que emite a nivel de todo EE. UU., y más de 4,5 millones de personas han asistido a sus clases, de doce semanas de duración, en la Financial Peace University.

Algunos aspectos de su mensaje han provocado críticas por parte de otros presuntos «expertos». Dejaremos que sean otros los que batallen y discutan sobre los consejos económicos concretos. En lugar de ellos, nos centraremos en el aspecto conductual de esta metodología y sus resultados asociados. Ramsey indica a la gente que amortice primero sus pequeñas deudas, lo que proporciona un incentivo psicológico para seguir amortizando deuda, lo que en último término dará lugar a que las deudas más cuantiosas (por ejemplo, los préstamos para estudios, las hipotecas) se amorticen y dejemos nuestro hogar en una posición para ahorrar e invertir. Y en su grupo, parece ser que el consenso de la presión social puede servir a modo de influencia positiva en las finanzas personales. Los cursos de formación (frecuentemente consistentes en varias semanas de reuniones en grupo) y los materiales, los libros y la tecnología relacionados proporcionan, todos ellos, un amplio refuerzo para las conductas económicas positivas.

Muchos de los lectores y admiradores de mi padre han aportado como referencia a Ramsey y su organización como los medios mediante los cuales pudieron corregir sus comportamientos económicos y conseguir el éxito financiero, y muchos de ellos están muy cerca de conseguir el estatus de millonario cuando describieron su trayecto o acababan de conseguirlo. Al igual que la comunidad de la IE/JT, estas personas están demostrando frecuentemente los resultados relacionados con los comportamientos conducentes a la riqueza y convirtiéndose en millonarios en el proceso.

CONOCE A LOS JACOBSON (QUE ESTÁN MUY VIVOS)

Los Jacobson no aparecen en primera plana en los periódicos en absoluto. No ganaron la lotería ni fundaron una empresa tecnológica comprada por Amazon o Google. Su fortuna procedió de un estilo de vida constante y sencillo y de décadas de elecciones que contribuyeron a la acumulación de riqueza. Su hogar, de unos 175 metros cuadrados, probablemente no se encuentre ubicado en uno de los códigos postales que incluya a los principales poseedores de riqueza de EE. UU. Siguieron lo que podía describirse como el típico camino del millonario de la puerta de al lado. Después de amasar esa fortuna, siguen gastándola de una forma que asegure que su riqueza se mantendrá y crecerá, tal y como la señora Jacobson describía en una carta que envió a mi padre y que él mencionó en el prólogo actualizado de *MPA* en 2010:[4]

Me casé con el cónyuge adecuado y llevo un estilo de vida sencillo. Llevamos casados veintidós años y tenemos tres hijos, tres perros y dos caballos. Hemos vivido en la misma casa de 175 metros cuadrados (de la época

4. Stanley y Danko, 2010.

de 1975) durante veinte años. Tengo un máster en Ingeniería Química, y mi esposo tiene un doctorado en Ingeniería Química y ahora es vicepresidente de una empresa química.

Sacaba sobresalientes en la escuela y obtuve una muy buena nota en los exámenes de selectividad. Fui la primera persona de mi familia en ir a la universidad. Nací en un lugar remoto de Arkansas. Después de la universidad, mi marido y yo conseguimos buenos trabajos, vivíamos con un sueldo y ahorrábamos el otro. Siempre que conseguíamos aumentos de sueldo ahorrábamos más. Ahora soy madre y ama de casa.

Ya somos millonarios. Sin embargo, todavía tenemos tres hijos a los que llevar a la universidad, así que no nos sentimos ricos. A veces, mis hijos me preguntan si somos pobres porque les hago escoger de entre la selección de productos del menú que valen un dólar.

Vale la pena mencionar aquí que la casa unifamiliar media de Estados Unidos tiene una superficie de unos 220 metros cuadrados (unos 45 metros cuadrados más grande que la casa de los Jacobson). Pero incluso aunque esta familia se encuentra por debajo en términos del tamaño de su casa, se encuentra en el 10 % superior en términos de patrimonio neto. Estadísticamente hablando, cuanto más grande su hogar, de menos dispone su propietario para transformarlo en riqueza. Aproximadamente un 92 % de los propietarios de una casa no son millonarios, pero muchísimos de ellos viven en casas de más de 175 metros cuadrados.

Los Jacobson no tienen que preocuparse por los cuatrocientos billones de dólares de déficit que se espera que afecte a los ahorros para la jubilación en los próximos treinta años.[5] Como ahora los estadounidenses viven más y hay menos opciones con respecto a las pensiones, es probable que la carga de asegurarse la independencia económica y las comodidades al jubilarse sea, principalmente, responsabilidad de la persona, y los Jacobson no van a asumir riesgos. Independientemente de los titulares que dicen lo contrario, ellos son millonarios de la puerta de al lado, y están muy vivos y gozan de buena salud.

---

5. Informe del Foro Económico Mundial, 2017.

¡PERO ESTO NO ES PARA MÍ!

Algunos no pueden imaginar las primeras experiencias profesionales de Allison Lamar; además, el estilo de vida de los Jacobson no está hecho para todos. Algunas personas no quieren escoger de entre la selección de productos del menú que están de oferta. Puede que algunas personas quieran una casa más grande por las razones que sea, y puede que retirarse a los treinta y cinco años, pero «tener» que llevar una vida frugal no le resulte atractivo a todo el mundo. Es comprensible que no todos puedan o quieran vivir de esta forma.

Pero consumir hoy anticipando unos niveles de ingresos futuros más altos e intentar seguir el ritmo de la competición relativa a los dispositivos electrónicos, los coches y los complementos son problemas universales que hacen que la gente descarrile del camino del éxito económico y, ciertamente, de la senda del millonario de la puerta de al lado. Las personas que adoptan esta estrategia son presa fácil de los vendedores, haciendo así que les resulte todavía más difícil mantenerse concentrados en el objetivo de la independencia económica. La «carrera armamentística» del consumo y la realidad de que muchas personas se están implicando en estas batallas suelen pasarse por alto en las crónicas con carga política sobre el estado de acumulación de riqueza; pero, tal y como hemos visto una y otra vez, los comportamientos impulsan la riqueza.

Piensa en cuánta gente conoces que pueda vivir:

- En una casa que no se puede permitir con su nivel actual de ingresos.
- En un vecindario repleto de signos visibles de riqueza.
- Con amigos o familiares que no quieren asumir la responsabilidad de su futuro económico.
- Con poco dinero ahorrado para su jubilación u otros sucesos propios de la vida (por ejemplo, la universidad).

- Con una preocupación y desasosiego constantes porque su estilo de vida está en peligro.

La gente que está atascada en este tipo de supuestos no dispone de la libertad para hacer algo que se salga de la norma, como iniciar un nuevo negocio o capear un desastre económico. Quizás no desees el estilo de vida frugal descrito por nuestros millonarios de la puerta de al lado, pero pese a ello necesitarás unos ingresos elevados que alimenten el consumo *y* estar preparado para lo que puedas encontrarte en tu camino en el futuro.

LOS INGRESOS NO SON RIQUEZA

En Estados Unidos hay una gran libertad para escoger el tipo de vida que queremos llevar y la forma en la que acumulamos o conservamos la riqueza. Independientemente del camino que escojamos, generar ingresos para nuestro hogar será una preocupación fundamental en algún momento del proceso; pero los ingresos no son lo mismo que la *riqueza*. Los ingresos son lo que traes a casa *hoy*. La *riqueza* es lo que tendrás *mañana* y al próximo día, y al otro.

La riqueza no son los ingresos y los ingresos no son riqueza.

La riqueza es la cantidad que acumulas. El patrimonio neto es tu estado contable: el valor neto de tus activos menos tus obligaciones. Los ingresos son lo que ganas en un período de tiempo, e informas de ellos en tu declaración de la renta. Ciertamente, los ingresos periódicos afectan a tu patrimonio neto (estado contable), pero no definen la auténtica riqueza. Piensa en una persona que gane un millón de dólares anuales en forma de sueldo y que gaste 1,2 millones en bienes de consumo ese mismo año. El impacto sobre su riqueza (estado contable) sería de 200 000 dólares *negativos*.

Los medios suelen retratar la riqueza como los *ingresos,* en lugar de como el *patrimonio neto,* generando la idea errónea de que el mero hecho de recibir un gran sueldo conduce necesariamente a la riqueza. Una similitud entre la gente con altos ingresos y un gran patrimonio neto es que la mayoría de estas personas son económicamente productivas como resultado de sus propios esfuerzos.

En Estados Unidos, la riqueza personal está aumentando con el tiempo. En 2017, había aproximadamente 11,5 millones de hogares millonarios,[6] más o menos el 9 % de todos los hogares estadounidenses.[7] En comparación, en 1996 había 3,5 millones de hogares millonarios, que representaban un 3,5 % del total de hogares estadunidenses de esa época. La riqueza personal en EE. UU. era de 22 billones de dólares en 1996, pero casi la mitad de esta riqueza la poseían un 3,5 % de los hogares. La distribución de la riqueza sigue siendo desproporcionada de forma similar en la actualidad: con una riqueza personal de aproximadamente 84,9 billones de dólares, casi el 76 % de ella la posee el 10 % de los hogares.[8]

Somos, desde cualquier punto de vista, un país muy pudiente, pero en la actualidad, la mayoría de la gente de EE. UU. dista mucho de ser rica. No te dejes confundir al saber que el patrimonio neto *medio* de un hogar estadounidense es de 692 100 dólares.[9] Puede que pienses que, aunque un trabajador estadounidense medio pierda su empleo, podrá vivir de su riqueza durante cinco o quizás seis años; pero tenemos un problema con esta cifra: es muy engañosa. La presencia de hogares con un patrimonio neto elevado (piensa en milmillonarios como Warren Buffett o Bill Gates) distorsiona la media de forma desproporcionada.

El valor *medio* del patrimonio neto de los hogares nos aporta una imagen mucho más precisa de la naturaleza de la riqueza en Estados Unidos. La mediana es la del hogar típico, el punto medio en la escala de los más de 124 millones de hogares clasificados desde los peores a los mejores a lo largo de la clasificación del patrimonio neto. Con pocas excepciones, y allí donde se señale lo contrario, en este libro emplearemos el valor de la mediana cuando hablemos de dólares en este libro. Por ejemplo, los ingresos medianos en EE. UU. fueron (en 2013) de 59 039 dólares, mientras

6. Grupo Spectrem, 2018.
7. Instituto Nacional de Estadística de EE. UU. (United States Census Bureau), 2017.
8. Departamento Congresual de Finanzas y Presupuesto del Congreso de Estados Unidos (Congress of the United States Congressional Budget Office), 2016.
9. Reserva Federal de EE. UU., 2017a.

que los ingresos *medios* fueron de 83 143 dólares.[10] El patrimonio neto mediano de los estadounidenses en 2016 fue de 97 300 dólares:[11] un valor alejado de la voluminosa cifra media de 692 100 dólares y que roza el precio de una estancia de un año en una residencia de ancianos.[12] Esto significa que menos de la mitad de los hogares de Estados Unidos dispondrían de suficiente dinero para pagar un servicio así incluso aunque vendieran todo lo que tienen.

La mayoría de los hogares estadounidenses están lejos de ser independientes económicamente, lo que definiríamos como el ser capaz de vivir durante un cierto período de tiempo sin recibir un sueldo de un empleador ni ningún otro ingreso. La mayoría de dichos hogares tampoco podrá jubilarse sin pasar apuros. Y hay más malas noticias. ¿Qué pasa si el patrimonio neto de los hogares se excluye de las cifras del patrimonio neto mediano? Entonces, la cifra mediana se desploma hasta alcanzar unos 25 116 dólares, o la mitad de los ingresos anuales medianos generados por un hogar estadounidense típico. ¿Quién cuidará de estas personas cuando ya no puedan mantenerse a sí mismas? No apuestes por que lo haga el Gobierno. En un futuro no tan lejano, es probable que sólo puedas depender de ti mismo y de tus seres queridos. La supervivencia, al igual que la caridad, empieza en tu hogar.

Echemos un vistazo al patrimonio neto como indicador del estado de riqueza. Frecuentemente oímos, tanto directamente como también en los medios, lo siguiente: «¿Un millón de dólares? Eso ya no es nada». Así pues, aunque un millón de dólares valen, ciertamente, menos hoy que hace veinte años (un millón y medio de dólares actuales equivaldrían, aproximadamente, a un millón de dólares de 1996),[13] esa cifra sigue siendo más de diez veces el patrimonio neto mediano en Estados Unidos.

Tal y como sucedía en 1996, la mayoría de los hogares distan mucho del estatus de millonarios; y aún más en la actualidad, el estatus de millonario al alcanzar la jubilación puede que no resulte suficiente para perpe-

10. Semega, Fontenot y Kollar, 2017.
11. Reserva Federal de EE. UU., 2017a.
12. Genworth, 2016.
13. Oficina de Estadísticas Laborales de EE. UU. (Bureau of Labor Statistics), 2017.

tuar un estilo de vida que incluya un consumo elevado. Si ése es tu estilo de vida, entonces es crucial asegurar unos niveles elevados de ingresos recurrentes; pero los ingresos pueden ser efímeros. Aquellos que quieran ser verdaderamente independientes económicamente confiarán, en lugar de ello, en los ahorros y los ingresos pasivos que puede generar el capital invertido.

ILUSTRACIÓN: ÍNDICE ENTRE EL VALOR NETO MEDIO Y MEDIANO EN LOS AÑOS DE LOS QUE SE DISPONE DE INFORMACIÓN[14]

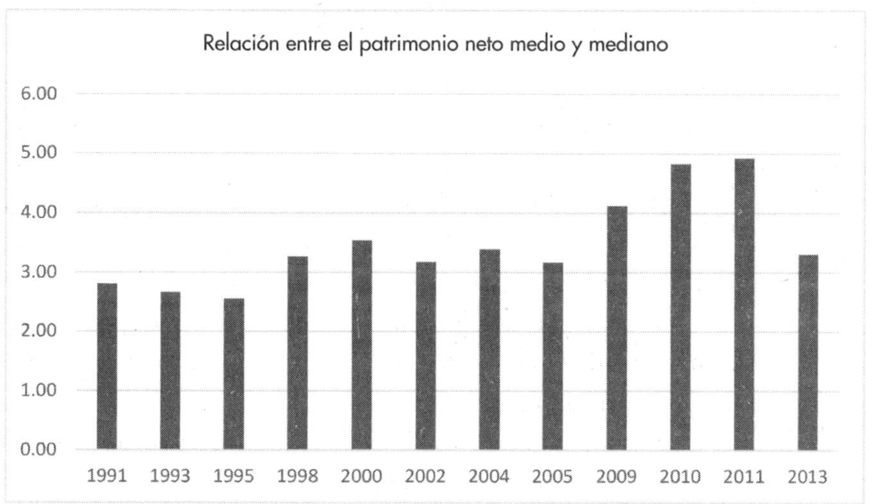

UN RETRATO DEL MILLONARIO ACTUAL

Así pues, ¿quiénes son los millonarios actuales? Queríamos determinar si había diferencias, a lo largo del tiempo, en cuanto a los estilos de vida, los comportamientos y las actitudes de los millonarios, los «expertos en el tema» de la acumulación de riqueza. ¿Había conductas clave que trascendieran al tiempo y condujeran a la acumulación de riqueza? ¿Qué aspecto tienen en la actualidad este grupo de personas que han amasado un patrimonio neto mediano de 3,5 millones de dólares (el patrimonio neto mediano de la muestra de nuestra encuesta más reciente)? A continuación, tenemos un retrato de estos millonarios:

14. Instituto Nacional de Estadística de EE. UU., 2017.

- Somos, principalmente, hombres de sesenta y un años (87 %) que estamos casados (69 %) o que se han vuelto a casar (25 %). Más del 80 % de nosotros creemos que nuestros cónyuges son factores fundamentales para nuestro éxito económico.

- Nuestros ingresos medios en el último año han sido de 250 000 dólares, y nuestro patrimonio neto medio es de 3,5 millones de dólares. En comparación con el estadounidense medio, ganamos 4 veces más, mientras que nuestro patrimonio neto es de alrededor de 36 veces la media.

- La educación ha sido crucial para nuestro éxito. Más del 93 % tenemos por lo menos un título universitario, y casi el 60 % poseemos un título de posgrado. Algo más de la mitad estudiamos en una universidad pública.

- Casi el 20 % estamos jubilados. En el caso del 80 % que no nos hemos retirado, trabajamos unas 45 horas por semana como empresarios, abogados, ingenieros, líderes, gerentes, médicos y asesores.

- Vivimos de lo que hemos hecho, ya que más del 86 % obtuvimos el 0 % de nuestros ingresos de fideicomisos y herencias en el último año, y sólo el 10 % hemos recibido regalos en forma de dinero en metálico, valores, propiedades o vehículos de familiares.

- Casi el 90 % estamos satisfechos con la vida, y casi el 80 % decimos que, en general o de forma sistemática, estamos en buena forma física y dormimos, de media, 7,65 horas cada noche.

- Somos frugales y vivimos de acuerdo con un presupuesto. Un 70 % sabemos cuánto gastamos en comida, ropa y vivienda cada año; y el 59 % siempre hemos sido frugales. Más del 60 % consideramos la frugalidad como un factor fundamental de nuestro éxito.

- Lo máximo que hemos gastado en unos vaqueros es 50 dólares, en el caso de unas gafas de sol 150 dólares y en un reloj 300.

- Pero no vamos a comprar a las rebajas en persona. La mayoría no hemos puesto un pie en una tienda para comprar durante un viernes negro en los últimos 5 años.

- ¿Coches de lujo? Tendemos a conducir un Toyota, Honda o Ford que tiene por lo menos 3 años. De media, nuestro último coche nos costó 35 000 dólares. ¿Lo máximo que hemos gastado en un coche?: 40 000 dólares.

- Aproximadamente un 70 % contestamos que nuestros progenitores eran muy frugales. La mayoría de nuestros padres estaban casados, y siguieron estándolo por lo menos hasta que cumplimos 18 años (86,3 %). Casi el 75 % de nuestros progenitores nos animaron a sobresalir, pero sólo el 42 % creemos que tener unos padres atentos justificó nuestro éxito. Menos de una tercera parte contestamos que nuestros progenitores eran más acomodados que otros mientras crecimos.

- Somos inversores seguros de nosotros mismos: el 70 % decimos que sabemos más que la mayoría de la gente sobre inversiones, y sólo aproximadamente la tercera parte decimos que confiamos considerablemente en un asesor de inversiones, Más del 70 % tenemos por lo menos una cuenta en una empresa de inversiones con servicios integrales.

- Pero hemos cometido errores a lo largo del camino. Más del 60 % hemos vendido buenas acciones demasiado pronto, más del 73 % hemos vendido malos valores demasiado tarde y casi el 40 % hemos tratado de elegir el momento preciso para invertir.

- Cuando se trata de invertir, asumir riesgos nos ayudó al principio. Mientras que el 56 % diríamos que nuestra estrategia de inversión actual es «equilibrada», cuando empezamos a trabajar la mayoría decíamos que nuestra estrategia de inversión era muy arriesgada.

- Cuando deseamos obtener asesoramiento profesional sobre inversiones, no pagamos mucho por él: el 56 % pagamos, en honorarios, un 1 % de nuestros ingresos del año anterior, mientras que un 33 % no pagamos nada.

- ¿Proporcionamos cuidados económicos a otras personas? Sí, un poco menos de dos tercios de nosotros hacemos regalos a nuestros hijos y nietos. Aproximadamente el 34 % damos el 1 % de nuestros ingresos, y el 23 % damos el 5 % de nuestros ingresos en forma de regalos a nuestros familiares.

El retrato del aspecto que tiene un millonario en Estados Unidos en la actualidad no es más que un punto de partida. El verdadero valor de estudiar a los ricos es comprender lo que hicieron a lo largo del camino para conseguir el éxito económico, es decir: los patrones conductuales que condujeron al éxito.

También es fundamental destacar casos prácticos compartidos con nosotros a lo largo de los últimos años de otros millonarios que proporcionaron relatos detallados de sus actitudes, estilos de vida y comportamientos.

LA INVESTIGACIÓN

La mayoría de los datos que aparecen en este libro proceden de la encuesta sobre estadounidenses acaudalados que realizamos entre 2015 y 2016 (*véase* el Apéndice A). Esto nos permitió hacer comparaciones, a lo largo del tiempo, de los comportamientos y los hábitos de los millonarios. También empleamos datos recopilados en distintos momentos por parte del Instituto del Mercado Próspero (Affluent Market Institute) y de DataPoints. Buena parte de esta información se muestra en las tablas que aparecen a lo largo del libro.

En muchos casos, describimos los hallazgos que aplican a los *millonarios* de nuestra última muestra: es decir, de personas con un patrimonio neto en su hogar de un millón de dólares o más. En otros casos, y concretamente para ayudar a orientar la revisión del éxito económico, dividimos la muestra en dos grupos empleando la fórmula del patrimonio neto esperado descrita por primera vez en *MPA*. Calculamos el patrimonio neto esperado multiplicando la edad por los ingresos y dividiendo ese producto por diez, o:

Patrimonio neto esperado = Edad x Ingresos x 0,10

El objetivo principal de este enfoque es demostrar empírica (y numéricamente) lo bien que ha sido capaz una persona o un grupo de transformar los ingresos en riqueza.

Algunos comentaristas han cuestionado si los hallazgos que aparecen en *MPA* y en libros anteriores están excesivamente influidos por el *sesgo de la supervivencia*: en otras palabras, que la muestra de la encuesta se centraba en aquellos que «lo han logrado» en términos de su patrimonio neto o sus carreras profesionales y que, por lo tanto, las conclusiones acerca de los comportamientos en los que se implicaban los individuos hechos a sí mismos también podrían haber estado presentes en el resto de la población con un menor éxito. Disponemos de dos contraargumentos frente a esta objeción:

En primer lugar, además de simplemente informar de medias y porcentajes relacionados con las características de los millonarios, las obras anteriores han examinado los hábitos, comportamientos y actitudes distintos de aquellos a los que llamamos «acumuladores prodigiosos de riqueza» *y* los «malos acumuladores de riqueza». Para estudiar las diferencias potenciales en el comportamiento y las actitudes de estos grupos de nuestro nuevo estudio, dividimos la muestra de los acaudalados en cuartiles basados en la diferencia entre su *patrimonio neto real* y el *patrimonio neto esperado*. Esta diferencia proporciona una estimación del éxito económico: aquellas personas que se encuentran en el cuartil inferior se consideran *malos acumuladores de riqueza* (MAR): tienden a poseer menos riqueza de la que se esperaría dados su edad y sus ingresos. Del mismo modo, aquellos que se encuentran en el cuartil superior son considerados *acumuladores prodigiosos de riqueza* (APR) y tienden a tener un patrimonio neto muy superior al esperado dados su nivel de ingresos actuales y su edad. La división en estos grupos es *normativa:* en otras palabras, es especifica de la muestra y se basa en la edad, los ingresos y el patrimonio neto. Esto nos permite comparar los grupos basándonos en una medida congruente fijándonos en los segmentos *tanto* exitosos *como* en los no tan exitosos.

Esta misma metodología puede emplearse independientemente de la población en cuestión.

En segundo lugar, hemos podido demostrar el poder de los patrones de los comportamientos económicos en la predicción del patrimonio neto, independientemente de la edad o los ingresos de alguien. En otras palabras, son comportamientos clave que se relacionan con tu patrimonio neto seas o no joven o mayor, estés comenzando a trabajar o estés ganando un salario de seis cifras. Durante los últimos años, me uní a mi padre en su área de investigación, pasando de estudiar cómo los empleados podrían tener éxito en trabajos concretos a estudiar cómo la gente tiene éxito a la hora de acumular riqueza. Empleando la ciencia de la predicción del rendimiento en el trabajo de los líderes o los empleados, vemos los mismos hábitos, comportamiento y actitudes que distinguen a aquellos que son habilidosos para transformar los ingresos en riqueza de aquellos que no aparecen en las muestras de estadounidenses más prósperos (es decir, una muestra en la que una importante proporción de los participantes todavía no lo «han logrado»). En otras palabras, los mismos factores para acumular riqueza están relacionados con el patrimonio neto a lo largo de todo el rango de la escala de riqueza (incluyendo a aquellos que no son prósperos). Y también sabemos que muchas de las tareas relacionadas con la economía que se llevan a cabo en los hogares con un patrimonio neto elevado lo hacen en los hogares más opulentos:[15] las tareas son similares, y las competencias necesarias para llevar a cabo esas tareas son similares. Apuntamos, en el capítulo 5, que los *patrones de comportamiento,* independientemente de a qué grupo se pertenezca, están relacionados con la acumulación de riqueza.

En cierta forma, las investigaciones y los escritos de los últimos veinte años han servido a modo de *análisis de los puestos de trabajo,*[16] o de examen científico de lo que hace falta para acumular riqueza. El análisis de los puestos de trabajo se emplea en el mundo de los recursos humanos para estudiar las tareas clave y las características de las personas competentes en su trabajo o profesión. Esas competencias se ponen entonces a prueba para ver si son indicadores válidos (o precisos) de un éxito futuro en ese

15. Kruger, Grable y Fallaw, 2017; Fallaw, Kruger y Grable, 2018.
16. Gatewood y Feild, 1998.

empleo. Esta disciplina se usa para ayudar a los empleadores a la hora de elegir a los candidatos que es más probable que tengan éxito en un empleo o función.

En el trabajo de la gestión de finanzas, medimos el éxito de acuerdo con la diferencia entre el patrimonio neto real y el esperado. Las conductas y experiencias pasadas se encuentran entre los mejores predictores de rendimiento futuro cuando un empleador contrata a un nuevo empleado. Para aquellos que intentan acumular riqueza (que sostenemos que es uno de los trabajos más cruciales de alguien que gestione un hogar), hay tareas claras que constituyen este trabajo[17] y claros conjuntos de conductas que *predicen* lo bien que rendiremos en este trabajo.[18]

Por supuesto, sabemos que el patrimonio neto se ve fuertemente influido por los ingresos y la edad: unos mayores ingresos proporcionan a la gente un mayor potencial para acumular riqueza. Cuanto mayor sea una persona, más tiempo habrá tenido para acumular riqueza. Una gran herencia también ayuda. A pesar de estos factores, los comportamientos y las experiencias importan cuando se trata de acumular riqueza, independientemente de si estamos estudiando a los acaudalados, como es el caso en este libro, o estudiando a aquellos que se encuentran en los segmentos del mercado de masas o de la gente más opulenta. Los patrones de conducta y las experiencias importan cuando se está acumulando riqueza, y el mismo tipo de patrones conductuales (incluyendo la disciplina a la hora de gastar, ahorrar y los comportamientos relacionados con la gestión financiera) diferencian a los malos acumuladores de riqueza de los acumuladores prodigiosos de riqueza, independientemente de su edad, nivel de ingresos o porcentaje de riqueza heredada.

¿Qué conclusiones se vieron reforzadas por nuestra investigación? Las lecciones dominantes sobre el éxito económico son universales y claras. No varían debido a las elecciones, la tecnología o las normas culturales. Tampoco cambian debido a una bonanza o un colapso de la economía. Los mismos talentos, habilidades y competencias necesarios para convertirse en alguien económicamente independiente y exitoso por sí mismo son atemporales. Independientemente de tu estatus, edad y nivel de

17. Kruger, Grable y Fallaw, 2017; Fallaw, Kruger y Grable, 2018.
18. Fallaw, 2017.

ingresos, puedes encontrar tu camino hacia la riqueza y la independencia económica.

TABLA 1.1

PORCENTAJE DE RENTAS RECIBIDAS A TRAVÉS DE FIDEICOMISOS, BIENES INMUEBLES Y HERENCIAS EN LOS ÚLTIMOS AÑOS EN RELACIÓN CON EL PORCENTAJE DE MILLONARIOS (1996 Y 2016)

Año	0 %	1-5 %	10-30 %	50 %	75 % o más
1996	80	7,8	9,7	1,2	0,9
2006	86	6,5	5,9	0,7	0,7

Disponemos de la posibilidad de elegir nuestro estilo de vida y si perseguimos o no la independencia económica. Podemos interpretar el papel de imitar a aquellos que tenemos a nuestro alrededor (y ser presa fácil de los comerciantes y los vendedores) o podemos perseguir nuestra libertad económica tranquilamente.

¿Qué te permite ser económicamente independiente (no estar comprometido con el pago de deudas, con un empleador o con un salario)? Te garantiza la libertad. Serás libre para resolver problemas de la forma que consideres adecuada; libre de hacer trabajo de voluntariado o de pasar tiempo con tu familia; libre de aceptar un trabajo que quizás te pague menos, pero te aporte una mayor satisfacción; y libre de generar tus propias oportunidades económicas.

Y añade a esta lista ser libre de dejar atrás tu cubículo y el salario regular a la edad de treinta y cinco o cuarenta años, tal y como comentan muchos de los miembros de la comunidad de la IE/JT en sus historias sobre la libertad económica.

Sigue siendo la tierra de la libertad

Mi padre solía recordarnos que en nuestro país (EE. UU.) tenemos grandes libertades para, hablando claramente, hacer lo que queramos. Él solía hablar sobre su abuela, que emigró a Estados Unidos desde Hungría con poco más que un zurrón a principios del siglo xx. *Escribió este artículo en 2013, centrándose en la naturaleza de la libertad y la economía:*

En la Declaración de Independencia de Estados Unidos, Thomas Jefferson especifica, sucintamente, los derechos de las personas: «Consideramos que estas verdades son evidentes, que todos los hombres son creados iguales, que su Creador les ha otorgado ciertos derechos inalienables, que entre ellos se encuentran la vida, la libertad y la búsqueda de la felicidad».

Como estadounidenses, se nos ha proporcionado la oportunidad de crecer, tener éxito, prosperar y conseguir la independencia económica. Dado este anteproyecto, no es sorprendente que tanta gente de países de todo el mundo haya hecho cola para emigrar a EE. UU. a lo largo de su historia.

Las investigaciones de la profesora Denise Spellberg acerca de Jefferson fueron resaltadas en el periódico *The Chronicle of Higher Education.*[19] Jefferson era un gran defensor de la libertad religiosa, habiéndose visto fuertemente influenciado por John Locke. En 1689, Locke escribió la «Carta sobre la tolerancia». La profesora Spellberg cita a Locke: «El pagano, el mahometano o el judío no debe ser excluido de los derechos civiles del Estado a causa de su religión». Pero eso no es todo lo que Jefferson leyó para prepararse para escribir la *Declaración de Independencia.* Había leído el Corán, que sigue en su biblioteca en la actualidad.

El anteproyecto de Jefferson sobre la libertad proporcionó una base para el desarrollo de nuestra gran nación. Son las muchas oportunidades para triunfar las que dan como resultado los millones de historias de éxito en nuestra sociedad. Algunos países quizás se consideren democracias, pero la verdadera democracia se pone de evidencia por las conductas y los resultados de sus gentes. Es interesante ver que los incontables inmigrantes y sus hijos han prosperado en nuestro país mientras subsistían a duras penas en sus países de origen.

La libertad económica, como la libertad que experimentamos en Estados Unidos, tiene un coste: la disciplina y el trabajo que hacen falta para llegar ahí y luego mantenerlos. No todos están dispuestos a pagar este precio.

19. Cassuto, 2013.

OPORTUNIDADES PARA PROSPERAR

El éxito económico en Estados Unidos no es, frecuentemente, resultado de recibir dinero, a pesar del creciente número de grandes transferencias de riqueza de la generación del *baby boom* a su descendencia, de los ganadores de la lotería y de las celebridades que captan la atención del público. Y siempre habrá historias de personas que han despilfarrado su riqueza. De hecho, la probabilidad de que incluso los hijos de los millonarios hechos a sí mismos tengan el mismo nivel de éxito económico es baja.

Tal y como han demostrado nuestras investigaciones, el camino para convertirse en alguien económicamente exitoso requiere pensar de forma distinta acerca de la vida y el dinero, tal y como, por ejemplo, exponen los miembros de la comunidad IE/JT. Requiere disciplina y trabajo duro. Requiere conocer nuestras propias debilidades y fortalezas, nuestro entorno y nuestros mercados. Es necesaria una gran habilidad en la distribución de recursos: económicos, emocionales, cognitivos y temporales, por nombrar algunos.

Para muchos, esto significa ser frugal mientras se acumula riqueza, no ser vulnerable a las modas y no creerse los mitos sobre cómo «comportarse como un rico». En otros casos consiste en gestionar unos ingresos elevados de forma que eso te permita tener libertad más adelante. En otras palabras, no comprar una casa que requiera de un salario de seis o siete cifras y vivir, en general, de una forma que te permita ahorrar e invertir por encima de la media. Para otros, consiste en emplear los recursos emocionales y cognitivos para generar una vida laboral que permita la independencia económica y la libertad. Todos estos caminos requieren de valentía y perseverancia.

Tristemente, como sólo el 28 % de los estadounidenses se sienten «muy o extremadamente preparados» para jubilarse,[20] y sólo el 54 % de ellos podrían hacerse cargo de unos gastos de urgencia de cuatrocientos

20. Associated Press-Centro NORC para el Estudio de Asuntos Públicos (NORC Center for Public Affairs Research), 2017.

dólares,[21] las experiencias de Allison Lamar o de familias como los Jacobson parecen extremadamente fuera de lo común. A pesar de la proliferación de libros de autoayuda, blogs sobre finanzas personales y presuntos expertos que suelen tener algo que vender, los estadounidenses suelen seguir llevando las de perder en términos de su bienestar económico. Puede que esto se deba a que adoptar un estilo de vida sencillo y acumular riqueza a lo largo del tiempo sean algo demasiado simplista como para vender publicidad y aparentemente algo demasiado difícil de hacer para la mayoría de los estadounidenses. El resto suele consistir en la parte de los gastos del libro de contabilidad, especialmente en el caso de aquellos con unos ingresos superiores a la media.

LOS CAMINOS HACIA LA RIQUEZA

A pesar de estas perspectivas un tanto deprimentes, existen muchos caminos hacia la riqueza. ¿De qué caminos hacia la riqueza disponemos en EE. UU.? Piensa en la última encuesta que llevamos a cabo y que se centraba en algunos de los códigos postales acaudalados de Estados Unidos. Tal y como hemos comentado antes, la capacidad de la simple asignación de códigos geográficos para encontrar a millonarios de la puerta de al lado es limitada. El pluriempleado o el millonario que vive en la casa que compraron cuando empezaron a trabajar no aparecen representados aquí. Aunque en esta muestra de estadounidenses con un patrimonio neto alto y enormemente elevado podemos distinguir distintos caminos hacia el éxito económico, la verdad del asunto es que:

No hay un camino exclusivo hacia la independencia económica.

Si lo hubiera, las industrias domésticas de los blogs sobre finanzas personales, los libros, las publicaciones, los *podcasts* y la planificación económica en general seguramente no existirían. Esta industria, fundada en parte sobre la idea de que la riqueza era algo que podía *crease*, frente a la riqueza heredada o producto de regalos (en esencia, la premisa clave de

21. Reserva Federal de EE. UU., 2015.

MPA dispone ahora de sus propias conferencias, críticos y líderes informales.

Pero incluso *MPA* describía en detalle sólo algunos caminos hacia la riqueza, normalmente definidos por unos gastos disciplinados, ahorros enfocados y la diligencia en la gestión del dinero. En realidad, conseguir el éxito económico es una aventura *individual*, pero han surgido características compartidas de los más de dieciséis mil casos prácticos, entrevistas y encuestas que llevamos a cabo y de las cartas que hemos recibido. En este libro destacamos esas características comunes mientras, al mismo tiempo, mostramos como, en los más de veinte años que han pasado desde la primera publicación de *MPA*, muchos de los mismos comportamientos y factores de éxito que han llevado a la independencia y la riqueza perduran en la actualidad.

Aquí echamos un vistazo a cómo decisiones y conductas concretas relacionadas con el consumo, los presupuestos, las carreras profesionales, las inversiones y la gestión económica en general pueden afectar a la acumulación de riqueza. Nos centramos en cómo las áreas de la tecnología, los medios y el consumismo han cambiado entre las décadas de 1990 y 2000, cuando llevamos a cabo estudios para los libros anteriores y para la actualidad. Estábamos, por ejemplo, interesados en cómo las mismas tecnologías que proporcionan libertad a aquellos que quieren gestionar sus propias finanzas, crear sus propios negocios e instruirse también pueden servir como distracción de los objetivos económicos (y de otros). Queríamos comprender cómo los precios en aumento, como en el caso de la educación y los servicios médicos, afectarían a las personas con una naturaleza frugal. ¿Cómo afectarían a los acumuladores prodigiosos de riqueza los sesgos comportamentales relacionados con las finanzas, que han captado el interés de muchos en la industria de los servicios financieros, a la hora de invertir? ¿Cometerían los mismos errores?

TABLA 1.2

GRUPOS DE PROFESIÓN/ESTILO DE VIDA DE UNA MUESTRA DE GENTE ACAUDALADA

Camino	Edad media	Ingresos medianos anuales	Diferencia media entre el patrimonio neto real frente al esperado	Muestra de cargos
Asalariados por encima de la media	57,4	250 000 dólares	1 360 000 dólares	Director de tecnologías de la información, Ingeniero, Director, Gerente, Profesor universitario
Asalariados con unos ingresos elevados	58,2	400 000 dólares	1 160 000 dólares	Abogado, Médico, Vicepresidente, Presidente de una empresa de capital privado, Gerente de inversiones
Pequeños empresarios / emprendedores	59,8	400 000 dólares	2 510 000 dólares	Contabilidad, Ingeniería, Tecnologías de la información, Bienes raíces

Nota: El patrimonio neto mediano de cada grupo fue de 3,5 millones de dólares. Cuanto mayor era la diferencia entre el patrimonio neto real y el esperado, mayor era la probabilidad de ser un acumulador prodigioso de riqueza.

Asalariados por encima de la media

Aunque *MPA* incluía otros ejemplos de estadounidenses hechos a sí mismos y con éxito económico, el millonario de la puerta de al lado prototípico que aparece en este libro es una persona con un empleo un tanto «aburrido» y con unos ingresos por encima de la media que es frugal y no se ve afectado por las tendencias y las normas sociales. No obstante, éste es un camino que puede que, en último término, no se adapte a todo el mundo.

La estrategia consiste en una buena defensa, y el estilo de vida normalmente es sencillo y modesto. El 70 % de los millonarios afirma que siempre ha sido frugal. Este comportamiento trasciende a los tipos de empleo y a los niveles de ingresos.

Productores con unos ingresos elevados

Aquellos con tendencia a pertenecer al grupo de las personas ricas en cuanto a su cuenta de resultados (o grupo «RCR», que hace referencia a aquellos con unos ingresos elevados, pero con un patrimonio neto bajo) suele incluir al liderazgo ejecutivo de grandes empresas además de a profesionales como los asesores financieros, médicos, dentistas y similares. Si se ve rodeado de un consumo eufórico, este grupo suele verse tentado a parecer estar a la altura de sus colegas adquiriendo grandes casas, automóviles de lujo y otros bienes de consumo caros. Acumular riqueza teniendo unos ingresos elevados conlleva una disciplina considerable en el campo del consumo. Para tener unos hijos económicamente independientes este grupo debe aplicar y enseñar una dosis constante de frugalidad.

Pequeños empresarios

Asumiendo que tengan creatividad, valentía y determinación, junto con una habilidad clara para captar oportunidades de mercado, los pequeños empresarios tienden a tener un mayor patrimonio neto que el de aquellos que trabajan por cuenta ajena. En el caso del pequeño empresario, su fuente de ingresos deriva de una empresa que ha creado y que financia todo el resto de sus inversiones; pero el trabajo por cuenta propia no se traduce automáticamente en unos grandes ingresos y riqueza. Piensa en los más de 25 millones de estadounidenses autónomos o empresarios individuales en 2015: sus ingresos netos anuales medios fueron de tan sólo 13154,21 dólares.[22]

22. Estadísticas de Ingresos de la Agencia Tributaria de EE. UU. (Internal Revenue Service Statistics of Income), 2015.

Pluriempleados, trabajadores temporales por encargo y la comunidad de la IE/JT

Casi una tercera parte de todos los estadounidenses que trabajan son pluriempleados, lo que significa que generan ingresos aparte y fuera de su empleo regular a jornada completa o parcial. Buscar múltiples fuentes de ingresos es un comportamiento típico de un millonario de la puerta de al lado. Es mucho más fácil disponer de múltiples fuentes de ingresos que hace una década.

Con recursos tecnológicos a tu alcance, puedes crear múltiples negocios en cuestión de minutos. Normalmente, los pluriempleados más exitosos tienen experiencia o acceso a clientes potenciales para identificar sus necesidades y analizar el mercado.

Muchos de estos pluriempleados y trabajadores temporales por encargo son lo que podríamos llamar los «ricos cautelosos»: en otras palabras, no podemos «encontrarlos» en una muestra de vecindarios acaudalados o mediante medios tradicionales; pero en nuestras encuestas pudimos encontrar varios tipos de millonarios de la puerta de al lado emergentes y propiamente dichos que emplean la participación colectiva *(crowdsourcing)*[23] como medio para complementar sus ingresos. Este grupo está formado por promotores, miembros del personal administrativo, maestros, profesores, abogados, profesionales del *marketing*, empleados de ventas al por menor, enfermeras: todo el surtido de tipos de empleos, intereses y niveles. Este grupo suele valorar el éxito económico de su familia y la libertad financiera por encima del consumo de bienes.

---

23. Las muestras de colaboración abierta procedieron de investigaciones dirigidas por el Instituto del Mercado Próspero (Affluent Market Institute) y DataPoints entre 2013 y 2017.

Capítulos favoritos de *El millonario de la puerta de al lado*

Los millonarios solían ponerse en contacto con mi padre para compartir sus experiencias y comentarios acerca de MPA *y sus otros libros. Les preguntaba, invariablemente, qué les gustaba del libro, y sus aportaciones colectivas quedaron plasmadas en este artículo que escribió en 2014:*

Me gusta preguntar a los millonarios que han leído *MPA* cuál es su capítulo favorito. Podrías quedar sorprendido al saber que no es el capítulo 2 («Frugal, frugal, frugal»). Este capítulo detalla el estilo de vida frugal de los millonarios en términos de los modestos precios pagados por su ropa, zapatos, relojes, coches, etc. Éste es, simplemente un análisis de los millonarios, que ratifican quiénes son. Sin embargo, este capítulo (que ocupa el tercer lugar en las preferencias) es el que más frecuentemente dicen a sus hijos que lean.

El capítulo 5 («Ayuda económica externa») ocupa el segundo lugar en las preferencias. Frecuentemente, después de que un millonario alcance el umbral de la independencia económica, surge un nuevo conjunto de cuestiones. El millonario de la puerta de al lado típico tiene tres hijos y alrededor de entre seis y ocho nietos. La forma en la que los millonarios interactúan con esta descendencia en términos económicos puede provocar muchas preocupaciones y situaciones desagradables. Por supuesto, no todos los hijos de millonarios son fracasados, pero tal y como se menciona en *MPA,* «en ocho de las diez categorías profesionales, los receptores de regalos [aquellos que reciben ayuda económica externa] tienen unos menores niveles de patrimonio neto (riqueza) que los que no reciben regalos».

Estos empleos incluyen los de contable, abogado, profesional del *marketing,* empresario, directivo, médico y gerente intermedio. Por supuesto, estos datos no tienen en cuenta los «cuidados económicos externos». Recuerda que uno de cada cuatro hijos (de entre veinticinco y treinta y cuatro años) de padres con unos ingresos elevados viven con ellos.

El capítulo 6 («Discriminación positiva al estilo familiar») es el primero en cuanto a popularidad. El subtítulo de este capítulo, («Sus hijos adultos son económicamente autosuficientes»), resume sucintamente el capítulo. Sin embargo, los progenitores suelen distribuir su riqueza de formas que instigan los roces entre sus hijos adultos. Aquellos hijos menos productivos en términos económicos suelen recibir la parte del león del capital de sus padres. Los resultados de esta injusticia en cuanto a la distribución son predecibles. Debilita todavía más al hijo más débil y fortalece al más fuerte. O tal y como me dijo un millonario: «Los [hijos] que triunfan lo hacen superando obstáculos [...] nunca se les negó su derecho a enfrentarse a alguna adversidad. Otros, en realidad, fueron engañados [...] protegidos [...] [y] nunca fueron vacunados realmente contra el miedo, las preocupaciones y el sentimiento de dependencia».

Otra charla con Ken

Aquellos que son económicamente exitosos suelen tener una guía, una Estrella Polar y un plan para acumular riqueza a lo largo del tiempo. Toman decisiones conducentes a sus metas económicas frente a lo que podrían parecer caminos más fáciles. Buscar la independencia económica puede empezar en cualquier momento, pero cuanto antes mejor, como en el caso de Ken, a quien mi padre entrevistó y describió por primera vez hace más de una década en *MPA*. El padre de Ken representó, ciertamente, una historia de éxito económico, pero Ken y su familia no lo supieron hasta después de su muerte. Por lo tanto, sin conocimiento alguno y sin haberse beneficiado de la riqueza de su familia, Ken inició su camino financiero. Exponemos la experiencia de Ken a modo de buen patrón sobre la toma de decisiones inteligente, aunque dura, relacionada con el estilo de vida y la riqueza. Piensa en su caso mientras te fijas en cómo tú y tu hogar estáis planificando el éxito económico.

Valores aprendidos en casa

Ken fue criado en un entorno frugal, aunque su padre era un cirujano con unos ingresos elevados. Aunque se hacía hincapié en los logros, se desaprobaba el consumo llamativo. A Ken también se le animó a mantenerse en forma jugando a golf y corriendo. Cuando el padre de Ken falleció, le dejó a su madre un patrimonio por valor de más de 10 millones de dólares. ¿Cómo explica Ken el éxito de su familia a la hora de acumular riqueza?

> *Mi padre era frugal. Nunca supimos que era rico hasta que recibimos un estado contable de su patrimonio. Quedamos estupefactos. Solía comprarse un coche nuevo (un Buick) cada aproximadamente ocho años, que era cuando probablemente las ruedas empezaran a caerse. Yo obtengo una gran satisfacción del hecho de ahorrar e invertir [...] eso es lo que hacía papá. De tal palo tal astilla. Yo soy frugal y mi mujer es incluso más frugal. Mis coches son de segunda mano y se los compro a pequeñas empre-*

sas de arrendamiento (leasing) *de vehículos, frecuentemente subcapitalizadas, que recuperan los vehículos de aquellos arrendatarios que no pueden satisfacer los pagos. Hace poco compré, por veintidós mil dólares [...] un coche que tenía un año y medio. Su precio de mercado era de treinta y cinco mil dólares. La empresa de* leasing *tenía cuatro vehículos del mismo modelo. Simplemente llamo a las empresas de* leasing *que aparecen en las páginas amarillas.*

Ahora, Ken, que tiene sesenta y pocos, se encuentra en el camino para superar la considerable riqueza acumulada por su padre. El padre de Ken solía decirle: «No me impresiona lo que posee la gente: me impresiona lo que consigue... esfuérzate siempre por ser el mejor en tu campo... no persigas el dinero. Si eres el mejor en tu campo, el dinero acudirá a ti». (En el capítulo 3 hablaremos sobre las influencias sobre cómo acumulamos riqueza, incluyendo las primeras experiencias).

Ubicación estratégica

Al principio, Ken y su esposa vivían en una zona agradable de Manhattan desde la que él podía llegar caminando a su trabajo; pero cuando la pareja empezó a organizar un plan financiero de treinta años (¡sí, treinta años!), se dieron cuenta rápidamente que resultaría difícil acumular riqueza en una de las ciudades más caras del mundo. Ken le propuso entonces a su jefe que le permitiera trabajar desde una ciudad del sur de EE. UU. Cuando su jefe asintió, Ken y su mujer compraron una casa en las afueras de Atlanta por unos trescientos mil dólares en la que siguen viviendo treinta años después. Una casa similar les habría costado un millón de dólares en las afueras de Nueva York. (En los capítulos 3 y 4 hablaremos de las casas y de otros factores de consumo a la hora de acumular riqueza).

La capitalización en las fortalezas y las primeras experiencias laborales

Ken usó sus habilidades para trabajar con otras personas para establecer una red de contactos en la universidad estatal en la que obtuvo su MBA. Buscó a un miembro del profesorado para que patrocinara un proyecto de campo relacionado con su área de interés, que eran las retransmisiones deportivas. Después de obtener su licenciatura, Ken obtuvo un trabajo en el campo de la retrasmisión televisiva de eventos deportivos principalmente porque poseía la experiencia de un proyecto de campo. Su salario inicial fue de unos cien mil dólares. En su trabajo, era responsable de una de las cuatro regiones de EE. UU. Los otros tres gerentes habían obtenido sus titulaciones en universidades prestigiosas. Así pues, ¿por qué contrataron a Ken al mismo nivel? En último término fue porque disponía de experiencia gracias a su proyecto de campo de su programa del MBA. (En el capítulo 5 hablaremos de los factores que tienen un papel en el éxito de los millonarios y destacaremos cómo esos mismos factores están relacionados con el éxito en otras facetas de la vida laboral. Luego hablaremos de las primeras experiencias laborales en el capítulo 6).

Distribución de recursos

En cuanto al transporte, Ken y su mujer compraron varias furgonetas nuevas que conservaron durante entre ocho y diez años. (En el capítulo 4 nos ocuparemos del consumo y la frugalidad, que son los sellos distintivos constantes de los estadounidenses hechos a sí mismos y económicamente exitosos. En el capítulo 7 hablaremos de cómo los estadounidenses acaudalados enfocan la distribución de sus recursos, incluyendo la forma en la que invierten).

Ken ignoró el mito de que para triunfar debía gastar en abundancia en su educación. Asistió a escuelas y universidades públicas. Lo mismo hicieron sus hijos. Ken y su esposa eligieron su vecindario a propósito en parte porque tenía las escuelas públicas mejor valoradas del estado. En la actualidad, el coste total de la enseñanza privada en la región en la que vive Ken desde primero de primaria hasta segundo de bachillerato es de entre 110 000 y 264 000 dólares por estudiante por doce años de educación. Imagina cuántos dólares antes de impuestos se tendrían que ganar para pagar esta educación. No es sorprendente que el 72 % de los millonarios a los que encuestamos informen de que, cuando adquirieron su hogar, buscaron un vecindario que dispusiera de escuelas públicas excelentes. De esta forma, Ken y su mujer se ahorraron más de trescientos mil dólares. Esta decisión por sí sola permitió que Ken y su familia ganaran una pequeña fortuna al tener en cuenta que evitar este gasto anual pudo crecer en forma de dinero invertido a lo largo de las décadas. (Hablaremos más sobre los mitos de la riqueza y los mitos en torno a la educación en los capítulos 2 y 5).

¿El resultado?

Ken se jubiló a los cincuenta y cinco años siendo decamillonario.

REQUISITOS PARA EL ÉXITO ECONÓMICO LOGRADO DESDE ABAJO

¿Qué hay de aquellos con unos ingresos entre medios y superiores que los de la media que buscan la independencia económica en la actualidad? Si tuvieras que explicar, de forma sencilla, cómo una persona puede acumular riqueza a lo largo del tiempo y pensaras que sigue siendo posible ¿cómo lo harías? Podrías explicar que la forma de conseguirlo es gastando menos de lo que ganas, y luego ahorrar e invertir el dinero restante de una forma que le permita crecer por su cuenta. Es sencillo, pero no es fácil. La verdadera dificultad reside en las presiones externas que nos dicen que no demos estos sencillos pasos.

Junto con los estudios de encuestas más recientes, este libro intenta centrarse en los hábitos, características y comportamientos clave de los estadounidenses hechos a sí mismos basándonos en datos que abarcan cuarenta años para ver si estos patrones han cambiado a lo largo de las décadas. Lo que vemos es que han permanecido sin cambios independientemente del *boom* de las empresas puntocom o del estallido de la burbuja inmobiliaria. Los componentes comportamentales del éxito económico han permanecido constantes independientemente de quién estuviera en la Casa Blanca. Tanto si se trata del punto de vista de los Jacobson con respecto a los platos de oferta de un menú de restaurante o del plan financiero de treinta años de Ken, hay factores clave que distinguen a aquellos que son capaces de transformar los ingresos en riqueza de los que no son capaces.

¿TIENEN LOS CAMBIOS EN EL ENTORNO UN IMPACTO SOBRE LA ACUMULACIÓN DE RIQUEZA?

Muchas cosas han cambiado desde la publicación, por primera vez, de *MPA* en 1996. Indudablemente, el mayor cambio es la proliferación de la tecnología personal. Estos avances nos proporcionaron las redes sociales, que nos permiten establecer o mantener fácilmente relaciones con un número casi infinito de familiares o amigos. En la parte positiva, las redes sociales proporcionan una forma de permanecer conectado con otros de forma virtual. En la parte negativa, también es una forma de que las personas que trabajan en *marketing* nos recuerden constantemente los bienes de consumo que «necesitamos» y las experiencias de consumo que tienen nuestros amigos y familiares: compras, fiestas, eventos, entretenimiento e incluso educación con un precio elevado. Incluso aunque puedas, de algún modo, evitar la parte del *marketing* de las redes sociales, puede que encuentres difícil evitar verte influido por los comportamientos de tus amigos y familiares, ya que casi un 70 % de los estadounidenses está en las redes sociales.[24] Esta inundación constante acerca de lo que está haciendo, conduciendo y comprando otras personas ha hecho que sea cada vez más importante ser disciplinado en lo tocante a evitar la influencia de tus proverbiales vecinos.

A continuación, la capacidad de un inversor individual de hacer negocios con los valores de la bolsa estaba en pañales en la década de 1990, pero en la actualidad estos recursos están al alcance de cualquiera. Éstos han reducido el coste de la contratación de servicios de asesoría financiera, y está cambiando la naturaleza de las inversiones y la planificación fi-

24. Centro de Investigaciones Pew (Pew Research Center), 2017.

nanciera, tanto para los estadounidenses medios como para aquellos con una cantidad importante de riqueza. Hablaremos más sobre esto en el capítulo 7 mientras nuestro foco se desplaza hacia la inversión.

Por último, la economía próspera de la década de 1990 tuvo algunos críticos y a gente del ámbito académico que asumían que había más posibilidades de que alguien incrementara su riqueza por cuenta propia que en la actualidad. Por supuesto, los gastos básicos en general han aumentado desde 1996, pero no más que en las áreas de la asistencia sanitaria y la educación. El coste de la educación superior, en concreto, ha estado aumentando bastante por encima de la inflación, y artículos y libros recientes cuestionan qué valor tiene un título universitario de cuatro, cinco o seis años en la actualidad.[25] ¿Significan estos costes que acumular riqueza siguiendo los comportamientos y los hábitos de las personas hechas a sí mismas está fuera del alcance de la mayoría de la gente? No podemos discutir que estos costes crecientes no tengan ningún impacto sobre tu capacidad de hacerte rico por tu cuenta. En lugar de ello, basándonos en nuestras investigaciones, simplemente vemos que las mismísimas características que hicieron que los millonarios de la puerta de al lado lo fueran en las décadas de 1980 y 1990 pueden aplicarse a los cambios: la frugalidad, la disciplina y el pensar de forma diferente siguen permitiendo que aquellos con el deseo y el impulso de acumular riqueza lo hagan.

LA DISCIPLINA DE LA RIQUEZA

A lo largo de todo nuestro estudio de la gente próspera, hay un tema recurrente celebrado por algunos y denostado por otros: la disciplina. Nuestra muestra de los millonarios valora esto como el principal factor del éxito. En 2000, el 95 % de los millonarios estuvo de acuerdo en que era crucial para su éxito, y en 2016, el 91 % de los millonarios valoró el *ser disciplinado* como un factor importante para el éxito.

En concreto, la disciplina es necesaria para tomar los *ingresos* y transformarlos en *riqueza*. Esta disciplina incluye saber: (a) cuánto ingresas, (b) cuanto gastas y (c) hacer un presupuesto o plan de gastos para asegu-

25. Shoen, 2015.

rarte de que la diferencia arroje cifras positivas. La ecuación matemática implica sumas y restas básicas. La *disciplina* es el componente de la acumulación de riqueza que permite que las matemáticas funcionen.

Es de suponer que cuanto más ahorres más oportunidades de invertir tendrás. Luego podremos aplicar otra ecuación matemática: el interés compuesto. La disciplina también entra en juego en este caso. La «magia» de estas matemáticas no puede verse en las negociaciones frecuentes en la bolsa, el operar en el mercado de valores en el momento adecuado o en las inversiones peculiares, a no ser que te encuentres entre la pequeña y menguante población de inversores que pueden «vencer al mercado» de forma fiable y constante.

La *disciplina* es el factor que exaspera a aquellos que buscan excusas cuando no pueden amasar riqueza, especialmente en el caso de la gente hiperconsumidora con unos ingresos elevados. Puede que esta gente viva en áreas urbanas caras y que haya acumulado unas deudas elevadas debido a los costes de sus estudios universitarios porque pensaba que eso era lo que tenía que hacer.

¿Nos confunde a algunos la palabra «disciplina» porque requiere que tomemos decisiones y que no tengamos todo lo que deseamos? La disciplina suele requerir de ir en contra de la corriente, incluyendo la corriente de tus influencias sociales, y quizás incluso de la forma en la que fuiste criado o de tus creencias respetadas desde hace mucho tiempo sobre lo que tienes derecho a hacer *hoy*.

Disciplina y conciencia

Los millonarios de nuestro último estudio, de forma similar a los que estudiamos anteriormente, tienden a estar en sintonía con su salud económica. Son profundamente conscientes de los aspectos pequeños y quizás mundanos de su vida financiera incluso aunque tengan unos niveles de ingresos y de patrimonio neto muy superiores a los del estadounidense medio. En nuestro último estudio, el 70 % de los millonarios sabía cuánto gastaba en comida, ropa y alojamiento cada año. Más del 65 % de ellos, a pesar de su elevado patrimonio neto, siguen gestionando su hogar con un presupuesto. Se implican en actividades que se alinean con la acumulación y el mantenimiento de la riqueza, como el estudiar inversiones, leer revistas sobre las operaciones en bolsa y trabajar.

La mayoría de los estadounidenses exitosos desde el punto de vista económico tienen o alcanzan una conciencia sobre sus propias habilidades, talentos y competencias y cómo éstas pueden transformarse en carreras profesionales, empleos y negocios. Tienen la capacidad de examinar las tendencias en su entorno, el mercado y sus comunidades y captar las necesidades futuras o crecientes con sus servicios o productos y la visión para hacer todo ello. Normalmente, esta conciencia se alcanza mediante la orientación por parte de los progenitores, las experiencias al principio de la carrera profesional y la prueba y el error.

La conciencia es necesaria para hacer elecciones congruentes con tus propias fortalezas, intereses, objetivos familiares y lo que está sucediendo en el campo que has escogido, incluyendo tu vecindario, tus círculos sociales, tu mercado de trabajo o tu sector.

Distribución de recursos

Lo que resulta crucial para todas las metas, ya sean económicas o de otro tipo, es la asignación de tiempo, energía y dinero de una forma intencionada y disciplinada. Tal y como se comenta en el capítulo 3 de *MPA* y en el capítulo 9 de *The Millionaire Mind*, aquellos que son o se vuelven exitosos económicamente hablando, tienen la capacidad de distribuir sus recursos de forma eficaz para lograr sus objetivos y no distraerse de su consecución. Los acumuladores prodigiosos de riqueza pasan más tiempo planeando inversiones futuras conducentes a la acumulación de riqueza que los malos acumuladores de riqueza.

Lo mismo se aplica en la actualidad. Los millonarios de la puerta de al lado siguen dedicando tiempo a actividades conducentes a la acumulación de riqueza o a la «acumulación de riqueza» en las áreas de la salud y el bienestar. (Tal y como veremos en el capítulo 5, los millonarios dedican alrededor de la mitad de su tiempo, con respecto al estadounidense medio, a jugar a videojuegos, pero dedican el doble de tiempo a hacer ejercicio y a leer por placer).

La independencia económica pertenece a aquellos con la voluntad de dedicar tiempo, dinero, energía y recursos cognitivos a alcanzar sus objetivos financieros.

Ir contracorriente

Asume, por un momento, que todo lo que has leído en la prensa popular o en las redes sociales con respecto a la acumulación de riqueza en Estados Unidos fuera cierto: que con el aumento de los costes relacionados con la asistencia sanitaria y la educación, la falta de pensiones y de fondos de jubilación proporcionados por los empleadores y unos mayores mecanismos mediante los cuales las empresas pueden influir en tu comportamiento como consumidor, pocas personas pueden acumular riqueza por su cuenta. ¿Qué tal si compras la idea de que sólo el 1 % o el 10 % (o un cierto porcentaje) superior seguirán ostentando esa posición?

¿Y qué sucede si decides que quieres nadar contra la corriente e intentar hacer lo que algunos dicen que, en esencia, es imposible en la actualidad? Espero que leas los siguientes capítulos con una pizca de esperanza en un mundo en el que muchos dicen que hacer algo por tu cuenta no es posible sin la ayuda del gobierno, sin ayuda financiera o sin una buena suerte increíble. ¿Que resultaría necesario en tu caso? Ciertamente, conllevará algo de autorreflexión y, más importante, algunos cambios cruciales en la actitud y el comportamiento relacionados con la riqueza:

- Debes comprender y disipar muchos de los mitos relacionados con la riqueza y con cómo se acumula. Deberás dejar de echar la culpa a los que han conseguido el éxito y, en lugar de ello, estudiar cómo puedes tener éxito basándote en tus orígenes y tus talentos singulares.
- Deberás examinar cómo todas las personas de tu entorno en la actualidad y aquellos que estuvieron cerca de ti mientras crecías se enfrentaban a los asuntos económicos. Deberás reconocer que los errores de tus progenitores y cuidadores no tienen por qué ser los tuyos. Lo más importante puede que sea que deberás reconocer el nivel de influencia que aquellos que hay a tu alrededor tienen sobre tus conductas financieras y tomar decisiones conscientes sobre si permitirás, o no, que esas influencias persistan.

- Deberás tener en cuenta tu comportamiento como consumidor, empezando por las compras importantes, que incluyen tu hogar y tu coche, además de las compras de menor importancia. El lugar en el que «te plantes» tú o «plantes» tu hogar tendrá una importante influencia sobre otras decisiones económicas importantes. Deberás determinar si esas decisiones relativas a las compras contribuyen a que alcances tus metas económicas generales o si las estás tomando para imitar a aquellos que son ostentosamente ricos o, como suele suceder, a aquellos que fingen poseer una gran riqueza.
- Parte de tu autorreflexión debe incluir una autoevaluación sobre tus fortalezas y debilidades cuando se trata de todo lo relacionado con las finanzas. ¿Cómo te ayudan tus características singulares a generar y alcanzar tus metas económicas? Deberás incluir en tu lista de objetivos de automejora las relacionadas con los asuntos financieros: centrarte más en las decisiones económicas, sentirse más seguro sobre ellas y ser más frugal.
- Te llevará a generar ingresos por tu cuenta, y esto debe incluir una reflexión sobre qué significa el trabajo para ti; dónde, cómo y durante cuánto tiempo quieres dedicar cuarenta o más horas semanales esforzándote para alcanzar una cierta entidad, o si puedes crear un negocio o empresa por tu cuenta, con sus inevitables altibajos, para generar ingresos. En lugar de ello quizás quieras tomar la decisión de optar por una jubilación precoz en tus propios términos, ahorrando dinero de forma agresiva durante tus primeros años laborales y dejando los treinta o más años de trabajo de las 09:00 h a las 17:00 h (ahora de las 08:00 a las 18:00 h) a otros.
- Por último, se deben invertir esos ingresos para que crezcan, y deberás decidir, después de reflexionar, cómo invertirlos y dónde obtener asesoramiento financiero. También deberás tomar decisiones deliberadas sobre cómo emplear tus recursos cognitivos. Estos recursos (nuestra atención y nuestro tiempo) no son renovables e incrementarán tus oportunidades de alcanzar la libertad económica o te mantendrán esclavizado con respecto al ciclo de ingresos-gastar-ingresos-gastar.

Capítulo 2

IGNORANDO LOS MITOS

«Hay quienes pretenden ser ricos, y no tienen nada, y hay quienes pretenden ser pobres, pero tienen muchas riquezas».

Proverbios 13, 7

A pesar de los cambios importantes en el Gobierno, el entorno social y los mercados económicos en Estados Unidos, el consejo, a lo largo de los últimos veinte años, para los jóvenes adultos puede resumirse con esta afirmación: para acumular y mantener la riqueza a lo largo del tiempo, será necesario que abordes toda la gestión financiera (gastar, ahorrar, generar ingresos, invertir) con un enfoque distinto y más disciplinado que el resto de la gente de tu entorno. Eso requiere de acción por tu parte, en oposición a la mera creencia, actitud o personalidad. Aunque estos tres factores pueden tener un impacto sobre tu comportamiento, en último término, tu capacidad para acumular y hacer crecer la riqueza a lo largo del tiempo se verá moldeada por lo que *hagas,* y no por lo que tengas en mente.

¿Qué significa, para el millonario de la puerta de al lado actual y el del futuro, que haya habido un aumento significativo de los costes de la asistencia sanitaria o que los costes universitarios se hayan incrementado en un 153 % entre 1984 y 2016?[1] Significa que las generaciones actuales y las futuras que deseen acumular riqueza por su cuenta y en sus propios términos tendrán que modificar su actitud en relación con estos gastos. Deberán variar su forma de hacer las cosas, e incluso el lugar al que vayan

1. Oficina de Estadísticas Laborales de EE. UU., 2016a.

a ir a la universidad (si es que van) o cómo trazar un camino para una carrera profesional. No podemos controlar los costes, las políticas gubernamentales ni los mercados financieros. Sí que podemos controlar lo que gastamos, cómo invertimos, las oportunidades que buscamos y otros aspectos de nuestra vida económica, para mejor o peor.

¿Qué hace falta?

¿Qué hace falta de verdad para acumular riqueza? ¿Puedes seguir acumulando riqueza en EE. UU. hoy en día? Mi padre escribió el siguiente resumen sobre él éxito económico en 2014, esbozando lo que hace falta (y sigue haciendo falta) para alcanzar la independencia económica:

Contrariamente a lo que se publicita en los medios, hay unas mayores oportunidades de prosperidad en nuestra economía en la actualidad que nunca antes en la historia de Estados Unidos; pero para aprovechar estas oportunidades, es importante valorar los ocho elementos clave de la ecuación del éxito económico tal y como aparecen en mi libro *The Millionaire Mind:*

1. Comprende los factores clave del éxito que nuestra economía sigue y seguirá premiando: el trabajo duro, la integridad y la concentración en algo.
2. Nunca permitas que un expediente académico deslucido se inmiscuya en el camino para convertirte en alguien económicamente productivo.
3. Ten la valentía de asumir algunos riesgos financieros y aprende a superar las derrotas.
4. Escoge una vocación que no sea sólo única y rentable. Escoge una que te encante.
5. Ten cuidado al elegir a tu cónyuge. Aquellas personas que son económicamente productivas se casaron con una mujer o marido que tenían las características compatibles con el éxito.
6. Dirige un hogar económicamente productivo. Muchos millonarios prefieren reparar o restaurar antes que comprar algo nuevo.
7. Sigue el ejemplo de los millonarios al escoger un hogar. Estudia, busca y negocia de forma agresiva.
8. Lleva un estilo de vida equilibrado. Muchos millonarios son gente de gustos sencillos. No hace falta mucho dinero para disfrutar de la compañía de tus familiares y amigos.

Éstas son perogrulladas básicas basadas en principios indiscutibles; pero lo cierto es que mucha gente sigue creyéndose los *mitos* de la riqueza, reduciéndose así la probabilidad de asumir la responsabilidad de acumular riqueza por su cuenta.

MITO NÚMERO 1: TÚ ERES TU GRUPO

Creer que tienes las mismas probabilidades de éxito que la gente de tu entorno con unas características demográficas similares ignora las características y el impulso únicos que, de hecho, te permiten triunfar por tu cuenta. Si miramos atrás, a un pasado no tan lejano, había *leyes* en vigor que reprimían a ciertos grupos basadas no en sus habilidades, conocimientos o talentos, sino más bien en el color de su piel o su sexo. Esto no sucedía hace quinientos años, sino hace tan sólo algunas *décadas*.

Incluso en la actualidad, algunos de nosotros pertenecientes a distintas generaciones (una vez más un grupo según su año de nacimiento) se ríe de los milenials, con sus cafés con leche y sus tostadas con aguacate, o quizás, de forma más positiva, dicen que la generación del *baby boom* fue una que no volveremos a ver. En varios sentidos, estas conclusiones generales sobre grupos de gente, pese a ser convenientes a nivel de *marketing* y políticas, son menos útiles cuando queremos descubrir qué es lo que hace falta para acumular riqueza.

¿Cuál es el resultado obvio de esta forma de pensar? Esto nos proporciona una salida a todos. Podemos echar la culpa al hecho de pertenecer a tal o cual grupo como la razón por la cual no podemos progresar o por la cual actuamos de la forma en que lo hacemos. «Puedo ver que eres una mujer de la generación X, blanca, que tienes tres hijos, que estás casada y que vives en este código postal. Te clasificaré *aquí*».

Un sabio profesor recordó en una ocasión a sus estudiantes de posgrado de Psicología que «hay una mayor variación *dentro* de un grupo que *entre* grupos». En otras palabras, hay una mayor variación en nuestra psicología y nuestras conductas dentro de un grupo (por ejemplo, variaciones en nuestros intereses, personalidades y habilidades) que entre dos categorías demográficas. En lugar de ello, tal y como veremos en el capítulo 5, nuestros *comportamientos,* y no el color de nuestra piel o la época en la que nacimos, puede tener un impacto importante sobre nuestra capacidad de acumular riqueza y conservarla a lo largo del tiempo.

¿El origen étnico y el impulso?

Ésta es una de las áreas de interés en *MPA*, relacionada con tu linaje o el lugar de origen de tus progenitores y tus abuelos. Cuando me uní a mi padre en sus esfuerzos de investigación hace varios años, empecé a orientar el foco más hacia características que pudieran *cambiar* con el tiempo y conductas que pudieran modificarse. La pertenencia a un grupo, pese a ser interesante y fácil de reportar en artículos y resultados de encuestas, hace poco por ayudarnos a cambiar, crecer y tener éxito.

Pese a ello, en esa misma línea de pensamiento es difícil imaginar que la experiencia de la inmigración a Estados Unidos, espoleada por el deseo de mejorar la vida de tu familia, no tenga un efecto sobre la capacidad de los estadounidenses de primera generación para acumular riqueza por su cuenta. Ese deseo y ese impulso por alcanzar nuestras costas o fronteras puede explicar más cosas sobre el éxito en las poblaciones inmigrantes que su origen étnico.

Piensa en el siguiente ejemplo de un millonario de la puerta de al lado que llegó a Estados Unidos y sus *comportamientos* y elecciones que le permitieron conseguir el éxito económico a pesar de los retos que conllevaba empezar de cero en un nuevo país:

> *Soy un inmigrante de primera generación que vino a vivir a EE. UU. cuando tenía siete años. En su mayor parte, mi familia era pobre, pero no desposeída. El instituto al que asistí no disponía de clases de nivel avanzado, y alrededor de la mitad de los estudiantes de primer curso del instituto no se graduaron. Afortunadamente, reconocí el valor de la educación y pude acceder a la Universidad de California.*
>
> *Decidí estudiar informática debido a las perspectivas de trabajo. Mi primer empleo fuera de la universidad, en 1996, me pagaba un salario de 38 000 dólares anuales. La economía mejoró rápidamente, y lo mismo le sucedió a mi sueldo. La vivienda era relativamente más barata, y destiné el 10 % para comprar un apartamento de 192 000 dólares en San Francisco.*
>
> *En 2000 me surgió una buena oportunidad laboral en Nueva York, trabajando para un gran banco de inversiones. Acabaría trabajando en*

Nueva York durante doce años. Mi salario era bastante bueno, pero nada espectacular (la media total quizás fuera de 200 000 dólares).

Invertí con inteligencia, y el último año decidí «jubilarme» y mudarme a... Oregón... Genero unos 3 000 dólares mensuales de ingresos por rentas y entre 3 000 y 4 000 dólares mensuales más en dividendos. Tengo planes de pensiones que generan otros 1 500 dólares mensuales. A los cuarenta y un años, puedo dejar de trabajar si así lo decido.

Otras notas: No tengo coche ahora, y el más caro que compré valía 2 200 dólares. Nunca he llevado reloj. Nunca he gastado más de 200 dólares en unos zapatos.

Es difícil imaginar que la historia de esta persona no afectara significativamente a su ética laboral y sus conductas con los gastos y, en último término, a su éxito económico.

¿Vas a emigrar a Estados Unidos? Simplemente el primer paso

Por supuesto, no es suficiente con llegar a EE. UU. No todos aquellos que llegan, al igual que no todos los que vivimos aquí, nos damos cuenta de que la libertad de la que disponemos en Estados Unidos nos proporciona la oportunidad de trabajar duro, crear negocios y vivir nuestra vida de la forma en que deseemos. No, nuestras calles no están pavimentadas con oro, tal y como nos recordaba mi padre en este ensayo de hace algunos años:

A Natasha le llevó treinta minutos de hablar sin parar contestar a la siguiente pregunta: «¿Te gusta vivir en EE. UU.?». Natasha, alias Natasha «Quejinski», no es feliz viviendo en EE. UU. Ella, que es peluquera y empresaria unipersonal que cobra por su trabajo en su sillón de peluquería, y su esposo, que instala y repara suelos de madera, emigraron a EE. UU. desde Rusia en 2004. Ambos pensaban que a estas alturas ya serían ricos, pero ni siquiera están cerca de serlo. Parece ser que la pareja sólo leyó los titulares sobre la enorme cantidad de riqueza personal en EE. UU.: unos 65 billones de dólares en total. Y no olvidemos a todos esos millonarios que aparecen en la lista *Forbes* 400. Incluso la prensa rusa destacaba las cantidades multimillonarias pagadas a atletas profesionales, ejecutivos superiores de empresas privadas e incluso rectores de universidades.

Puede que Natasha hubiera quedado incluso más impresionada con las estimaciones de la Reserva Federal del patrimonio neto medio por hogar en EE. UU., de aproximadamente 575 000 dólares. Incluso antes de que emigraran, era de más de 400 000 dólares. Ella y su marido creían que demostrarían rápidamente que eran mejores creando riqueza una vez se instalaran en EE. UU. Atención, señora Quejinski: oculto en los detalles tenemos el hecho de que el patrimonio neto mediano de un hogar estadounidense es de menos de 85 000 dólares, o alrededor del 15 % de la media de 575 000 dólares; y los ingresos medianos están muy lejos de ser de un millón de dólares, sino que son de unos 52 000 dólares: una cifra ligeramente superior a la que ganan los Quejinski. No es fácil convertirse en millonario ganando 50 000 dólares anuales.[2]

Natasha también está desanimada por el valor de mercado de su casa. La compraron abonando un pequeño anticipo justo antes del estallido de la burbuja inmobiliaria y asumieron que el valor de mercado aumentaría rápidamente, pero en la actualidad vale un 70 % de su precio de compra. En realidad, incluso en las buenas épocas, el aumento neto real de precio de una casa es mucho menor que el que la mayor parte de la gente estima.

Los Quejinski cometieron el error de pensar que la riqueza se les aparecería sin más en EE. UU., sin tener que trabajar duro, ni disciplina ni sacrificio. Para todos los inmigrantes, excepto para los más afortunados, eso también es un mito.

MITO NÚMERO 2: LOS INGRESOS EQUIVALEN A RIQUEZA

Aunque hemos destacado lo contrario en el capítulo 1, es crucial recordar que los dos conceptos (ingresos y riqueza) suelen emplearse erróneamente. Aquellos que incrementan su consumo al tiempo que también lo hacen sus ingresos siguen asumiendo que se trata de lo mismo. Y creerse este mito aporta la falsa idea de que aquellos que *parecen* ser ricos (vecinos que conducen coches de lujo o amigos con pantalones vaqueros que valen doscientos o más dólares) son ricos cuando, en realidad, esto sólo significa que han gastado más que los verdaderos millonarios en estas compras.

«Muchos progenitores, estudiantes y profesores, además de muchos escritores, periodistas y políticos, deberían regresar a la escuela. Los ingresos siguen confundiéndose con la riqueza», escribió mi padre en una ocasión. Mucha gente cree que los ingresos equivalen a la riqueza. De hecho, incluso la Fundación Educativa sobre los Impuestos (Tax Foundation) habla acerca de los «millonarios» en términos de sus declaraciones de la renta frente a su patrimonio neto.[3]

Cuando empleamos el término *riqueza,* nos estamos refiriendo al patrimonio neto de un hogar (es decir, todos sus activos menos sus cargas).

2. Las cifras relativas a los ingresos y el patrimonio neto que aparecen en esta sección son de 2013.
3. Fundación Educativa sobre los Impuestos (Tax Foundation), 2012.

Definimos los ingresos de un hogar de una forma sencilla: consiste en sus ingresos (obtenidos) que se declaran, o deberían declararse, en la declaración de la renta. La confusión con respecto a estos dos términos da lugar a conclusiones erróneas sobre multitud de asuntos económicos y sociales. El efecto práctico de esta confusión es que distorsiona las medidas o las cifras a las que prestamos atención mientras intentamos conseguir la independencia financiera y económica.

Los ingresos de un millonario suponen tan sólo el 8,2% de su riqueza

Hace varios años, Brit, que tenía treinta y seis años, y su esposa, estaban hechos un lío con su casa, que tenía una elevada hipoteca, tenían un patrimonio neto negativo y tenían una deuda de 60 000 dólares sólo en cuanto a sus tarjetas de crédito. En la actualidad, la pareja tiene un patrimonio neto de unos 20 000 dólares. Brit explica que amortizar sus deudas fue extremadamente difícil y que les conllevó muchos sacrificios. La pareja está verdaderamente orgullosa de este logro; pero a pesar de esto, Brit comenta que está deprimido: «desanimado... No puedo ver cómo vamos a llegar a ser ricos incluso aunque ambos trabajemos como burros».

La gente que cree que nunca se hará rica suele hacer realidad esta profecía. Mi padre le explicó a Brit, que había sido miembro del club de las principales personas ricas en cuanto a su cuenta de resultados, que tenía muchas probabilidades de convertirse en un millonario de la puerta de al lado y que el típico millonario de la puerta de al lado tenía cincuenta y siete años (en esa época). La voluntad y la disciplina que mostró esta pareja amortizando su considerable deuda son reveladoras. Se puede emplear la misma determinación para reservar *por lo menos* un 15% de los ingresos para ahorrar e invertir.

¿Qué deberías esperar de un miembro típico de la fraternidad de los millonarios de la puerta de al lado?

1. Fijándote en la ecuación de la riqueza del capítulo 1, el patrimonio neto total debería superar su valor esperado por un factor de dos o superior.

2. El valor de mercado de una casa supone menos de un 20 % del patrimonio neto total.
3. La deuda es menor al equivalente de un 5 % del patrimonio neto.
4. El resultado de la declaración anual de la renta es el equivalente a aproximadamente el 2 % del patrimonio neto.
5. Los ingresos anuales totales reales son de aproximadamente el 8,2 % de la mediana del patrimonio neto o el equivalente a 8,20 dólares de ingresos por cada 100 dólares de riqueza.

Esta cifra de 8,20 dólares procedente de los estudios de mi padre es bastante congruente con los hallazgos de otros investigadores. Por ejemplo, tres eruditos contratados por el Departamento del Tesoro de EE. UU. compararon las características de la riqueza de millonarios a través de 36 352 declaraciones federales de herencias dejadas por personas que fallecieron en 2007 con los ingresos de estos individuos cuando estaban vivos. Esos millonarios, que estaban casados y tenían menos de setenta años (como la mayoría de los millonarios de la puerta de al lado que mi padre estudió), cobraban el equivalente a 8,45 dólares por cada 100 dólares de su patrimonio neto. Esta cifra se encuentra a aproximadamente un 3 % de la cifra económica (8,20 dólares) que se determinó a partir de sus encuestas.[4]

Por supuesto, los ingresos y el patrimonio neto son factores relacionados, pero no son equivalentes. Cada uno de ellos debería emplearse de forma distinta para valorar la salud financiera total y el progreso.

MITO NÚMERO 3: PUEDES VALORAR LA RIQUEZA DE UNA PERSONA POR LO QUE CONDUCE, COMPRA Y VISTE

Todos tienen una opinión sobre «los ricos» que se ha perpetuado en parte gracias a las narrativas de los medios y de distintas facciones políticas y usadas en favor de sus propios fines. Disipar los mitos acerca de la riqueza (tanto de lo que hace falta para generarla como de lo que hacen los ricos con su dinero) fue una preocupación crucial a lo largo de toda la vida,

4. Johnson, Raub y Newcomb, año desconocido.

dedicada a la investigación, de mi padre. Él solía demostrar los mitos mediante los casos prácticos que relataba sobre aquellos que mostraban una clara fidelidad a esas creencias. Tomemos, como ejemplo, a Guardabosques X. Rico, que sería el seudónimo de alguien a quién mi padre conoció en 2010 en un Parque Nacional cerca de Atlanta. Sus comentarios sobre el señor Rico proporcionan un ejemplo sobre los peligros de aferrarse a los mitos relativos a la riqueza, y cómo lo falsas que son las suposiciones sobre el dinero y acerca de aquellos que lo tienen o no pueden tener un impacto sobre la satisfacción, además de sobre la diligencia a la hora de perseguir la propia independencia económica:

> *Nos percatamos por primera vez de la presencia del guardabosques mientras iniciábamos nuestra excursión al salir del aparcamiento adyacente a la zona boscosa. Estaba a punto de abrir su talonario de multas cuando mi mujer me dijo: «¿Has colocado tu recibo de aparcamiento sobre el salpicadero?». No lo había hecho: lo había dejado en la guantera. Sabiendo eso, le dije al guardabosques: «Va a ser mejor que regrese a mi coche y coloque mi recibo sobre el salpicadero, o me pondrá usted una multa». Él me sonrió, señaló hacia el aparcamiento y me preguntó por el tipo de coche que conducía. Le dije: «Un Toyota 4-Runner».*
>
> *A continuación, dijo algo que nos sorprendió: «Probablemente no me ocuparé de los Toyota. La mayoría de la gente que conduce un Toyota, un Ford o un Chevrolet paga los tres dólares que se cobran para acceder al parque. Es la gente con un Mercedes, un BMW, un Jaguar o, peor todavía, un Range Rover, la que no suele pagar. Llevo en este trabajo mucho tiempo. Es el trabajador el que paga en este país. La gente rica no paga impuestos. No pagan para aparcar».*

Nuestra investigación empírica no cubre los hábitos de aparcamiento de los ricos. Por lo tanto, no podemos decir si Guardabosques X. Rico tenía razón con su suposición sobre si es más probable que la gente que conduce marcas de coches caras se burle de la idea de pagar tasas por aparcar. Es interesante darse cuenta de que Guardabosques X. Rico aseveraba que la gente que conduce esos coches de marcas caras es, por definición, «rica». Pero tal y como señaló mi padre en su libro *Stop Acting Rich,* el 86 % de aquellos que conducen coches de marcas caras no son millonarios. Por lo tanto, podría suceder que mucha gente que conduce coches caros no tenga dinero suficiente para pagar las tasas de aparcamiento o dar una propina al camarero en el restaurante, al *caddie* en el campo de golf, etc.

Conducir un coche de rico o ser rico

Guardabosques X. Rico creía en el «sistema de los ricos primero» al poner las multas de aparcamiento. Buscaba coches de buenas marcas para multarles primero, ya que pensaba que la gente rica no paga impuestos y que no paga por aparcar su coche. Además, Guardabosques X. Rico creía que la gente rica conduce coches de marcas prestigiosas. Pero tal y como se apunta en el blog de mi padre y en *Stop Acting Rich,* «El precio mediano pagado por los millonarios por su adquisición más reciente ha sido de sólo 31 367 dólares. El precio habitual pagado por los decamillonarios fue de 41 997 dólares. [...] Muchos millonarios conducen coches de marcas normales, no prestigiosas [...]». En nuestro estudio actual, el precio mediano pagado por los millonarios por su adquisición más reciente de un coche había sido de 35 000 mil dólares.

Pero Guardabosques X. Rico es como muchas personas que definen a los *ricos* en términos de sus ingresos en lugar de su patrimonio neto. Ciertamente, muchos conductores sienten la necesidad de mostrar sus logros socioeconómicos mediante la adquisición de coches de una marca prestigiosa. Puede que piensen que aquellos que tienen éxito generando unos ingresos elevados conducen coches de marcas de lujo. Y correspondientemente, los conductores de coches marcas más corrientes tienen unas cifras de ingresos medias. Pero los datos fidedignos sugieren que el nivel de prestigio de un coche y los ingresos de su conductor distan mucho de correlacionarse. De hecho, muchos conductores de coches de lujo no tienen los niveles de ingresos ni el patrimonio neto que les definiría como grandes triunfadores económicos.

Siguiendo este razonamiento, Joann Muller, escribiendo para Forbes. com,[5] redactó un artículo titulado «What the rich people really drive» («Qué conduce realmente la gente rica»). Muller define a la gente rica en

5. Muller, 2011.

términos de sus ingresos, y no de su patrimonio neto: «La gente más rica era la que era más probable que comprara marcas de coches de lujo (el 39 % de la gente con unos ingresos en su hogar por encima de los 250 000 dólares frente al 8 % de la gente que gana menos de 100 000 dólares al año). [...] El 61 % de la gente que gana 250 000 o más dólares o no compra coches de lujo en absoluto».

Su análisis indica que aquellos hogares con unos ingresos elevados es más probable que tengan coches de lujo. El simple hecho de que alguien conduzca un coche de una marca de lujo no implica necesariamente que su conductor tenga unos ingresos altos (o un patrimonio neto elevado).

Pero tal y como escribió mi padre en 2012: «Estimo que hay 2,5 millones de hogares, o casi un 2,1 % del total, que tienen unos ingresos anuales reales de 250 000 o más dólares. Empleando las estimaciones de la señora Muller de que el 39 % de "los ricos" compran marcas de lujo, se puede estimar que el número que lo hace es de aproximadamente 975 000. Pero esta población es mucho menor que la de aquellos hogares con coches de marcas de lujo pero que tienen unos ingresos anuales de menos de 100 000 dólares. Unos 30 millones de hogares tiene unos ingresos anuales de entre 50 000 y 100 000 dólares. Esto se traduce en que un 8 % de 30 millones equivale a 2,4 millones que compran coches de lujo pero que no pertenecen a la categoría de los llamados ricos. Esta población es casi 2,5 veces superior al tamaño de la población con unos ingresos elevados y que compra de coches de lujo».[6]

¿Podría ser que fueran los pseudorricos, aquellos con aspiraciones, los que estén dando trabajo a los fabricantes de coches de prestigio?

¡No en mi club!

Puede que la moraleja más atemporal de MPA *sea la idea de que un millonario no se «comporta como un rico». Mi padre escribió este artículo en 2011, destacando, una vez más, el concepto de que los millonarios no suelen asumir el papel de ricos:*

Captar a los tipos prósperos, del tipo de los millonarios de la puerta de al lado, sigue siendo un objetivo para aquellos que trabajan en el sector de los servicios de asesoría profesional en la actualidad. Pero no todos los que se proponen vender productos y servir

6. Stanley, 2012.

a ese grupo de población triunfarán. ¿Quiénes se encuentran entre los mejores a la hora de servir las necesidades de los millonarios de la puerta de al lado? Frecuentemente se trata de aquellos que han tenido experiencias con este tipo de gente durante sus años de formación.

Tony Schuman, un exitoso asesor financiero, quedó concienciado a una edad temprana con respecto a las diferencias entre el millonario de la puerta de al lado de un perfil bajo y el pseudopróspero. Tony tenía una ruta de reparto de periódicos cuando tenía diez años. Comenta que «la gente obrera siempre pagaba puntualmente y daba propina. [En contraste, por ejemplo] una mujer, que era abogada, iba de acá para allá por su casa durante veinte minutos antes de pensar en darme los cincuenta y cinco céntimos que valía el periódico. Tanto ella como su esposo trabajaban, pero nunca daban propina».

Más adelante, Tony se convirtió en *caddie,* igual que yo. Sus primeras impresiones fueron similares a las mías con respecto al tipo de personas que te puedes encontrar en los clubes de golf. Mencioné en *Stop Acting Rich* que la gente obrera, los millonarios hechos a sí mismos para los que trabajé como *caddie* en los campos de golf públicos, eran mejores a la hora de dar propinas que la mayoría de las personas con aspiraciones para las que trabajé como *caddie* en un club de golf privado; pero aquellos que daban propina era muy generosos. Tony compartió las siguientes observaciones:

> Echo la vista atrás y me doy cuenta de que aprendí más sobre los negocios trabajando allí que durante todo el tiempo que pasé en la escuela de negocios. Los hombres hechos a sí mismos daban buenas propinas y me siguieron animando mientras estudiaba en la universidad. Un miembro y mentor, el señor R., tenía una gran empresa de construcción y había financiado más de la mitad de la construcción del club. Debido a los fríos inviernos de Connecticut, tuvo que doblar las horas de trabajo durante el verano. No podía jugar al golf los sábados con el resto de los socios porque estaba trabajando. El señor R. acudía al club los sábados por la tarde para tomarse una cerveza en el patio… llevando su uniforme de trabajo de «millonario de la puerta de al lado» consistente en unos pantalones chinos y unas botas con puntera de acero. Un día, la esposa de un nuevo socio que se había autoproclamado como la nueva dama del club vio al señor R. tomándose su cerveza y fumando un puro en el patio… Le gritó… que él, como simple obrero, no tenía derecho a estar sentado en el patio para beber y fumar. Su bomba final… «¿Quién se ha creído usted que es? ¿Acaso se cree el dueño del lugar?». El señor R. le contestó con tranquilidad: «Casi, señora, casi». Naturalmente, ella acudió corriendo y gritando al gerente, que le informó de que el señor R. poseía, de hecho, alrededor del 75 % de las acciones del club y que si tenía alguna pregunta más debería hablar directamente con él.

Podemos ver, tanto en nuestro estudio actual, como en una investigación de 2007 con una encuesta hecha a 1 594 hogares con ingresos elevados y un patrimonio neto alto, que los *ingresos anuales obtenidos por un hogar* son un mejor predictor del precio pagado por vehículos a motor que el patrimonio neto (riqueza). En el estudio de 2007, el 48,5 % de los participantes con ingresos iguales o superiores a 200 000 dólares pagaron 32 000 dólares por el último vehículo que habían adquirido. Más de uno de cada tres, o el 35,9 % de aquellos que ganaban medio millón de dólares o más pagaron menos de 32 000 dólares. Más de la mitad (el 54 %) de los que ganaban entre doscientos mil y medio millón de dólares pagaron menos de 32 000 dólares.

MITO NÚMERO 4: LOS «RICOS» NO PAGAN UNA CUOTA JUSTA

A Guardabosques X. Rico no le gustaban «los ricos» debido a otras razones relacionadas con el trabajo. Creía que los ricos no pagaban una cuota justa de los impuestos en EE. UU. y que eran responsables del descenso en la recaudación de impuestos cobrada por el Estado que le daba empleo, lo que a su vez exigía recortes y un cambio en su cargo.

El mito relativo a los ingresos y la riqueza es de utilidad aquí para comprender por qué el señor Rico creía que los «ricos» no pagan su cuota justa de impuestos. En primer lugar, el señor Rico estaba confundido por los coches de lujo y la *riqueza* (en lugar de eso podría haber hablado de *ingresos*), y en ese sentido volvía a estar equivocado.

Guardabosques X. Rico haría bien en pensar en los impuestos pagados por los ricos rutilantes con unos ingresos elevados: aquellos que pueden adquirir los automóviles de lujo con una cantidad que supone una gota de agua en sus arcas o su salario anual.

IMPUESTOS SOBRE LA RENTA: EL OTRO GRAN ASUNTO

Warren Buffet, el presidente y director ejecutivo de Berkshire Hathaway, es el mejor entre los mejores transformando los ingresos en riqueza. ¿Cómo lo consiguió? Podríamos decir que invirtió inteligentemente, en combinación con su reputación por tener una enorme integridad y su bien conocido estilo de vida frugal. Cuando se trata del consumo, parece poseer unos valores tradicionales propios del medio oeste estadounidense. A pesar de su enorme riqueza vive en un hogar relativamente modesto y conduce coches de marcas estadounidenses. Ah, pero tenemos algo más. Tal y como decía mi padre en *MPA*: «Los millonarios saben que cuanto más gastan, más ingresos deben obtener. Cuanto más obtienen, más deben dedicar al impuesto sobre la renta.

Por lo tanto, cíñete a una norma importante: para acumular riqueza, minimiza tus ingresos obtenidos (imponibles) y maximiza tus ingresos no obtenidos (el incremento de valor de la riqueza/capital sin un flujo de caja)».

Los beneficios del consumo continuo de automóviles de lujo

En Stop Acting Rich, *mi padre retrataba a un hombre al que llamó señor «Multiplinski», que había garabateado las siguientes notas en los márgenes de una de las encuestas de investigación de mi padre: «No tengo un Ferrari, sino que tengo tres. [...] ¿Rolex? Tengo más de tres [...] Breitling, Cartier, Movado, Omega, Tag Heuer [...] [una colección de vino de] dos mil botellas». Mi padre explicaba por qué, el señor Multiplinski, miembro del club de los «ricos rutilantes» no mostraba timidez a la hora de comentar sus logros económicos: tiene «una muy fuerte necesidad [...] de alejarse de sus orígenes en una familia extremadamente pobre de clase trabajadora [...] aquellos que ascienden más en la escala de riqueza en una generación tienden a gastar muchísimo en símbolos de estatus». También tenía esto que decir:*

El primer empleo a jornada completa del señor Multiplinski fue en el sector de las ventas. Fue un éxito instantáneo. Pagó el 100 % de sus gastos universitarios mediante «las comisiones... simplemente con las comisiones». Compró su primera casa cuando tenía veintiún años y superó la barrera del millón de dólares de patrimonio neto cuando tenía treinta y dos años. Todavía no había cumplido los treinta cuando su patrón le ofreció una participación en el capital de la empresa.

El señor Multiplinski es alguien que se hizo completamente a sí mismo, pero también es alguien que gasta mucho. Para gastar a lo grande, uno debe ganarse la vida a lo grande; y si te ganas la vida a lo grande pagas un buen dinero al recaudador de impuestos. Tomemos, como ejemplo, la adquisición, por parte del señor Multiplinski, de un Ferrari por 330 000 dólares. Dado lo que aporta, en forma de impuestos de la renta federales, estatales y locales, ¿cuántos ingresos ha debido obtener para hacer esta compra? Tuvo que ganar 600 000 dólares sólo para pagar (en metálico en este caso) este Ferrari (el 55 % de 600 000 dólares son 330 000 dólares). Los restantes 270 000 dólares van al gobierno de EE. UU. y sus estados. Tal y como escribí en *MPA*, los ricos rutilantes son:

«Verdaderos patriotas [...] los grandes ingresos (enormes tasas en forma de impuestos) acuñan una nueva medalla por este tipo de patriotismo».[7]

7. Stanley y Danko, 1996.

Demasiada gente en EE. UU. no comprende el importante papel desempeñado por los miembros de la población de los ricos rutilantes. Algunos creen que los señores Multiplinski de nuestro país no pagan su cuota justa de impuestos. Algunos incluso creen que ninguno de los ricos rutilantes se hizo rico por su cuenta, sino que fue más bien a través de las trampas, la delincuencia o una herencia. Es esta convicción la que puede suponer una munición para algunos políticos ambiciosos.

Piensa, por un momento en el siguiente escenario. Imagina que una pareja de ricos rutilantes decide, un día, pasar un puente en un lujoso retiro en las montañas. Es un viaje genial en su excelente Ferrari. Tal y como comenta Justin Berkowitz en su artículo de 2013 para la revista de coches *Car and Driver*, en cuanto la pareja se acerca al centro turístico, su coche y varios otros «coches de lujo fueron desviados hacia la cuneta y se pidió a sus conductores que permanecieran en sus asientos mientras el Ministerio del Interior revisaba sus declaraciones de impuestos [!]. Uno de cada seis (42 vehículos en total) estaba siendo conducido por alguien que había declarado unos ingresos anuales exiguos e insuficientes como para ser el propietario de un coche de lujo. [...] Envalentonados agentes de la agencia tributaria habían montado puestos de control [...] e incluso hicieron una visita a una reunión de un club de propietarios de Ferraris. [...] [Ahora] el Gobierno está iniciando una comprobación automatizada de las declaraciones de la renta de cualquiera que haga grandes compras».[8]

De hecho, esto sucedió en Italia en 2013. La envidia de clase fue empleada políticamente tal y como indica el título del artículo de Berkowitz: «Checkpoint Carlo: How tax cops killed Italy's Super Car Market» («Puesto de control Carlo: Cómo los agentes de la agencia tributaria italiana mataron el mercado de los coches de lujo»). ¿Qué pasaría si se adoptara este sistema en EE. UU.? No sólo perderíamos mercados para las marcas de lujo, sino que, además, y cansados de verse perseguidos, los señores Multiplinski podrían dejar de comprar coches deportivos de 330 000 dólares. Como resultado de ello, podrían no sentir la necesidad de seguir generando altos niveles de ingresos imponibles para pagar por estos símbolos del éxito.

Aplaudamos a estos ricos rutilantes en lugar de odiarlos. Muchos pagan el equivalente a un 50 % de los ingresos que ganan en forma de distintos impuestos federales y estatales. Es interesante ver que alrededor del 50 % de los hogares estadounidenses pagan un 0 % de sus ingresos en forma de impuestos; pero ¿qué hay de esos seis de cada cuarenta y dos conductores que la policía italiana vio que tenían demasiados pocos ingresos como para pagar sus coches de lujo? ¿Podría ser que la mayoría o todos ellos estuvieran viviendo de su considerable capital?

El típico millonario de la puerta de al lado tiene unos ingresos materializados equivalentes a tan sólo el 8,2 % de su riqueza (mediana); pero el señor Buffett es mucho mejor a la hora de minimizar sus ingresos como función de su patrimonio neto. De acuerdo con la lista *Forbes* 400 de 2010, el señor Buffett tenía un patrimonio neto de 46 000 millones de dólares. La página web *CNN Money*, de la cadena CNN, informó de

8. Berkowitz, 2013.

que «sus ingresos imponibles fueron de 39 814 784 dólares» en 2010.[9] ¡Eso es el equivalente a tan sólo el 0,087 % de su patrimonio neto! Traducido, el porcentaje de ingresos obtenidos por un típico millonario de la puerta de al lado con respecto su patrimonio neto (8,2 %) es casi 95 veces superior al del señor Buffett (un 8,2 % frente a un 0,087 %).

También debemos tener en cuenta otra cosa en esta ecuación: el impuesto sobre la renta como función del patrimonio neto. El típico millonario de la puerta de al lado paga el equivalente a aproximadamente el 2 % (mediana) de su patrimonio neto en forma de impuesto sobre la renta anualmente. Pero una vez más, en este caso, Buffett es mucho mejor a la hora de minimizar su impuesto sobre la renta. De acuerdo con la agencia de noticias Reuters, «pagó tan sólo 6,9 millones de dólares en su declaración sobre la renta federal en 2010».[10]

En sentido nominal, 6,9 millones de dólares pagados en la declaración de la renta pueden parecer una cantidad importante de dinero; pero fijémonos en la factura de impuestos de Buffet como función de su patrimonio neto: es decir, 6,9 millones de dólares como porcentaje de su patrimonio de 46 000 mil millones de dólares. Con esta tasa está pagando el equivalente a tan sólo un 0,015 % de su patrimonio neto. Compara esto con el 2 % pagado por el millonario de la puerta de al lado mediano. Este porcentaje es más de 133 veces el pagado por el señor Buffett. De hecho, si Buffett pagara el mismo porcentaje de impuestos (un 2 %) debería al Departamento del Tesoro 920 millones de dólares (casi 1 000 millones de dólares). Podrías decir que es poco estadounidense no pagar la cuota que te corresponde, pero Buffett obtiene una dispensa especial con respecto a este asunto. ¿Por qué? Porque se ha comprometido a dejar la gran mayoría de su patrimonio a causas nobles. Y de acuerdo con *Forbes,* ya ha demostrado una considerable generosidad: «Donó 1 500 millones de dólares a la Fundación Gates en junio [2012], haciendo así que sus donaciones totales ascendieran a 17 500 mil millones de dólares [...] en agosto prometió 3 000 millones en forma de acciones para las fundaciones de sus hijos».[11]

---

9. Sahadi, 2011.
10. Berkowitz, 2011.
11. Kroll, 2012.

Y ciertamente ayuda a su causa que la mayoría, por no decir todos, sus ingresos imputables sean en forma de ganancias de capital a largo plazo (obtenidas tras la ejecución de activos financieros tenidos desde hacía mucho tiempo), que pagan unos porcentajes preferentemente bajos en la declaración de la renta.

¿Quién es más probable que lleve a cabo un trabajo eficiente distribuyendo dinero de tu patrimonio: el gobierno u organizaciones de beneficencia liberales? Tú conoces la respuesta, y parece ser que Buffett también la conoce.

MITO NÚMERO 5: SI NO PUEDO HACERLO, PUEDO ECHAR LA CULPA A LOS RICOS

Muchas de las cartas y los *e-mails* que hemos recibido son de personas que echan la culpa a los demás por su falta de éxito económico con comentarios como los siguientes:

«Sería realmente rico si no hubiera pagado, todos estos años, un 3 % del valor de mi cartera de valores a un gestor de inversiones. Él ganó dinero todos los años, y yo no».

«Mi hermano, que tiene veintiocho años y que abandonó sus estudios superiores y sigue viviendo en casa de nuestros padres, acaba de recibir el 90 % del patrimonio de mi abuela. ¡No fue de ayuda que yo tuviera un MBA!».

«Si simplemente me hubiera especializado en negocios, y no en Bellas Artes (tal y como me insistieron papá y mamá)…».

La mayoría de la gente con éxito económico sabe cómo sobreponerse a la adversidad. Han aprendido a sacar provecho de los obstáculos, los percances, los sesgos, el nepotismo, las «malas decisiones» y la mala suerte. No se obsesionan con las situaciones desafortunadas: dirigen su energía emocional hacia el tener éxito en lugar de hacia el resentimiento. Muchos millonarios nos han dicho que su éxito fue función directa de experimentar «malas decisiones» por parte de familiares, profesores, empleadores, asesores financieros caros, la prensa y muchos otros jueces presuntamente imparciales; o, tal y como dijo recientemente un millonario desheredado: «procedió de demostrar que mis progenitores apostaban a los caballos perdedores».

Sabemos que la impotencia aprendida, la creencia de que independientemente del comportamiento en el que te impliques, no puedes tener un impacto sobre tu éxito, puede suponer un gran disuasor para la acumulación de riqueza. Hemos visto esta idea sobre el *quién es el responsable* en nuestro trabajo relativo a la acumulación y la conservación de la riqueza a largo plazo. A lo largo de muchas muestras, las características del comportarse y creer que nuestras acciones tienen un impacto sobre nuestro estatus económico último están relacionadas con el patrimonio neto, independientemente de nuestros ingresos o edad.[12] Aquellos que creen que hay poco que puedan hacer por su cuenta para tener un impacto sobre su éxito económico tienden a implicarse en conductas financieras menos ventajosas.[13] Ciertamente, parece que creer en mitos puede ser muy pernicioso para el éxito económico a largo plazo.

Pero muchas de las presuntas «soluciones» de las condiciones económicas en Estados Unidos tienen, en su núcleo, la regulación y el control gubernamental. Cuando oímos a los medios de comunicación, los bustos parlantes y a otros, sus soluciones suelen tener el control en mente. Tanto estén a la derecha o a la izquierda en el espectro político, parece existir la suposición de que podemos regular el camino de una persona hacia la consecución de la riqueza. En lugar de ello, argumentaríamos que alcanzar las metas empieza en nuestro hogar y nuestra mente, cambiando primero las actitudes y luego los comportamientos subsiguientes (aunque éstos podrían modificar los primeros): desafiar la forma en la que han podido darse siempre las cosas para ti o para tu familia, ignorando lo que están haciendo los demás en forma de un furor dirigido por los consumidores, y centrando el tiempo y la energía en alcanzar metas, tanto económicas como de otros tipos.

12. Fallaw, 2017.

13. Taylor, Klontzy y Lawson, 2017.

MÁS COSAS CON RESPECTO AL GUARDABOSQUES X. RICO

Regresemos al lado de nuestro vigilante del aparcamiento. El Guardabosques X. Rico siempre había sido un tipo al que le gustaba estar al aire libre. Ésta es una de las principales razones por las que aceptó el trabajo como guarda forestal de recursos naturales para el estado. Antes de la última recesión, se le asignó la vigilancia de parques naturales y bosques. Le encantaba su trabajo. Su orgullo y su gran autoestima eran producto de las tareas implicadas en la protección de los recursos naturales del estado; pero poco después de que la recesión golpease en 2008, las cosas cambiaron para Guardabosques X. Rico. Los recortes y la congelación de las contrataciones requirieron que llevara a cabo otras tareas. En la actualidad ya no patrulla los bosques y ya no detiene a los que violan las leyes de caza. Hoy en día se ha visto relegado a ser un vigilante, patrullando los aparcamientos y poniendo multas a los que no pagan por aparcar. En otras ocasiones se encarga de las garitas de los aparcamientos, cobrando las tarifas para poder aparcar.

En la actualidad, a Guardabosques X. Rico no le gusta su trabajo, pero es consciente de que si quiere seguir trabajando para el estado debe aceptar esta tarea en los aparcamientos. En su mente, no es la recesión la causa principal de su insatisfacción en el trabajo. La recesión, según Guardabosques X. Rico, fue provocada por «los ricos». Nótese que no desarrolló ni detalló una definición de «los ricos» y cómo provocaron la recesión. Está simplemente seguro de que los ricos eran, en último término, responsables del cambio de las tareas propias de su trabajo. Era culpa de ellos que ya no fuera «protector de los recursos naturales». Se ha convertido, en esencia, en un trabajador de un aparcamiento y en alguien que pone multas. Podemos describirle como infeliz con su trabajo y enfadado con los ricos.

Guardabosques X. Rico nunca intentó mejorar sus habilidades en el trabajo haciendo cursillos de educación continuada. Podía haberse hecho más vendible. Si tanto le encantan los bosques, el monte y los árboles, podría haber asistido a cursos nocturnos de gestión maderera, aprovechamiento de recursos forestales, etc. Varias universidades de su región ofrecen cursos así y muchos más cursos relacionados. Frecuentemente, al regresar a la escuela, los alumnos tienen la posibilidad de interactuar con compañeros de clase cuyos empleadores estén buscando cubrir puestos de trabajo en estas áreas.

Desde el momento en el que los dos empezaron a trabajar, Guardabosques X. Rico y su mujer tuvieron unas buenas posibilidades de convertirse en parte del segmento de obreros prósperos, pero en lugar de ello, esta pareja de obreros decidió ir cuesta abajo por la autopista de los ricos en cuanto a su cuenta de resultados. Este hogar formado por dos obreros con dos sueldos, dada su categoría profesional, su educación y sus características socioeconómicas relacionadas, no tenía la «obligación social» de vivir en una casa cara en un vecindario moderno y costoso. Tampoco estaban socialmente obligados a llevar ropas caras al trabajo. Tampoco tenían la obligación de vestirse elegantemente para las celebraciones sociales. Dados sus pocos gastos generales, su familia podía muy fácilmente haber ahorrado o invertido un 20 % de sus ingresos anuales obtenidos cada año desde que empezaron a trabajar, pero siguieron una dirección distinta: nada de presupuesto, ningún plan financiero y ninguna contribución a un fondo de ahorros.

MITO NÚMERO 6: NO PUEDO SALIR ADELANTE POR MI CUENTA

En su mayor parte, EE. UU. sigue siendo un país en el que puedes crear un negocio o empresa y tener éxito independientemente de tu religión, del color de tu piel o de si tu familia llegó al país ayer o hace doscientos cincuenta años. Si puedes producir algo o un servicio que tenga valor, ya sea trabajando por cuenta ajena o como autónomo, tienes la oportunidad de prosperar en EE. UU. Esta libertad sigue atrayendo a gente de todos los países a nuestras costas: aproximadamente el 13 % de los 311 millones de ciudadanos de EE. UU. son estadounidenses de primera generación.[14]

Independientemente del tiempo que haga que tu familia vive en Estados Unidos, o de cuál sea tu país de origen, las cuestiones cruciales relacionadas con la riqueza que debes responder son las siguientes:

14. Trevelyan *et al.*, 2016.

- ¿Puedes crear algo (un producto o servicio) de valor que genere ingresos y puedes luego mantener e invertir ese dinero para hacerlo crecer?

- ¿Puedes usar tus habilidades y tu experiencia para generar una carrera profesional trabajando para otros que te permita ahorrar de forma constante y conduzca a la satisfacción?

- ¿Puedes ser lo suficientemente disciplinado para ahorrar dinero y lo suficientemente consciente para saber cómo están cambiando los mercados (de empleo, financieros) y cómo tus habilidades deben cambiar a lo largo del tiempo?

- ¿Puedes ignorar las distracciones del consumismo y los medios?

Cualquiera, independientemente de su origen étnico, raza, religión o sexo, puede emplear sus conocimientos, talentos, habilidades y otras características para añadir valor mediante el trabajo o montando su propio negocio; pero son necesarios trabajo duro y disciplina, e incluso más si las cartas que te han repartido son desventajosas.

El asunto de la desigualdad de los ingresos es popular. Es cierto que el quinto inferior de los hogares estadounidenses con respecto a sus ingresos van representando, progresivamente, un porcentaje cada vez menor de los ingresos totales, mientras que el quinto superior sigue representando una proporción creciente del pastel de los ingresos.

Por lo tanto, ¿es cierto, tal y como afirman los medios, que «los ricos se están volviendo más ricos y los pobres más pobres»? Nótese que, en la actualidad, al igual que en 1996, la mayoría de la gente, incluida la prensa, confunde los ingresos con la riqueza. Se supone que EE. UU. es la tierra de las oportunidades económicas. Nuestros datos sugieren que sigue siendo así. Las variaciones entre las categorías superiores e inferiores de ingresos son reales; pero no todos aquellos que se encontraban en el grupo inferior hace veinte años siguen en esa posición en la actualidad, al igual que no todos los que se encontraban en la parte superior siguen conservando ese estatus. Hay una enorme cantidad de movilidad socioeconómica en EE. UU. Incluso en una misma generación, la gente tiende a encontrarse con esta movilidad ascendiendo o descendiendo. Esto es algo todavía más pronunciado en el contexto de múltiples generaciones. Tal y como muchos padres averiguan demasiado tarde, la mayoría de los hijos de los millonarios hechos a sí mismos no repiten el éxito de sus progenitores.

Pero pese a ello, muchos siguen argumentando que esta riqueza debe haber sido ciertamente heredada, y que aquellos que son cada vez más ricos son simples receptores de regalos o transferencias. Contrariamente a esa afirmación, el 86 % de los millonarios informa de que el 0 % de sus ingresos del año anterior procedían de regalos, herencias o fideicomisos, y algo más del 86 % informa de que no había recibido más de un 10 % de su patrimonio neto de estas fuentes de transferencias.[15] Ciertamente, como en 1996, nuestros datos indican que la mayoría de los ricos acumulan su riqueza por su cuenta.

¿Hecho a ti mismo en EE. UU.?

La riqueza de alguien hecho a sí mismo no supone una tendencia nueva en EE. UU. Según el economista Stanley Lebergott, un estudio de 1892 sobre los millonarios averiguó que el 84 % eran personas acaudaladas de primera generación. Los hallazgos de nuestra investigación también son congruentes con los del profesor Steven G. Horwitz. Éste está en desacuerdo con los economistas que nos dicen que «EE. UU. está sufriendo una brecha que se está expandiendo entre los ricos y los pobres». El destino de alguien como rico o pobre no está grabado en piedra, como sí sucede en muchas naciones no democráticas. Tal y como afirma Horowitz: «De acuerdo con los datos del Tesoro de EE. UU., un sorprendente 86 % de los hogares que constituían el quinto inferior en 1979 habían salido de la pobreza en 1988». El quinto inferior al que se refiere está compuesto por «hogares de nueva creación [...] graduados con títulos secundarios recientes, nuevos inmigrantes [...] que están dando sus primeros pasos por la escalera de los ingresos».[16]

15. Stanley, 2009.
16. Horwitz, 2011.

EE. UU.: el lugar en el que los millonarios siguen haciéndose a sí mismos

Uno de los aspectos más sorprendentes de MPA *fue el hallazgo de que el 80 % de los millonarios se hicieron a sí mismos. Seguimos observando esta tendencia en la actualidad, a pesar de que algunos insistan en que la era de volverse rico sin unas ayudas económicas externas o una suerte increíble ya pasó hace mucho tiempo. Mi padre discutía acerca de esto en una entrada de blog en 2014:*

A lo largo de mis décadas haciendo encuestas y estudiando a los millonarios, me he encontrado constantemente con que entre el 80 y el 86 % de ellos se hicieron a sí mismos. Eso también se aplica a los decamillonarios. En 1982, de acuerdo con la revista *Forbes*, alrededor del 38 % de la gente más rica de EE. UU. se había hecho a sí misma. En 2012 el porcentaje ascendió al 70 %.[17]

En lo que muchos consideran el estudio más exhaustivo sobre la movilidad socioeconómica en EE. UU., los profesores Chetty, de la Universidad de Harvard, y Saez, de la Universidad de California en Berkeley, estudiaron unos 50 millones de declaraciones de la renta federales de progenitores y sus hijos adultos.[18] Parte de este estudio, tal y como se menciona en el periódico *The Wall Street Journal*, afirmaba que «Las probabilidades de que un hijo ascienda por la escalera económica han permanecido igual durante, más o menos, las tres últimas décadas [...] eso contradice la narrativa de Washington, que dice que la movilidad económica ha descendido en los últimos años».

Las oportunidades económicas siguen abundando en EE. UU. Pese a ello, la mayoría de los estadounidenses no son ricos. Es fácil echar la culpa a las llamadas «inequidades» en nuestra economía, pero esto tiene más que ver con el hecho de que los estadounidenses gastan todos o la mayor parte de sus ingresos en cosas que tienen poco o nada de valor duradero. Carecen de la disciplina necesaria para acumular riqueza. La mayoría de los hogares se encuentran en la rutina de trabajar y consumir. El hogar estadounidense típico tiene unos ingresos efectivos anuales medianos que se encuentran en la horquilla que va entre los 50 000 y los 75 000 dólares. Sólo el 36 % de esta gente posee algún ingreso efectivo procedente del capital.

Aun así, un titular que apareció en el periódico *The New York Times* en 2014 coincide con los hallazgos de Chetty y Saez, y tenía el siguiente encabezado: «Un estudio dice que la movilidad ascendente no ha decrecido» («Upward mobility has not declined, study says»).[19] Artículos como éstos deberían compartirse con los amigos y especialmente con los hijos. Cuando los triunfadores económicos actuales recuerdan sus actitudes y creencias durante sus primeros años, ¿qué es lo que nos explican? Buena parte de su éxito puede atribuirse a la convicción de que podrían tener éxito y de que las oportunidades económicas abundan en EE. UU. Sus convicciones y la realidad son congruentes. Es triste que un número creciente de artículos de los medios de comunicación afirmen que la marea de oportunidades económicas va cada vez más en contra de la movilidad económica ascendente.

17. Kroll, 2012.
18. Paletta, 2014.
19. Leonhardt, 2014.

Recuerda que el estudio mencionado anteriormente se ocupa sólo de los contrastes intergeneracionales en términos de ingresos. Los ingresos se correlacionan con la riqueza, es decir, con el patrimonio neto; pero dada la elección de un medidor del éxito económico, es sensato escoger el patrimonio neto antes que los ingresos de alguien. Sólo una minoría de la variación de la riqueza se explica mediante los ingresos y, por supuesto, viceversa. Estudios que datan desde finales del siglo XIX hasta los actuales indican que el 80 % o más de aquellos pertenecientes a la categoría con un levado patrimonio neto son gente próspera hecha a sí misma; e importa poco si «próspero» se define en términos de millonarios, decamillonarios, el 5 % superior, el 2 % superior, los poseedores de riqueza, etc.

En términos de riqueza real (no empleando los ingresos como sustitutivo), hemos visto, constantemente, que por lo menos el 80 % de los millonarios estadounidenses son gente hecha a sí misma. En *Stop Acting Rich,* que contiene datos recopilados en 2005 y 2006, alrededor de uno de cada cuatro millonarios (24 %) informó de que sus padres eran obreros (la principal categoría laboral que da lugar a millonarios). El 19 % eran pequeños empresarios y el 4 % ganaderos. Por el contrario, sólo el 9 % eran directores ejecutivos de empresas, mientras que el 3 % eran médicos. Sólo el 47 de sus padres y el 40 % de sus madres fueron a la universidad. Alrededor de uno de cada tres millonarios pagó sus propios gastos universitarios. Alrededor del 42 % de los millonarios poseía un patrimonio neto de cero dólares o menos cuando empezó a trabajar a jornada completa. La mayoría de ellos (el 88 %) declararon haber recibido cero dólares de fideicomisos, patrimonio familiar, regalos, etc. procedentes de familiares en el año anterior a la encuesta.

En la actualidad, sólo una tercera parte de los millonarios indicó que sus progenitores eran más acomodados que sus compañeros del instituto y, en esencia, el mismo porcentaje (aproximadamente entre un 63 y un 65 %) indicó que sus padres eran muy frugales.

MITO NÚMERO 7: LOS RICOS SON MALVADOS

Hay una preocupación creciente entre la gente rica de que los miembros de la prensa y los políticos les estén retratando como «malvados». No hay duda de que entre una población estimada de entre 5 y 10 millones de hogares millonarios en EE. UU. hay algunos malos tipos, pero la amplia mayoría de la gente rica lo consiguió a la vieja usanza: ganaron su dinero legítimamente. A pesar de todas las investigaciones que nosotros y otros hemos publicado sobre los valores tradicionales de la mayoría de la gente acaudalada, esto no es lo que llega a los titulares. Mi padre recibió el siguiente *e-mail* del señor D. P., de Texas, que sugería una contramedida para iluminar a nuestra juventud sobre la verdadera naturaleza de los ricos:

> *¿Ha tenido usted en cuenta crear/comercializar un plan de estudios en las escuelas públicas basado en su trabajo con* MPA*? Después de todo, en la mayoría de las escuelas públicas enseñamos, en la actualidad, a nuestros hijos a despreciar y enemistarse con «los ricos». Puede que si, en lugar de ello, les enseñásemos a imitarlos, podríamos, de hecho, tener el control de la situación antes de que empezaran a formar parte de la fuerza de trabajo y conseguir más riqueza para todos. Estoy pensando en presentarme a las elecciones para formar parte del comité escolar aquí en mi ciudad, y me gustaría ver algo así para los niños de Texas y de Estados Unidos.*

Es ciertamente halagador recibir comentarios como éste. Hubo incluso un rico de una localidad con «un único instituto» en Oklahoma que adquirió un ejemplar de *MPA* para cada estudiante de último año que se iba a graduar. Éstas son tan sólo algunas de las personas que han dedicado su tiempo y energía a enseñar a nuestros hijos cómo convertirse en gente económicamente independientes que valoren ese objetivo.

La honestidad y prosperar

Hay mucho que hablar sobre la honestidad y la integridad en relación con la riqueza. El concepto de la maldad de los avaros parece haber sido omnipresente a lo largo del tiempo. Ciertamente, Guardabosques X. Rico creía en esta imagen pública, pero las investigaciones sobre el factor de la personalidad de la concienciación y su prima hermana, la integridad, demuestran su importancia en la búsqueda de los objetivos económicos, tal y como analizaremos en el capítulo 5. Tomemos, por ejemplo, al doctor

Lawrence, que vive en la región Pacífico Noroeste de EE. UU. y que es un optometrista millonario con un patrimonio neto de más de 5 millones de dólares en la actualidad y que creó un negocio que acabó empleando tanto sus intereses como su experiencia, pero que se fundó basándose en asegurarse de que lo primero fuesen sus clientes. Compartió esto con nosotros:

Disfruté de una carrera profesional que potenciaba y conservaba el sistema visual humano. La optometría es una carrera profesional del campo de los cuidados de la salud que sigue permitiendo que alguien sea independiente y emprendedor. Fundé una consulta sólida colocando siempre en el primer y principal lugar las necesidades y los deseos de los pacientes. Con una combinación de derivaciones producto del «boca a boca» y una tecnología puntera, fui desarrollando gradualmente una consulta próspera. Aunque mi consulta nunca estuvo «en venta», un joven médico se me acercó con el fin de quedarse a cargo de la consulta. Le vendí mi consulta cuando tenía sesenta y un años y ahora trabajo para él dos días por semana. Mi intención original nunca fue la de hacerme rico. Sin embargo, aprendí que, si ejerces tu profesión con intenciones buenas y honorables, puede que eso suceda. Sé siempre sincero, honesto, innovador y céntrate en el futuro. Con la excepción de nuestra casa, todas las compras se pagaron con dinero que ya habíamos ahorrado. Eso elimina esas compras impulsivas y emocionales de las que frecuentemente nos arrepentimos un tiempo después.

Los motivos de los millonarios… y de los milmillonarios

La precepción de los «ricos malvados» es a veces desmitificada por las mismas organizaciones que suelen perpetuar los mitos en primer lugar. Tomemos estos ejemplos proporcionados por mi padre sobre la benevolencia de los prósperos:

En un artículo publicado en 2011 en el periódico *The New York Times,* Andrew Ross Sorkin estudió la motivación de Steve Jobs por el éxito y escribió: «El señor Jobs nunca ha ansiado el dinero por el dinero sin más y nunca ha hecho ostentación de su riqueza. Aceptó un salario de un dólar anual de Apple antes de dejar el cargo de director ejecutivo…».[20]

Jobs, que era milmillonario en el momento de su fallecimiento, tenía mucho en común con el típico millonario de la puerta de al lado que consigue mucho, pero no en aras de

20. Sorkin, 2011.

un estilo de vida con un hiperconsumismo. Por ejemplo, el señor Allan, que aparecía en *MPA,* decía sucintamente: «Si tu motivación es ganar dinero para gastarlo en darte la buena vida [...] nunca lo lograrás. El dinero nunca debería cambiar nuestros valores [...] ganar dinero sólo es como un boletín de calificaciones. Es una forma de explicar lo que estás haciendo».

Jobs aparece citado en el artículo de Sorkin diciendo: «¿Sabes? Mi principal reacción frente a todo este asunto del dinero es que es divertido y se le dedica toda la atención, porque difícilmente es la cosa más profunda o valiosa que me haya sucedido».

La mayoría de la gente no comprende bien los motivos de los millonarios de la puerta de al lado. Acumular riqueza tiene mucho más que ver con convertirse en alguien independiente económicamente que en vivir en una mansión rodeado de objetos caros. En un artículo de 2011 publicado por la revista *The American Thinker,* Chris Corrado proporciona un medidor excelente para aquellos que defienden aumentar los impuestos a los llamados «ricos».[21] Analiza brevemente las características de los millonarios que aparecen en *MPA:*

«El esclarecedor libro de Thomas J. Stanley nos explica que la mayoría de la gente rica vive bastante frugalmente, y alrededor del 80 % son ricos de primera generación que reciben poco o nada de su riqueza de herencias. [...] Es duro [para los que defienden aumentar los impuestos a los ricos] hablar acerca del tipo rico y egoísta cuando conduce una ranchera del 2004 y compra su ropa en grandes almacenes que venden artículos rebajados.

»En lugar de ello, la imagen convencional de la riqueza es la de un hombre moralmente cuestionable que viste un traje italiano y que conduce un Ferrari para llegar a su yate para disfrutar de un crucero por el Mediterráneo mientras fuma puros habanos que enciende con billetes de cien dólares. Y no nos olvidemos del avión a reacción de empresa. Ésta es la imagen de la riqueza desde la perspectiva de la izquierda, y esto es algo muy ventajoso desde el punto de vista político. Si alguien merece ser despreciado u odiado por sus excesos es, ciertamente, este personaje opresor, independientemente de lo ficticio que pueda ser».

LA FAMILIA CON LA MAYOR CANTIDAD DE MILLONARIOS

El jefe de cuentas bancarias privadas de una gran institución financiera de Nueva York compartió en una ocasión un interesante caso práctico con mi padre.

Un abogado de una pequeña localidad estadounidense remitió a una pareja de clientes muy ricos a un banquero. La pareja quería establecer una relación bancaria con una institución de otro estado. Al igual que mucha gente rica que vive en pequeñas localidades, no querían que el *es-*

21. Corrado, 2011.

tablishment local conociera la «considerable» riqueza que habían acumulado. Esto era especialmente importante porque estaban esperando sacar muchos réditos de la variedad de negocios que poseían. También tenían planeado donar de forma anónima una importante parte de su riqueza a varias organizaciones de beneficencia.

Poco después de que la pareja llegara al banco privado, en Nueva York, el banquero empezó a hablarles de los servicios complementarios a los que los clientes podían acceder, incluyendo entradas para el teatro difíciles de conseguir, aprobaciones para unirse a clubes exclusivos, cooperativas de viviendas o casas adosadas de primera que estaban en venta, adquisiciones de obras de arte y antigüedades, etc. Después de unos diez minutos de esta cháchara, la mujer sacó un ejemplar de un libro de su gran bolso. Lo colocó sobre el escritorio del banquero y lo señaló. Luego dijo: «Esto es lo que somos: el millonario de la puerta de al lado. Debería leerse este libro si todavía no lo ha hecho».

Después de que el rostro colorado del banquero retornara a la normalidad, todos rieron, lo que hizo que desapareciera la tensión en la habitación. La pareja había dejado muy claro que sólo quería los servicios financieros tradicionales proporcionados por operaciones bancarias privadas, entre las que se incluía el anonimato. No estaban interesados en contratar los servicios de un asesor ni necesitaban que alimentasen su ego logrando el acceso a la vida social de Nueva York. Además, no tenían ninguna intención de comprar una casa adosada ni ningún otro tipo de vivienda en la Gran Manzana.

La empatía por las necesidades de los demás es la clave del éxito cuando se quiere vender algo a los millonarios. El banquero de este ejemplo debería haber preguntado a la pareja: «¿Cómo lograron, partiendo de cero, llegar al lugar en el que se encuentran ahora?». En otras palabras, el banquero debería haber permitido que la pareja explicase su historia. En la mayoría de los casos, nadie le pregunta al millonario de la puerta de al lado sobre su historia y sus logros.

Esta pareja forma parte de la «familia» estadounidense que tiene el mayor número de millonarios. Sí: forman parte de una familia anónima. Mi padre aparecía en una lista de contactos para recibir diversos informes anuales de fundaciones, universidades y otras organizaciones de tipo noble o caritativo. Parece que no importara dónde mirara, que el señor y la señora Anónimos aparecían listados en los informes, frecuentemente en las categorías de cantidades, en dólares, de cinco, seis, siete o más cifras.

MÁS ALLÁ DE LOS MITOS

¿Por qué hay gente que puede acumular riqueza? ¿Por qué hay otros, frecuentemente con unos ingresos superiores a la media, una buena educación y que están bastante alejados de las adversidades, que son incapaces de acumular riqueza por su cuenta? Puede que se abonen a los mitos de Guardabosques X. Rico. Sin ser realmente conscientes de ello, se tragan el constante bombardeo de noticias, opiniones y profecías que se cumplen sobre los mitos de la riqueza.

La gente exitosa desde el punto de vista económico en EE. UU. seguirá ignorando los mitos, incluyendo algunos de los asumidos por los llamados expertos y aquellos con intereses políticos. El desprecio de Guardabosques X. Rico por los acaudalados supone una energía emocional mal invertida. Está atrapado en una emoción negativa mientras, al mismo tiempo, ignora su propia falta grave de disciplina financiera. Sus fuentes de información en los medios sociales incluyen un aporte constante de noticias segadas y de comentarios unilaterales. Piensa en este asunto de otra forma: Guardabosques X. Rico no tiene suficiente dinero ni patrimonio neto para permitirse dedicar tiempo y energía a odiar a los ricos. Seleccionar objetivos concretos a propósito para ponerles multas de aparcamiento nunca le convertirá en alguien económicamente independiente.

Hemos visto que el odio es, en términos generales, un sustitutivo importante (y no un complemento) de la acumulación de riqueza. ¿Qué sucedería si Guardabosques X. Rico redistribuyera su tiempo y sus recursos en forma de energía necesaria para que mantuviera su hábito de odiar y los dedicara a una meta más productiva como convertirse en alguien económicamente independiente? Si lo hiciera, dispondría de mucho menos tiempo para odiar a los ricos y su empleo actual. Es irónico que mucha gente insatisfecha con su trabajo comparta algo en común. No dan pasos intencionados para asegurarse de no tener que depender de los empleos que aborrecen.

Frecuentemente escribimos sobre la gente de clase media-alta con ingresos entre buenos y geniales. Dado su estatus social, muchos de ellos se sienten obligados a gastar, gastar y gastar en casas de lujo, coches de marcas de prestigio, ropa cara, vacaciones opulentas, centros turísticos costosos, etc. Pero Guardabosques X. Rico y su familia no tienen este tipo de carga, así que ¿por qué no están cerca de disponer de seguridad económica? Se debe a que el equipo de Guardabosques X. Rico se encuentra en la categoría del hiperconsumo.

Guardabosques X. Rico y aquellos que se creen los mitos sobre la riqueza pueden aprender mucho de los millonarios estadounidenses. La mayoría no sienten rencor ni odio por su ascenso por la escala económica. Sí, han sido estafados en un momento u otro, pero siguen adelante, centrándose en lo positivo. El odio no ayuda a tener una buena carrera profesional ni un balance general positivo. Los mejores comportamientos financieros van de la mano de una mayor satisfacción económica. Casi el 93 % de los APR, que son aquellos que tienen astucia para convertir los ingresos en riqueza, comentan que están extremadamente satisfechos con la vida, y lo están mucho más que los malos acumuladores de riqueza (84 %). Mientras el 56 % de los malos acumuladores de riqueza pasan tiempo preocupándose por no alcanzar la independencia económica, sólo uno de cada cuatro acumuladores prodigiosos de riqueza pasa algo de tiempo preocupándose por eso. Y casi cuatro de cada cinco malos acumuladores de riqueza pasan tiempo preocupándose por jubilarse cómodamente, mientras que sólo dos de cada cinco acumuladores prodigiosos de riqueza se preocupan por eso.

¿Por qué algunas personas son pobres y otras son ricas?

¿Qué podemos decir para ayudar al señor Rico a ver más allá de esos mitos y a iniciar su propio camino hacia el éxito económico? Puede que tengamos muy poco que decir si esas creencias están muy arraigadas, pero, no obstante, lo intentaremos. Quizás podamos empezar con esto: una entrada de blog que mi padre escribió en 2014 que examinaba las razones por las cuales la gente creía que había gente rica y gente pobre:

La respuesta a esta pregunta fue el centro de atención de una encuesta a nivel nacional hecha a 1 504 adultos llevada a cabo previamente por el Centro de Investigaciones Pew.[22]

22. Centro de Investigaciones Pew, 2014.

Alrededor de sólo cuatro de cada diez (38 %) de los encuestados indicaron que los ricos son ricos «porque trabajaron más duro que los demás».

Pero ¿cómo explican su propio éxito económico los millonarios, la gente que, de hecho, es rica? Casi nueve de cada diez (88 %) valora el «trabajo duro» como un factor importante/muy importante.[23]

En el mismo estudio llevado a cabo por el Centro de Investigaciones Pew, el 51 % de los encuestados era de la opinión de que los ricos son ricos «porque contaron con más ventajas que los demás», mientras que el 50 % indicó que los pobres son más pobres debido a «circunstancias que escapan a su control». Compara estos resultados con el hecho de que el 80 % de los millonarios estadounidenses se han hecho a sí mismos. Date cuenta, también, de que el 95 % de los millonarios valoraron el «ser disciplinado» como un componente importante/muy importante para explicar su éxito económico.

La gran diferencia entre las convicciones de la población general en contraposición con las de los millonarios tiene muchas implicaciones, especialmente en el ámbito político.

Asumiendo que el estudio del Centro de Investigaciones Pew fuera representativo de la población estadounidense adulta, sólo alrededor de entre el 4 y el 8 %, como mucho, de los encuestados eran millonarios. ¿Cuán válidas son, pues, las opiniones de los encuestados en este estudio a la hora de explicar las variaciones en la acumulación de riqueza en EE. UU.? El típico hogar estadounidense posee un patrimonio neto de poco más de 90 000 dólares y unos ingresos anuales de unos 52 000 dólares (cifras de 2014). ¿Qué sabe realmente esta gente acerca de cómo hacerse rico?

Si tu objetivo es alcanzar la independencia económica, quizás encuentres más productivo seguir las costumbres, medios y estilos de vida de los millonarios estadounidenses hechos a sí mismos en oposición a los de la población general.

DESCARTANDO LOS MITOS PARA ASÍ ACUMULAR RIQUEZA

¿Qué nos queda si ignoramos los mitos sobre cómo se acumula riqueza en EE. UU.? La respuesta es: nuestras conductas, elecciones y estilo de vida.

Nuestros ingresos, pese a estar relacionados estadísticamente con la riqueza, no son riqueza. Cuando comprendemos esto empezamos a ver la criticidad de nuestro *índice de ahorro*, algo determinado no por lo que hacemos, sino por cómo actuamos (cómo consumimos y ahorramos). Es decisión nuestra ahorrar más que lo que gastamos y vivir por debajo de nuestras posibilidades. Ésta es una verdad matemática a la hora de acumular riqueza.

23. Stanley, 2009. Nótese que, en 2016, el 80 % de los millonarios valoraron el trabajo duro como importante o muy importante para su éxito.

Una vez que comprendamos que un estilo de vida de consumo más interesado en parecer rico está llevando a los estadounidenses a toda una vida de dependencia, trabajo y poca libertad económica, podremos empezar a crear un plan alternativo para nuestra vida y nuestro estilo de vida. Puede que tenga un aspecto muy distinto al de nuestros padres y abuelos y, a no ser que tengas suerte, se parecerá muy poco al de la gente de tu alrededor o la que aparece en las fuentes de información de tus redes sociales.

Una vez que comprendamos que hay pocas agencias externas o benefactores que hagan aumentar nuestra independencia económica, se vuelve obvio que sólo podemos confiar en nosotros mismos. Nuestro futuro financiero es cosa nuestra, y no de nuestro empleador, gobierno e incluso familiares. Cuando empecemos a entender que poco hay, aparte de nuestras propias habilidades, que nos permitirá acumular riqueza, empezaremos a tomar decisiones acerca de cómo emplear nuestro tiempo, energía y dinero. Asumir la responsabilidad por nuestro futuro económico es un componente crucial de la acumulación de riqueza, tal y como veremos en el capítulo 5.

Si podemos valorar que aquellos que han acumulado riqueza por su cuenta no son universalmente malvados o, si vamos al caso, buenos, podremos empezar a examinar los comportamientos que les permitieron tener éxito desde el punto de vista económico, en lugar de culparlos por su éxito y lamentarnos por nuestros propios fracasos.

Si podemos superar los mitos de la riqueza en EE. UU., puede que entonces podamos concentrarnos en las conductas y las elecciones que favorecen la acumulación de riqueza. Son esos comportamientos y decisiones los que en último término nos permitirán, independientemente de nuestra pertenencia a un grupo concreto, tener la oportunidad, en un país libre, de incrementar nuestra riqueza.

Sólo entonces podremos empezar a emular los comportamientos de aquellos que han alcanzado un verdadero éxito económico. Puede que el señor Rico se nos quiera unir.

Capítulo 3

INFLUENCIAS SOBRE LA RIQUEZA

«Debes crecer por tu cuenta independientemente de lo alto que fuera tu abuelo».

Proverbio irlandés, atribuido ABRAHAM LINCOLN

Tal y como ha mostrado la ciencia en casi todos los aspectos de nuestra vida, por qué hacemos lo que hacemos es una combinación de nuestra naturaleza o herencia (nuestras características singulares) y nuestra crianza (cómo fuimos criados y otras influencias externas). Cuando pensamos en comportamientos, nuestra herencia sitúa los límites alrededor de lo que haremos o podemos hacer, y nuestra crianza o educación decidirá, dentro de esos límites, cómo actuaremos, qué decidiremos hacer, etc.

En cualquier discusión sobre el éxito económico, es crucial dedicar algo de tiempo al lado de la ecuación referente a la *educación,* examinando cómo nuestra crianza, elección de cónyuge y amigos y cultura social puede influir en cómo y en si somos capaces de transformar los ingresos en riqueza. Hemos visto, por ejemplo, que la armonía en nuestra familia es un factor importante para la forja del carácter y la prosperidad de los millonarios hechos a sí mismos. A lo largo de las últimas tres décadas, casi el 70 % de los millonarios que participaron en encuestas a nivel nacional en EE. UU. informaron que habían sido criados en un entorno de amor y armonía, y las tres cuartas partes dijeron que sus progenitores los animaron a tener éxito y a sobresalir.

Pero la calidez y el cariño en los hogares no son una condición universal. Y no podemos escoger de dónde venimos, quiénes son nuestros padres o qué tipo de educación temprana recibimos. Quizás queramos echar las culpas de nuestra situación actual a nuestra crianza, y algunas de esas culpas estarían justificadas; pero como adultos que vivimos en una sociedad que no dicta nuestras elecciones, tenemos la libertad de elegir con quién y cómo pasamos nuestro tiempo. Estas decisiones pueden influir en nuestros resultados económicos. Aquellos económicamente independientes se centran en sus propias elecciones, asumiendo la responsabilidad de sus acciones y conductas relacionados con el dinero.

MÁS DE UNA ASIGNATURA

Algunos expertos han propuesto un enfoque educativo para la corrección del analfabetismo financiero y los malos comportamientos económicos; pero modificar las conductas financieras es algo más complejo que proporcionar talleres o cursos de seis semanas de duración. No hay una asignatura, un manual especial o una aplicación que nos conduzca a una vida de logros económicos. En lugar de ello, es necesario un patrón constante de conductas financieras. Si esto empieza a una edad temprana, la probabilidad de un éxito regular será mayor. Piensa, por ejemplo, en cómo las experiencias de John C., un millonario de la puerta de al lado, sentaron las bases de unos comportamientos que se convertirían en los cimientos de su éxito y para los patrones de comportamiento mostrados por sus hijos:

> *Fui criado por unos progenitores frugales. No tuvieron una tarjeta de crédito hasta casi los cincuenta años, y sólo porque entonces empezaron a viajar y no podían conseguir reservas en los hoteles o de coches de alquiler sin una tarjeta de crédito. Mi padre pasó una hora explicándonos, a sus seis hijos, por qué habían obtenido la tarjeta y que nunca se debe usar una a no ser que dispongas del dinero para pagar su deuda por completo en la primera fecha del vencimiento.*
>
> *Soy el cuarto de seis hermanos, y cuando iba a cuarto de primaria mi padre hizo que nos sentáramos todos en el cuarto de estar y nos explicó cómo todos íbamos a ir a la universidad. No podría pagar ni un céntimo para nuestra educación, y nos la tendríamos que pagar nosotros. No nos podríamos comprar un coche hasta que nos graduásemos en la universidad, pero nos proporcionaría coches de segunda mano para acudir a tra-*

bajos a tiempo parcial que esperaba que obtuviéramos una vez que hubiéramos cumplido quince años.

Los seis nos graduamos en la universidad habiéndola pagado con nuestro propio dinero. Entre los seis hemos conseguido tres diplomaturas, cuatro licenciaturas, dos másteres y dos MBA.

Mis padres sólo tuvieron una deuda en toda su vida: una hipoteca que pagaron en veinte años. Nunca pidieron un préstamo para comprar un coche, ni una segunda hipoteca, ni pidieron un préstamo de su tarjeta de crédito para pagar una deuda que no fuera abonada el primer mes.

¿Y yo? Tengo una licenciatura en Finanzas y un MBA en Marketing y Finanzas. Nunca he tenido un préstamo de mi tarjeta de crédito que no se pagara el primer mes. He pedido tres préstamos para comprar un coche en los veintiocho años que hace que tengo automóviles. Y todos ellos con unas tasas de interés tan bajas que pude ganar más dinero invirtiendo que la cantidad de intereses pagados por el préstamo.

En la actualidad tengo una hipoteca y uno de los tres préstamos para la compra de un coche, pero ninguna otra deuda. De acuerdo con mi plan 401(k) (un plan de ahorros para la jubilación), en este momento tengo más dinero en inversiones externas que en ese plan 401(k) y en mi pensión.

Mi mujer ha sido madre y ama de casa durante veinte años y ha criado a nuestros dos hijos. El mayor empezó la universidad hace un par de semanas. Obtuvo una beca gracias a sus calificaciones, y tengo el suficiente dinero ahorrado para pagar su educación y alojamiento durante los cuatro años que dura su carrera. Él se paga los libros.

El único trabajo pagado de mi hijo el universitario ha sido en mi negocio paralelo. En cuarto de primaria creó diseños para nuestro negocio paralelo que fueron adquiridos por clientes. Le dije que del dinero que obtuviese de sus diseños restaría el coste de producción de las piezas y también los impuestos sobre los ingresos, ya que las ventas se producían a través de mi negocio. Él se quedaría con el resto, pero debía ingresar el 80 % en una cuenta de ahorros para sus estudios. El 10 % tendría que ahorrarlo porque en la vida se dan gastos inesperados y necesitas disponer de dinero para reemplazar una lavadora, reparar el coche o pagar una factura médica. El último 10 % se lo podía gastar, pero su madre y yo debíamos aprobar la compra.

La primera venta cuando iba a cuarto de primaria hizo que ganara 3 000 dólares después de pagarme por la producción y los impuestos. Disponía de 300 dólares para gastárselos en lo que quisiera. Los ahorró todos, y varios meses después decidió comprarse un iPod por mucho menos de 300 dólares.

Cuando cumplió los quince, empezó a ocuparse del papeleo de los envíos del negocio paralelo. Descargaba e inspeccionaba los productos y llevaba la contabilidad. Ganaba el salario mínimo. Vendió algunos diseños más, ganando un buen dinero. Se compró algunos CD durante su época en el instituto. Trabajó como voluntario en un hospital local.

Se fue a la universidad con 15 000 dólares en el banco, lo que suponía tres veces la cantidad que yo tenía cuando me fui a la universidad. Inició un negocio paralelo suyo propio mientras iba a la facultad.

Mi otro hijo, que tiene dieciséis años, está siguiendo los pasos de su hermano. Sus calificaciones también son excelentes, y aunque su cuenta bancaria no ha alcanzado la cifra anterior, todavía le quedan dos años para conseguir otros 5 000 dólares e igualar a su hermano.

Ninguno de los dos tiene coche ni tarjeta de crédito, y los dos se han pagado sus propios dispositivos electrónicos. Cuando iban al colegio y querían comprarse la última Game Boy les decíamos que tenían que vender la versión que tuvieran y así podrían emplear el dinero para comprarse el modelo nuevo. Aprendieron a mantener las cosas limpias y en su caja original porque así podían venderlas en eBay por más dinero.

Al cabo de un tiempo se dieron cuenta de que podían comprar dispositivos electrónicos usados por mucho menos dinero que los nuevos, y solían vender el modelo antiguo por casi la misma cantidad que pagaron cuando se la compraron usada.

¿Van a acabar siendo prósperos? El tiempo lo dirá, pero han empezado con buen pie.

Obtener resultados como éstos de la familia de John supone una combinación de la naturaleza/herencia y de la crianza/educación, tal y como hemos comentado antes; pero la vertiente de la educación es la que podemos controlar hoy. ¿Cuán dispuestos están los progenitores en la actualidad a hacer lo siguiente para tener la oportunidad de alcanzar los resultados de John y sus hermanos, además de los de los hijos de John?:

- Animar a tu hijo a ahorrar su propio dinero.

- Incentivar o solicitar a tus hijos que trabajen.

- Hacer que tu hijo se pague sus propios dispositivos electrónicos (incluidos los *smartphones* más novedosos).

- Enseñarles responsabilidad con respecto a los bienes de consumo y a respetar los juguetes que tengan.

- Ahorrar para la educación universitaria de tu hijo (tanto padres como hijos).

El enfoque disciplinado de John con respecto a la educación de sus hijos, que incluía enseñarles a respetar el dinero, requiere de un patrón de elecciones difíciles: elecciones que quizás no sean favorecedoras de una vida dirigida por el consumo y el compartir experiencias en las redes sociales.

EDUCACIÓN PARA EL ÉXITO ECONÓMICO

Pensemos en cómo nuestras experiencias mientras crecíamos pueden tener un impacto sobre las decisiones económicas que tomamos en la actualidad. Pocos factores ayudan más a moldear la forma en la que ahorramos y gastamos el dinero como nuestra educación y la influencia de nuestra familia. No podemos asegurar que este componente de la educación sea, necesariamente, la *causa* de la riqueza, pero, ciertamente, existe una correlación.

La gente exitosa desde el punto de vista económico comparte muchas características similares, tal y como comentaremos en mayor detalle en el capítulo 5; pero también tienen unas primeras experiencias similares: suelen proceder de unos entornos familiares estables, son disciplinados y se mueven por objetivos. Incluso pese a no tener una niñez estable y experiencias como adolescentes, tienen, además, propensión a superar grandes obstáculos dividiéndolos en pequeñas porciones. En la mayoría de los casos, un patrimonio neto de siete cifras empieza con el ahorro del primer dólar, al que le sigue otro dólar, y otro más: un patrón de comportamientos constantes a lo largo del tiempo frente a una fugaz temporada de prudencia económica.

Por supuesto, puedes haberte criado en un hogar muy armonioso y no haber tenido prácticamente ningún tipo de contacto o experiencia con la gestión financiera. En otras palabras, tu infancia dichosa podría verse libre de cualquier educación o modelado financiero. Sabemos, por ejemplo, que en EE. UU. la cultura financiera es vergonzosamente baja. El Instituto de la Asociación de Coberturas y Rentas del Profesorado de EE. UU. (TIAA) y el Índice de Finanzas Personales del Centro de Excelencia en Cultura Financiera Global (GFLEC) mide el conocimiento financiero en distintas áreas de las finanzas personales. En uno de sus estudios, vieron que tan sólo el 16 % de los estadounidenses tenían lo que llamaban un «nivel elevado de conocimientos y comprensión de las finanzas personales», cosa que determinaban mediante el hecho de que los encuestados respondieran correctamente más del 75 % de las preguntas de la encuesta. En el otro extremo del espectro, uno de cada cinco tenía un nivel de conocimientos deficiente.[1]

Los estudios sobre las experiencias vitales durante la niñez y la adolescencia muestran cómo nuestros primeros años de vida pueden tener un efecto enorme y predictivo sobre nuestra carrera profesional, nuestro nivel de ingresos y nuestra personalidad de adultos. Las investigaciones iniciadas en el Departamento de Psicología de la Universidad de Georgia allá en la década de 1960 por parte de un profesor llamado William Owens demostraron los efectos del entorno y de las experiencias vitales durante la adolescencia sobre una cierta cantidad de resultados relacionados con la vida adulta. El doctor Owens y sus alumnos empezaron a encuestar a estudiantes universitarios de primer año a finales de la década de 1960 y principios de la de 1970, y más adelante, cuando fueron adultos, a finales de la década de 1990. Los investigadores vieron que los estudiantes universitarios de primer año que tuvieron unas experiencias vitales similares, incluyéndolo todo (desde el número de revistas y periódicos en su hogar hasta el afecto mostrado por sus progenitores), tendían a tener unas elecciones de carrera profesional, unas personalidades y unos niveles

1. Centro para la Excelencia de la Educación Financiera Global (Global Financial Literacy Excellence Center), 2018.

de ingresos similares más adelante en su vida adulta.[2] Por supuesto, algunas de estas experiencias es más probable que se den en hogares con un estatus socioeconómico alto.

En uno de nuestros estudios sobre los estadounidenses inmensamente ricos y con un patrimonio neto elevado llevado a cabo entre 2012 y 2013, preguntamos acerca de patrones de experiencias en la adolescencia y de conductas relativas a la acumulación de riqueza. Encontramos que la frugalidad de sus progenitores y la voluntad de enseñar a sus hijos a gestionar el dinero tienen un impacto sobre la capacidad de sus retoños de transformar los ingresos en riqueza. Nuestra investigación, llevada a cabo también con personas con unos ingresos medios y con gente próspera, averiguó que la *frugalidad de los progenitores* estuvo correlacionada positivamente con el patrimonio neto de sus hijos. En otras palabras, si el comportamiento general de tus padres era conducente a la acumulación de riqueza, había unas mayores probabilidades de que tu conducta también lo fuera. Los hijos adultos que informaron de que sus progenitores eran frugales, hablaban de los asuntos relacionados con el dinero y mostraban unas buenas habilidades para su gestión, era más probable que fueran acumuladores prodigiosos de riqueza en comparación con aquellos que no experimentaron este mismo tipo de educación.

Un estudio de la Universidad de Minnesota proporciona abundantes conocimientos sobre la influencia del estilo de vida familiar y de los progenitores en sus hijos en el ámbito de las finanzas.[3] Los investigadores averiguaron que los progenitores aportan tres temas de gestión económica a sus hijos que incluyen el ahorrar, cómo se administra el dinero y cómo se discuten los asuntos financieros. La amplia mayoría de los niños de estos estudios aprendieron acerca de la propensión de una familia por el ahorro y la gestión económica mediante la observación directa en lugar de mediante conversaciones acerca de estas conductas. En otras palabras, los comportamientos de los progenitores tienden a quedar más impresos en sus hijos que las discusiones sobre lo que debería hacerse en relación con el dinero.

A pesar de estos resultados, cuando se trata de lo que contribuyó a su éxito, nuestros millonarios suelen valorar la influencia de sus progenitores

2. Stokes, Mumford y Owens, 1989; Snell, Stokes, Sands y McBride, 1994.
3. Solheim, Zuiker y Levchenko, 2011.

como algo menos importante que otros factores como la resiliencia y el trabajo duro (véase el capítulo 5, tabla 5.5). Un 42 % de los millonarios indicaron que tener unos progenitores comprometidos o que se implicaron contribuyó a su éxito, y el 59 % afirmó que su triunfo se debió a tener unos padres que los apoyaron.

SUPERAR LAS EXPERIENCIAS TEMPRANAS

¿Qué otros tipos de experiencias tempranas pueden tener un impacto sobre nuestros resultados económicos? Además de ver una buena gestión del dinero ejemplificada por nuestros progenitores y cuidadores, el estrés financiero también puede tener un impacto sobre nuestra trayectoria económica. De hecho, los millonarios a los que encuestamos aportaron algunas observaciones interesantes sobre su niñez, durante la cual fueros testigos de primera mano sobre cómo las finanzas pueden tener un impacto sobre las familias y las relaciones. Muchas de estas situaciones subrayan la importancia de superar las experiencias negativas:

> *«Vi a mucha gente de mi edad cuyos progenitores les daban dinero como si fuera algo sin importancia, y esta gente acabó siendo muy mal ejemplo como personas, como por ejemplo la hija que recibió un Mercedes nuevo por su cumpleaños (como su primer coche): lo estrelló al cabo de una semana y luego le regalaron otro».*

Millonario de Nueva Jersey con un patrimonio neto de 1,2 millones de dólares

> *«Mis padres fueron un ejemplo excelente de cómo no gestionar el dinero».*

Millonario de Miami (Florida) con un patrimonio neto de 1,9 millones de dólares

> *«Veía a mi padre luchando con la gestión del dinero. Aunque tenía un trabajo administrativo, independientemente del dinero del que dispusiera nunca tenía efectivo. Se lo gastaba».*

Empresario de Nashville (Tennessee) con un patrimonio neto de 1,1 millones de dólares

«Oía a mis padres discutir sobre perder nuestra casa. Desearía haber aprendido acerca de los créditos, los ahorros, las inversiones».

Gerente de Clearwater (Florida) con un patrimonio neto de 1,7 millones de dólares

Los niños no olvidan el estrés provocado por la mala gestión del dinero, tal y como nos relató este millonario de la puerta de al lado emergente (con un patrimonio neto de 825 000 dólares) de una pequeña localidad de Georgia:

En mi época en el instituto empecé a darme cuenta de lo económicamente estresados que estaban mis padres a pesar del hecho de que trabajaban muy duro. Echando la vista atrás, ahora me doy cuenta de que mi padre era malísimo *con el dinero. Si ganaba 50 000 dólares gastaba 60 000. Todas las decisiones económicas se tomaban con una sensación de desesperación. Mi madre ha sufrido enormemente debido a su inmadurez/analfabetismo financiero. A pesar de que sus negocios generaron millones de dólares, mis padres viven ahora de la seguridad social. Culpo de eso a mi padre. Casi todas mis decisiones económicas las llevo a cabo ahora desde la perspectiva de mi padre. [...] Simplemente hago lo contrario de lo que él hubiera hecho. [...] Ojalá hubiera aprendido acerca de la importancia de ahorrar dinero, invertirlo, usar los créditos con prudencia y la acumulación de patrimonio neto. No obtuve* nada *de eso de mis progenitores. Sin embargo, mis padres nos quieren muchísimo a mis hermanos y a mí. Fueron unos grandes padres, pero no nos enseñaron nada del dinero. [...] Cuando teníamos treinta y tres y treinta y un años, mi mujer y yo teníamos un patrimonio neto de 40 000 dólares negativos, y en la actualidad, con cincuenta y cuarenta y ocho años, nuestro patrimonio neto es de 825 000 dólares. ¿Qué cambió? Empezamos a maximizar nuestros planes de jubilación: el 403(b) y los planes de pensiones individuales. También nos aseguramos de mantener baja nuestra carga de deuda. Afortunadamente, averiguamos cómo gestionar nuestro dinero, pero podríamos muy fácilmente haber dilapidado nuestra vida económica igual que hicieron mis padres. [...] No es divertido escribir sobre los fracasos de mis padres con el dinero, pero espero que mis conocimientos ayuden a progenitores actuales y futuros a darse cuenta de la importancia de educar a sus hijos con respecto al dinero. Estamos educando en la importancia del dinero a nuestro hijo de ocho años. Te dirá muy rápidamente que la familia y los amigos son mucho más importantes que el dinero. Al mismo tiempo, te dirá que el dinero es importante porque una mala gestión de éste* puede arruinarte *la vida.*

Dependiendo de las experiencias que vivieras mientras crecías, podrías tener unas prácticas eficaces o ineficaces arraigadas en tu psique, pero son tus conductas *ahora* las que supondrán la diferencia en tu éxito económico.

EL RESPETO POR EL DINERO

Los conocimientos sobre finanzas son cruciales para acumular riqueza, pero la *disciplina* suele desempeñar un papel incluso mayor con respecto a los ahorros y los gastos. La combinación de los dos, es decir, los conocimientos financieros *y* el autocontrol con los gastos, puede suponer una combinación poderosa para el éxito económico futuro. Los conocimientos financieros y la concienciación personal se han relacionado de forma positiva con la tenencia de activos (no líquidos y líquidos).[4] Los investigadores de un estudio llegaron a la conclusión de que vincular la educación financiera, la disciplina y el éxito económico proporcionaba *«respaldo en las intervenciones, siendo niño, adolescente y adulto, orientadas a la mejora del autocontrol».*[5]

La riqueza siente atracción por la gente que respeta el dinero, y el respeto por el dinero incluye la *disciplina* necesaria para gestionarlo de forma eficaz. Aquellos que no llevan un presupuesto o dan cuenta de sus categorías de consumo anual muestran una falta de respeto por el dinero. Los niños criados en hogares así tienden a acabar siendo como sus padres y a volverse «ricos en cuanto a su cuenta de resultados». Alrededor de un 70 % de los millonarios de nuestro último estudio declararon que sus padres eran muy frugales.

Mi padre compartió que había entrevistado a muchos tipos de millonarios de la puerta de al lado que nunca habían tenido unos ingresos en

4. Letkiewicz y Fox, 2014.
5. Ibíd.

su hogar de más de 100 000 dólares, pero que podían decirle la cifra exacta dedicada a cada categoría de consumo de su presupuesto. Además, también organizaban un presupuesto anual basado en sus ingresos esperados, sus categorías de consumo y el dinero reservado para invertir, su jubilación, fondos para los estudios universitarios, etc. Imagina el impacto sobre los niños socializados en un entorno en el que se respeta el dinero. Al ver a sus padres tener en cuenta sus finanzas, se ven expuestos a las habilidades que les permitirán acumular riqueza cuando sean adultos.

Piensa en las experiencias relacionadas con la gestión financiera que viviste cuando creciste. Si el dinero era un tema tabú, o si nunca oíste a tus padres o cuidadores pronunciar la frase «esto no entra en el presupuesto de este mes», los cimientos de tus conductas económicas quizás tengan un patrón muy distinto al de las primeras experiencias de una millonaria de la puerta de al lado llamada Christy, a quien mi padre describió en su libro *Millionaire women next door*. Atribuye buena parte de su éxito a su educación, y atribuye especialmente el mérito a la diligencia y la franqueza de sus padres para ayudarla a desarrollar un respeto por el dinero. Su padre era sargento de carrera en el Ejército. Su madre era ama de casa a tiempo completo. La elaboración de un presupuesto para el hogar y un estilo de vida familiar frugal formaron parte de su proceso más temprano de socialización. Explica que «nos sentábamos todos juntos el primer domingo por la tarde de cada mes. No teníamos mucho dinero. [...] Siempre mirábamos el sueldo de papá y luego empezábamos a hacer nuestros deberes».

Sus padres daban preferencia a las causas caritativas, luego a las facturas destacables y luego se estimaban los gastos venideros del mes. Christy recordaba a sus padres sonriendo mientras destinaban una buena porción de los ingresos del hogar a los fondos para los estudios universitarios de sus hijos: «Sé lo difícil que les resultaba ahorrar para que nosotros fuéramos a la universidad, pero cada vez que mi padre rellenaba un cheque para el fondo para los estudios universitarios, sonreía y decía... "Me encanta rellenar cheques que pagarán los gastos educativos. Tú podrás hacer esto por tus hijos algún día"».

Una de las razones del éxito actual de Christy es el entorno educativo que le proporcionaron sus padres. Christy y sus hermanos eran respetados como miembros de la junta de planificación de su familia. Aprendieron a una edad temprana sobre la creación de presupuestos y la planificación. Ellos tenían que justificar sus peticiones de un nuevo cuaderno o unos zapatos nuevos. Estas experiencias prepararon a Christy para su vocación actual como líder de negocios.

Por supuesto, la frugalidad extrema puede tener un efecto negativo, especialmente si la sensación que aporta es la de privación. En algunos casos, las personas que experimentan esto durante su niñez pueden acabar decidiendo que no vale la pena repetir cualquier precaución relativa a ahorrar o gastar en su propio hogar. El tiempo dirá si los niños de hogares extremadamente frugales considerarán su crianza en un estilo de vida frugal como algo positivo. Algunos estadounidenses financieramente exitosos que tuvieron este tipo de orígenes han sido capaces de tomar los mejores aspectos de la frugalidad extrema y usarlos para su beneficio económico.

TABLA 3.1

LAS PRIMERAS EXPERIENCIAS DE LOS MILLONARIOS

	Porcentaje de gente que está de acuerdo/ muy de acuerdo		
Afirmación	**1996**	**2000**	**2016**
Mis progenitores eran frugales/vivían por debajo de sus posibilidades	66	61	70
Mis padres me animaron a triunfar y sobresalir	-	63	73
Me crie en un entorno lleno de amor y armonía	-	-	70
A mis progenitores les fue mejor que a sus compañeros de instituto	-	-	32

Una joven contable certificada vive de acuerdo con los principios que se encuentran en *El millonario de la puerta de al lado*

Las primeras experiencias y el apoyo continuo por parte de mentores financieros pueden tener un impacto significativo sobre el éxito económico y pueden preparar a aquellos que reciban cualquier regalo dinerario considerable a evitar la trampa del consumo aumentado basado en el dinero caído del cielo. Piensa en el siguiente caso práctico de una millonaria de la puerta de al lado que conservó unas conductas financieras eficaces pese a recibir un regalo considerable de sus progenitores. Mi padre escribió este artículo en 2014:

Muchas personas que son millonarios de la puerta de al lado y aquellos que están camino de serlo fueron educados en un entorno afectuoso lleno de armonía, respeto mutuo, disciplina y frugalidad. Como ejemplo, aquí tenemos un caso práctico de una de mis lectoras:

«Mientras todavía asistía al instituto, mis padres hicieron que tanto mi hermano como yo leyéramos *MPA*. Este tema era algo que nos interesaba a los dos, y apreciamos muchas similitudes con la forma en la que nuestros padres dirigían nuestra familia. Mi padre había sido funcionario estatal durante muchos años, trabajaba treinta y siete horas y media por semana y siempre estuvo presente en nuestras vidas. Mi madre era un ama de casa a la que le encantaba comprar en los mercadillos de segunda mano. Salíamos a comer fuera cuatro veces al año. [...] Mi hermano y yo empezamos a trabajar desde muy pequeños porque nos gustaba. Mis padres nos daban una paga de modo que aprendiéramos a gestionar el dinero y no lo pidiéramos sin más cuando lo necesitásemos. Mi hermano y yo estamos al final de nuestra veintena, y las lecciones que aprendimos cuando éramos niños han dado sus frutos. [...] Perdimos a nuestra madre hace tres años, y debido a su fallecimiento, nuestra familia ha recibido una importante suma. Mi padre ha conservado una importante cantidad de ese dinero, pero nos ha legado aproximadamente 250 000 dólares a cada uno de nosotros. Mi padre ha seguido viviendo en la misma casa de antes y sigue conduciendo su Toyota Avalon de 2003. Mi hermano decidió comprarse una casa en el mismo vecindario y sigue trabajando y conduciendo su Toyota Camry de 2005. Yo sigo trabajando (en un trabajo muy exigente como contable) y decidí vivir en una casa con otras cuatro chicas, lo que resulta genial por muchas razones, incluyendo un alquiler muy inferior a la media justo a las afueras de Washington D.C. [...] He dejado la herencia en mi cuenta de inversiones y sigo ahorrando, de forma agresiva, el 20 % de mis ingresos para mi jubilación. No somos tacaños, y todos disfrutamos de algunos pequeños lujos. Para mí son los viajes, en el caso de mi hermano es la comida, pero todo ello dentro de la medida de nuestras posibilidades...

Explico esta historia porque pienso que mi hermano y yo somos unas anomalías en el EE.UU. actual. Cuando la mayoría de la gente de veintitrés y veintiséis años (las edades que teníamos cuando recibimos nuestra herencia) recibe una cantidad de dinero tan grande (y muchas veces cuando recibe cantidades incluso menores), dejan su trabajo, se compran un coche deportivo lujoso y se lo gastan todo en compras compulsivas y viajes o en muchas otras actividades. Mi hermano y yo conservamos nuestro trabajo y el mismo coche, y no hemos modificado nuestro estilo de vida ni un ápice, simplemente porque sabemos cómo ser felices».

Por lo tanto, preparando a sus hijos a una edad temprana para tener una imagen saludable del dinero y equipándolos con las herramientas para gestionarlo de forma eficaz, estos progenitores les dieron a sus hijos (y a sí mismos) el inapreciable regalo de la liberación de la ayuda económica externa y una posición ventajosa hacia una independencia económica temprana.

LA EXPERIENCIA DEL HIPERCONSUMO

El jefe de una empresa de gestión de patrimonios que trabaja principalmente con personas con unos ingresos elevados y un patrimonio neto alto en el sudeste de EE. UU. compartió con nosotros que las experiencias de sus clientes con su riqueza eran diferentes a las que aparecían en *MPA*. La mayoría de sus clientes son ricos no porque sean frugales, sino porque sus ingresos son tan elevados que, en su mayor parte, cubren sus gastos. De hecho, hay algunas personas que son capaces de amasar una gran riqueza sin la necesidad de ser frugales.

De forma parecida, en *Stop Acting Rich*, mi padre describió lo que él llama «ricos rutilantes». Se trata de personas cuyos ingresos y patrimonio neto son tan elevados que la mayoría no tienen implementado un presupuesto en su hogar. No planean. No parecen necesitarlo. Independientemente de en qué se gasten su dinero, se trata de, simplemente, una fracción de su patrimonio neto general. En otras palabras, incluso los ricos rutilantes gastan por debajo de sus posibilidades. Si perteneces a este grupo, fantástico: te encuentras entre el 1 % superior de poseedores de riqueza de Estados Unidos.

Empezar con unos ingresos elevados, pero sin conseguir ese nivel de la riqueza rutilante de la élite, podría conducirnos por un camino diferente. Contrasta una crianza cargada de frugalidad y de restricciones en el presupuesto con una de derroche y que muestre conductas de consumo que no se vean limitadas de forma alguna. Sí: los ricos rutilantes pueden hacerlo con pocas consecuencias para las generaciones venideras, pero parte de la persuasión de los ricos en cuanto a su cuenta de resultados o de la persuasión de los malos acumuladores de riqueza probablemente modelarán un consumo llamativo con respecto a los coches que conducen, su vestimenta o sus accesorios, a dónde viajan y cómo se divierten. De hecho, esto consiste en *decirles* a sus hijos y a la gente de su entorno que gastan dinero y qué es lo que valoran.

Imaginemos que los hijos de unos padres con unos ingresos elevados y hechos a sí mismos experimentan este tipo de niñez: que los lleven en un coche de lujo a su colegio privado, disponer de lo último en tecnología y moda antes que sus compañeros, viajar a países exóticos, cenar en restaurantes con nombres que apenas saben pronunciar. ¿Serán capaces estos niños de renunciar a tales lujos cuando vivan por su cuenta? ¿Comprenderán que papá y mama tenían un nivel de riqueza que sólo unos pocos amasarán y que este consumo se vio alimentado por unos ingresos elevados? Puede que éstos sean conceptos que los niños de diez años no puedan captar. Sin duda, la ayuda económica externa parece estar en camino.

De hecho, una de las preguntas que los lectores de *MPA* formulan con más frecuencia es: «¿Por qué mis hijos, ya adultos, son hiperconsumidores?». La respuesta es sencilla y clara: los padres hiperconsumidores tienden a criar hijos hiperconsumidores. Estos padres violaron la primera norma para educar a adultos productivos que aparece en *MPA*.

Nunca les digas a tus hijos que eres rico.

Lo que resulta todavía peor es que, en muchos casos, los padres *señalan* la riqueza a sus hijos mediante el hiperconsumo, incluso aunque no dispongan de la riqueza para respaldarlo (simplemente sus ingresos).

A pesar de los elevados ingresos y los patrimonios netos altos, pese a pertenecer a la categoría de los ricos rutilantes, algunos progenitores de este grupo deciden emplear la contención en los gastos. ¿Por qué? Quizás reconozcan dos perogrulladas acerca de asegurar el éxito económico: no compartir con los hijos lo rico que eres y la frugalidad como componente importante, por no decir crítico, en la acumulación de riqueza.

Para aquellos que no son lo suficientemente afortunados de heredar grandes cantidades de dinero o de ser los beneficiarios de un fideicomiso, la única forma infalible de amasar riqueza a lo largo del tiempo consiste en *gastar menos de lo que se gana*. Es función de la disciplina y las matemáticas.

Tal y como comentaremos en mayor detalle en el capítulo 4, la frugalidad consiste en un conjunto de conductas que predicen el patrimonio neto independientemente de la edad, los ingresos y el porcentaje de la riqueza recibido a través de regalos o herencias. Para aquellos que acumulen riqueza por su cuenta, se trata de un requisito. Tal y como apuntaba mi padre en *MPA*.

Ser frugal es la piedra angular de la acumulación de riqueza.

Si no eres un rico rutilante, aunque tú y tus hijos podáis veros cuidados por la riqueza que hayas acumulado, sin la prudencia a la hora de ahorrar y gastar (es decir, ser frugal) por parte de tus hijos, es menos probable que dure para proveer de fondos a tus nietos. A no ser que seas un rico rutilante tus nietos no dispondrán del lujo de no planear, por lo menos no sin acumular riqueza por su cuenta. Y si tus progenitores «se comportaban como ricos» (algo que quizás sólo conozcas más adelante en la vida), quizás hayas desarrollado la sensación de que no podrás «lograrlo» como sí hicieron ellos, ya que tu sensación de lograrlo requiere de una muestra constante de bienes de consumo y artículos de lujo.

LAS VENTAJAS DE DESVIARSE DEL CAMINO

Tus progenitores y cuidadores, tu educación y las lecciones relacionadas con el dinero aprendidas mientras crecías pueden influir en tus conductas de gastos, ahorro e inversión y, en último término, tener un impacto sobre tu éxito económico.

Las noticias prometedoras son que, a pesar del camino en el que nos encontremos debido a nuestras experiencias tempranas, podemos modificarlo, aunque a veces lentamente, mediante un cambio intencionado de las conductas.

Vale la pena señalar que muchos de los millonarios estudiados a lo largo de los últimos más de veinte años tuvieron éxito *a pesar de* sus experiencias más tempranas de adversidad. Incluso cuando las probabilidades les eran contrarias, dieron con la forma de sobrevivir y triunfar. Disponemos de la opción de escoger si lo que hemos soportado en el pasado o la forma en la que se comportaban nuestros cuidadores establecerán las pautas de nuestra vida financiera para siempre. Piensa en los relatos de algunos de los millonarios de la puerta de al lado que compartieron sus experiencias tempranas con nosotros:

«Mis progenitores siempre fueron grandes derrochadores y en realidad nunca ahorraban. Parecían ricos, pero no lo eran. Mi padre falleció a los

sesenta y un años sin mucho dinero que dejar a mi madre. [...] Todo este dolor me ha provocado seguir la dirección opuesta».

Empresario con un patrimonio neto
de entre 2 y 2,5 millones de dólares

«Siempre consideré a mi padre un gran despilfarrador que se gastaba el "dinero de sus rentas" (por así decirlo) en obras de arte extravagantes y otros objetos de lujo que yo no podía comprender, ya que mi madre siempre se quejaba de que nunca teníamos dinero "suficiente". Yo era aquél a quien mi padre hacía contestar al teléfono en casa. En esa época, mi madre trabajaba como enfermera en el segundo turno (desde las 16:00 h hasta las 0:00 h). Varias veces al mes, Mastercharge o American Express intentaban localizar a mi padre. [...] Querían que les pagara y digamos que eso causó un impacto en un joven de catorce años como yo. Se divorciaron cuando cumplí los dieciséis, y creo que eso le salvó la vida a mi madre. Así que una cosa: gastar más de lo que ganas es un camino hacia la ruina».

Ejecutivo de *marketing* de Ohio con un patrimonio neto
de 7 millones de dólares

Muchos grandes hombres y mujeres han sido capaces de ignorar los obstáculos para vencerlos. En cierta forma, muestran una indiferencia confiada por lo que *probablemente* vaya a suceder y en lugar de ello se concentran en la esperanza de conseguir algo mejor. Piensa en los índices de fracaso de los negocios nuevos, en la probabilidad en convertirse en el líder de una organización, en las expectativas de éxito en el matrimonio o en la posibilidad de alcanzar la independencia económica. Si hemos prestado demasiada atención a las probabilidades sin tener en cuenta nuestros propios comportamientos y elecciones quizás ni lo intentemos, ya para empezar. Piensa en este ejemplo de una millonaria de la puerta de al lado en ciernes, una ingeniera de Wisconsin:

Tenía veintitrés años, me acababa de divorciar, no tenía cualificaciones profesionales y estaba luchando por criar a dos hijos con un trabajo que me pagaba el sueldo mínimo. Mis abuelos estaban viajando por la región y se pasaron por casa inesperadamente. Mi teléfono estaba desconectado, así que no pudieron llamarme de antemano. Mi abuelo me hizo la pregunta más importante que me hayan hecho nunca: «¿Por qué quieres vivir así?». Por supuesto, nadie quiere vivir así, pero me explicó que vivíamos en EE. UU. y que no tienes por qué estar arruinado, a no ser que así lo decidas. Al final me convenció para que fuera a la universidad y obtuviera una licenciatura en ingeniería. ¡Esto sólo pasa en EE. UU.!

También tenemos el caso de este ejecutivo de Georgia, que ahora posee un patrimonio neto de entre un millón y un millón y medio de dólares:

Mi madre (a la que le faltaba poco para jubilarse), perdió su trabajo hace algunos años. Este suceso sometió a una presión extra a mi padre, que tenía cuatro años más que ella y que estaba trabajando para pagar una nueva casa cara que acababan de comprarse con una hipoteca a treinta años. [...] A lo largo de todos los años que viví en casa de mis padres, siempre me pareció que iban cortos de dinero. Siempre pagaban las cosas a crédito, financiaban sus nuevos coches, etc. Echando la vista atrás sobre este patrón de comportamiento, me prometí no vivir de la misma forma con mi familia, y he hecho un buen trabajo manteniéndome libre de deudas, pagando mis coches en metálico, a excepción de nuestra lujosa casa grande, con la que teníamos una generosa hipoteca. [...] Esto es una revelación para mí [...] [en mi familia] yo era el único cónyuge que trabajaba (mi mujer se quedaba en casa con los niños). Adopté la resolución de amortizar la hipoteca lo antes posible y disponer de una verdadera libertad económica para mi familia.

Los casos anteriores representan simplemente algunas de las historias y anécdotas recopiladas a lo largo de los últimos veinte años que demuestran que siempre hay alguna forma de superar una crianza que deja mucho que desear para la acumulación de riqueza. Estas personas económicamente exitosas, quizás *debido* a estas experiencias tempranas, buscaron una vida con libertad económica y se propusieron alcanzar esos objetivos, pero ese cambio de trayectoria llegó porque modificaron sus actitudes con respecto a sus objetivos financieros y (sobre todo) sus conductas, alineándolas ambas para que fueran conducentes a la acumulación de riqueza.

¿EL VERDADERO SUEÑO AMERICANO?

En nuestra sociedad hiperconsumidora y perturbada, olvidamos (o ignoramos) las grandes libertades que tenemos a nuestro alcance en Estados Unidos: libertades obtenidas gracias a personas que sacrificaron mucho. Muchos de los millonarios que compartieron sus historias con nosotros tienen pocos recuerdos, o no los tienen, del viaje de sus familias para llegar a EE. UU. Muchos de nosotros no tenemos ni idea de los viajes de nuestros antepasados, del precio que pagaron emocional, psicológica y económicamente por el viaje para vivir y trabajar en Estados Unidos. En lugar de pensar en ese viaje y respetar el coste, damos por hecho las oportunidades de las que disponemos en EE. UU. Aprender de aquellos que han llegado recientemente, aquellos que han emigrado a Estados Unidos y han iniciado una nueva vida, nos aporta un tipo distinto de imagen. En los siguientes párrafos, otra lectora, la señora H., nos proporciona una visión singular sobre cómo su madre inmigrante se convirtió en multimillonaria:

> *Fui criada por mi madre, que era soltera y que emigró a EE. UU. en la década de 1980. [...] Ella no hablaba ni escribía el inglés muy bien [...] y quizás fuera la persona más frugal que haya conocido nunca. Gestionaba el hogar familiar como un director ejecutivo tacaño, recortando gastos...*

El dinero que su frugal madre ahorraba se reinvertía de inmediato en los nuevos emprendimientos de la familia, el primero de los cuales fue un restaurante. La señora H. explicaba que sus hermanos y ella trabajaban con entusiasmo en el restaurante dirigido por su familia, y que empezaron a hacerlo ya cuando iban al colegio. La madre de la señora H. también ahorraba dinero comprando la ropa de sus hijos, además de la suya propia, en diversas tiendas de segunda mano y de objetos usados y en mercadillos selectos. A pesar de esto, nadie en la familia pensó nunca que estuviera necesitado o fuera económicamente pobre. Mientras acumulaba riqueza, la familia se percibía a sí misma como en medio de una transición entre la modestia y la riqueza. Así pues, nunca se sintieron degradados por llevar ropa comprada en tiendas de segunda mano.

Más adelante, su madre compró el edificio en el que se encontraba el restaurante. Luego, con el tiempo, compró más y más inmuebles que producían ingresos, y al final adquirió varios centros comerciales y se retiró siendo multimillonaria. En la actualidad, la madre de la señora H. está disfrutando de una vida de ocio, tal y como hace la mayoría de la gente mayor con independencia económica.

Recuerda que no toda la gente que frecuenta las tiendas de objetos usados se encuentra en una mala situación económica. Algunos son grupos de gente emprendedora y consumidores espabilados, tal y como veremos en el próximo capítulo. Están decididos a crear un negocio y, en último término, riqueza llevando una vida espartana. Tal y como hemos señalado, este tipo de estilo de vida no le resulta atractivo a todo el mundo, pero eso no significa que no sea una senda fiable hacia la acumulación de riqueza.

El objetivo de la señora H. al escribirnos esto no era el de criticar, sino más bien elogiar a su madre como progenitora cariñosa y afectuosa. La señora H. y sus hermanos reconocieron que su madre tenía el sueño de la independencia económica para su familia. Además, sus hijos reconocieron que nadie trabajaba más duro, dedicaba más horas o gastaba menos en sí mismo que su madre. A través de su madre, la señora H. aprendió la siguiente lección:

> *Me enseñó que el valor del verdadero carácter no residía en cómo alguien «gastaba» el dinero y permitía que el dinero le cambiase, sino en cómo alguien puede hacer cosas verdaderamente grandes acumulando dinero y tratando a los demás de forma justa. No hay ninguna tarea lo demasiado indigna siempre que se trate de un trabajo honesto.*

¿Qué podemos aprender del método de la señora H. para acumular riqueza? Los resultados asociados a los gastos prudentes y el ahorro permiten oportunidades económicas con las que muchos sólo podrían soñar. Independientemente de lo que intenten dictarnos las personas que trabajan en el sector del *marketing* o de los medios de comunicación en relación a los gastos, el ahorro y el ganar dinero, e independientemente de lo difícil que resulte ir contra la corriente de incluso cómo te dice tu sociedad de adopción que debes gastar tu dinero, una vida de independencia económica requiere de un patrón de conductas disciplinado. Céntrate con claridad en el objetivo de convertirte en alguien económicamente independiente. Piensa en llevar un estilo de vida espartano como paso temporal en el camino para convertirte en un triunfador, desde el punto de vista económico, en EE. UU.

LAS EXPERIENCIAS IMPORTAN

Pese a que no somos psicólogos infantiles ni expertos en la crianza de los hijos, la razón por la cual hablamos de las experiencias tempranas en la vida se debe a (a) la escasez de investigaciones que demuestren que los patrones de las experiencias vitales predicen resultados futuros como adultos, y (b) los numerosos lectores que nos han pedido consejos en esta área. Nuestra investigación combinada sobre los estilos de vida, los hábitos y la psicología de aquellos que acumulan riqueza por su cuenta ha mostrado lo siguiente:

- Hay pruebas que sugieren que la frugalidad de los progenitores y sus hábitos de gestión del dinero conducen a un mayor éxito económico de sus hijos. Esto se ha demostrado empírica y anecdóticamente mediante las historias compartidas con nosotros a lo largo de los últimos más de veinte años.

- Independientemente del tipo de conducta económica que los padres transmitan a sus hijos, en último término, las opciones de seguir con esos comportamientos (o no) residen en cada persona.

Sí, muchos millonarios empiezan teniendo unos progenitores frugales, pero sólo el 32 % de nuestros millonarios dijo que sus padres fueran más prósperos que los de sus compañeros del instituto. Y así sigue siendo en la actualidad, ya que pocos millonarios obtienen ingresos a partir de los frutos de un familiar rico. De hecho, sólo el 14 % de los ingresos de los millonarios proceden de herencias y fideicomisos, y sólo el 10 % obtiene ingresos en forma de dinero o regalos relacionados procedentes de familiares.

EL MATRIMONIO
Y LA ACUMULACIÓN DE RIQUEZA

Como pasamos, de promedio, dos horas y media con nuestro cónyuge a diario,[6] es fácil comprender la influencia del matrimonio en nuestras conductas y el éxito relacionados con las finanzas y la riqueza. Los millonarios de encuestas pasadas y de nuestra última investigación estaban, sistemáticamente, casados en primeras o posteriores nupcias y citaban constantemente a sus cónyuges como cruciales para su éxito económico. En nuestra última encuesta sobre los millonarios, el 93 % estaba casado o se había vuelto a casar, y más del 80 % coincidía en que tener un cónyuge que supusiera un apoyo era uno de los factores clave de su éxito económico. La Agencia Nacional de Investigaciones Económicas averiguó que el patrimonio neto mediano de las parejas casadas de entre sesenta y cinco y sesenta y nueve años era dos veces y media superior al de una persona soltera del mismo rango de edad.[7] Además, estar juntos en una relación cariñosa y respetuosa tiene beneficios económicos: un estudio de la Universidad Estatal de Ohio vio que el divorcio hace disminuir la riqueza en una media del 77 %.[8]

Dentro del hogar, tal y como comentaremos en el capítulo 5, alguien tiene que asumir las tareas relacionadas con la gestión económica. Esto resulta más fácil si ambos cónyuges están en la misma onda, incluso aunque se repartan las tareas. Las parejas económicamente exitosas tienden a trabajar juntas en sus finanzas y suelen coincidir en cuanto a las metas y los métodos para alcanzar esos objetivos.[9] Incluso hay pruebas de que unos valores similares del saldo de ambos cónyuges es un predictor de la unidad futura.[10] Un millonario jubilado compartió con nosotros sus puntos de vista sobre el matrimonio y la riqueza:

6. Gatenby, 2000.
7. Oficina Nacional de Investigación Económica de EE. UU. (National Bureau of Economic Research), 2012.
8. Zagorsky, 2005.
9. Stanley, 2000; Yarrow, 2015.
10. Dokko, Li y Hayes, 2015.

Diría que conocer a mi mujer fue la experiencia que me cambió la vida. Ella creía en mí al 100 %. Sabía que tendría éxito incluso cuando yo dudaba de mí mismo. Teníamos unas metas similares en la vida. Vivíamos de acuerdo con nuestras posibilidades y siempre ahorrábamos con la vista puesta en nuestro futuro. Ambos trabajamos durante los ocho primeros años de nuestro matrimonio. Compramos una casa basándonos en un solo salario, ya que sabíamos que ella quería quedarse en casa (por lo menos hasta que los niños fuesen a la escuela) para estar con nuestros hijos. Conocíamos los beneficios. Su continuo apoyo a lo largo de toda mi carrera profesional me permitió asumir algunos riesgos en el trabajo que allanaron el camino para una vida con independencia económica en la actualidad.

Si pensamos, por un momento, en un hogar típico como si se tratara de un negocio, podremos ver cómo los líderes de ese hogar tienen distintos papeles en la gestión de los recursos. La esposa de un millonario de la puerta de al lado nos explicó lo siguiente:

Mi esposo se ríe porque siendo la jefa de operaciones de nuestro hogar, también soy la jefa de compras. En su papel como director financiero, frecuentemente estamos en desacuerdo sobre cómo distribuir el presupuesto…, bueno, y sobre si el presupuesto debería examinarse, emplearse, ceñirnos a él, etc. Cuando hay fricciones relacionadas con el dinero, todo lo demás parece desmoronarse; pero trabajamos duro para asegurarnos de estar en la misma onda la mayor parte del tiempo, incluso aunque nuestros puntos de vista acerca del dinero sean distintos.

En algunos casos, uno de los cónyuges tiene que asumir la parte del león de la gestión económica. Una vez más, esto resulta ideal, especialmente si uno de los esposos tiende a encontrarse en la parte derrochadora del espectro, lo que, según la mujer parece ser el caso de su esposo en esta pareja de millonarios de la puerta de al lado:

Mi marido empezó a interesarse por nuestras finanzas hace sólo algunos años, cuando íbamos a jubilarnos. Hemos estado casados treinta y dos años y si no hubiera sido por mí, no creo que hubiéramos podido tener ahorros. Tuvimos que separar nuestros gastos personales al principio de nuestro ma-

trimonio para conservar la paz. Él necesitaba una cuenta que le permitiera gastar libremente, mientras que yo he gestionado los gastos y ahorros en nuestro hogar.

En *The Millionaire Mind* casi todos los millonarios encuestados contestaron que su cónyuge era honesto (98 %), responsable (95 %), cariñoso (95 %), capaz (95 %) y suponía un apoyo (94 %). La mayoría de estos millonarios sabía que sus futuras parejas poseían estas cualidades antes de declararse. Un decamillonario y alto ejecutivo de una empresa nos explicó cómo su mujer había desempeñado un papel en su éxito. Después de dos años de matrimonio, él le preguntó qué deseaba para su cumpleaños. Ella le contestó que el mejor regalo del mundo sería que él regresara a la universidad y completara su licenciatura. Ella se ofreció a hacer recortes y vivir en un alojamiento para estudiantes y a trabajar a jornada completa para sustentar económicamente a los dos. Este regalo acabó dando grandes frutos en términos de la carrera profesional de él y del estilo de vida de ambos.

Se nos recordó este caso práctico cuando leímos un *e-mail* de un alto ejecutivo de ventas de una empresa llamado Owen. Cuando cumplió los cincuenta, Owen empezó a pensar que sus mejores años ya habían pasado. Ya fuera de forma real o imaginaria, había empezado a preocuparse. Estaban echando a gente en su trabajo. Su esposa no querría oír ni hablar de eso. Ella creía fervientemente en el futuro de la carrera profesional de su marido e invirtió 5 000 dólares de su propio dinero para contratar los servicios de un profesional de primer nivel en la bolsa de trabajo para que ayudara a Owen a conseguir ofertas de empleo.

¿Una prueba definitiva para tu futuro cónyuge?

Algunos lectores de ideas avanzadas le preguntaban frecuentemente a mi padre sobre cómo había elegido a su mujer. Sabían, claramente, o habían leído que esto podía tener un gran impacto sobre el éxito económico futuro. Nuestras investigaciones no nos proporcionan una bola de cristal con respecto a este asunto. Todo lo que mi padre pudo decirles fue que parecía haber ciertas cualidades en un cónyuge que contribuyen al matrimonio exitoso de un millonario. Una gran mayoría (86 %) de los hombres millonarios comentaron, en *The Millionaire Mind,* que «ser generoso» fue un factor clave. Además, la mayoría de estos millonarios le dijeron a mi padre que sus esposas fueron educadas en unos entornos cariñosos, estables y afectuosos. Tampoco parecían verse impulsadas por la necesidad de hiperconsumir para sobrecompensar sus orígenes humildes.

Tal y como se afirmaba en el capítulo «La elección de cónyuge» de *The Millionaire Mind*:

> *La típica pareja millonaria ha estado junta durante por lo menos treinta años, y su vínculo tiende a ser permanente, además de productivo desde el punto de vista económico. [...] Pregunta al marido o a la esposa que te expliquen la productividad de su hogar. [...] Cada uno de ellos le concede un mérito importante al otro.*
>
> *Por cada cien millonarios que dicen que tener un cónyuge alentador no fue importante para explicar su éxito económico, hay 1317 que indican que su cónyuge fue importante. De los 100 que no concedieron mérito a su cónyuge, 22 nunca habían estado casados y 23 estaban separados o divorciados. Eso hace que sólo haya 55 de 1317 [el 4,2 %] que creyeran que su cónyuge no desempeñó un papel importante en su éxito económico.*

Los cónyuges... y el 1 %

Mi padre escribió esta entrada de blog hace algunos años para subrayar la diferencia entre echar la culpa a un cierto grupo por nuestra situación y aprender de ese grupo:

En un editorial que apareció en la revista *Fortune* hace varios años, Nina Easton escribió: «No eches la culpa a los ricos: Una defensa del 1 %». En lugar de criticar constantemente a ese 1 %, la mayoría de la gente podría aprender mucho sobre la acumulación de riqueza si comprendiera los hábitos de esta gente acaudalada. Afirmaba, sucintamente: «Es divertido lamentarse de los peces gordos y los ricos avarientos, pero si somos serios en cuanto a abordar la creciente desigualdad, deberíamos averiguar qué es lo que ese 1 % está haciendo bien e implementar alguna de esas ideas para reducir la brecha».[11]

El título original de *MPA* era «Ésa es la razón por la cual son ricos». Los matrimonios estables y a largo plazo, aunque no son necesariamente un predictor de la riqueza, tienden

---

11. Easton, 2012.

a estar relacionados con el estatus de millonario; y sabemos que el divorcio, mudarse, distribuir los activos y ocuparse de cuidados (económicos) de los hijos tras el divorcio suponen unos gastos desafortunados y no presupuestados relacionados con la disolución del matrimonio. Tal y como se afirma en *The Millionaire Mind,* «la participación constante en el matrimonio da como resultado una riqueza significativamente mayor. Por el contrario, aquellas personas que no están casadas ininterrumpidamente a lo largo del tiempo tienen propensión a acumular unos niveles inferiores de riqueza durante su vida adulta».

Los millonarios y aquellos que probablemente alcanzarán este estatus tienen una capacidad única para escoger parejas con un cierto conjunto de cualidades. Entre las primeras cosas que los millonarios dicen de sus cónyuges, se incluyen «con los pies en el suelo», «generoso», «tiene valores tradicionales», «mi columna vertebral emocional», «paciente», «comprensivo»...[12]

Entre los casi 670 millonarios encuestados a nivel de todo EE. UU. en un estudio anterior, el 68 % había estado casado con el mismo cónyuge toda su vida, mientras que el 25 % se había vuelto a casar. En la misma encuesta, el 86 % de los millonarios indicó que sus progenitores nunca se divorciaron ni separaron en absoluto antes de su dieciocho cumpleaños, una cifra ligeramente inferior al 90 % declarado en 2005 en *Stop Acting Rich.*

Está bien documentado que los ingresos están altamente correlacionados con la riqueza. Los hogares con unos ingresos elevados tienden a ser de tipo marido/esposa tradicional. Aproximadamente el 85 % de las declaraciones de la renta del rango de un nivel de ingresos de 200 000 dólares o superiores se presentan conjuntamente.

Sólo el 18 % de las declaraciones de la renta con unos ingresos inferiores a los 50 000 dólares se presentan conjuntamente.[13] Más que nunca antes, el hogar con unos ingresos elevados está compuesto por un esposo y una mujer que trabajan a jornada completa.

La honestidad es siempre la mejor política matrimonial

¿Qué sucede si estás planteándote casarte y tienes unas deudas desorbitantes? En este caso, la mejor política es la honestidad. Deberías hablarle a tu futuro cónyuge sobre tu situación económica y harías bien en hablar en mayor detalle de la forma en la que propones eliminar esa deuda. Un hombre llamado Doug, y que compartió con nosotros este momento que cambió su vida, nos recordó lo siguiente:

Para mí, fue conocer a mi [futura] esposa. [...] Me dijo que «no se casaría con nadie que tuviera cualquier deuda». Me llevó catorce meses librarme

12. Stanley, 2000.
13. Agencia Tributaria de EE. UU. (Internal Revenue Service), 2012.

de la deuda [45 000 dólares]... Me presentó a Dave Ramsey y a MPA. *Ambos provocaron un profundo impacto en mí.*

La falta de honestidad, especialmente en cuanto a las deudas económicas, puede terminar de forma brusca con una relación floreciente. Fíjate, por ejemplo, en el caso de Henry y Sally. Después de salir juntos durante varios años, decidieron casarse, pero cuando faltaba poco para la boda, Henry recibió una carta de uno de los prestamistas de Sally. Ella había dado su nombre como avalista en varias de sus solicitudes de créditos. Más tarde descubrió que ella había incumplido las condiciones del préstamo. Ya había incumplido los pagos de un crédito al consumo de 20 000 dólares, y ahora estaba a punto de pasarle lo mismo con otro de 15 000 dólares, y esto no incluía sus enormes préstamos para sus estudios universitarios.

Cuando Henry se enfrentó a Sally debido a su situación con sus créditos, ella había propuesto una solución. ¡Exigía que Henry, que tenía unos ingresos elevados, la «ayudara» a pagar sus espectaculares deudas! Ella creía que sus problemas con los créditos no supondrían un gran problema para Henry después de que éste pronunciara el «Sí, quiero». Juzgó mal a Henry. Él rompió el compromiso, y no fue sólo debido a los problemas con los créditos y a la traición. Henry determinó que Sally era totalmente irresponsable cuando se trataba de dinero.

LA COMPAÑÍA QUE ELEGIMOS

Independientemente de si la vida en tu hogar fue cariñosa y te proporcionó un cierto grado de educación con respecto a la gestión económica, y si tu cónyuge o pareja comparte tu punto de vista sobre los asuntos financieros, hay otras dos influencias importantes sobre las que tenemos un cierto grado de control y que pueden tener un impacto sobre nuestra capacidad de alcanzar metas económicas.

La primera es el juego de las comparaciones: comparar lo que tenemos, lo que podemos consumir y nuestros éxitos con aquellos que tenemos a nuestro alrededor. El campo de la *sociometría* se ocupa de cómo las personas encajan en un grupo, y gran parte del foco de este campo está puesto en cómo esas clasificaciones (es decir, dónde nos encontramos en relación con la gente de nuestro entorno) influye en nuestras conductas y actitudes. Las investigaciones han averiguado que tu bienestar subjetivo (cómo te sientes, en general, contigo mismo y con lo que te ha tocado en la vida) está ligado a tu estatus *sociométrico,* más que a tu estatus socioeconómico. En otras palabras, la satisfacción con lo que tienes no está necesariamente relacionada con tu posición en términos de riqueza o ingresos en comparación con la población nacional, sino que en lugar de ello está relacionada íntimamente con tu comunidad.[14] El estatus sociométrico se define por cuánto te respetan y admiran los demás en tu grupo inmediato de iguales (generalmente con la gente con la que interaccionas a diario).

La segunda consiste en ignorar, en primer lugar, los hábitos de consumo de aquellos de nuestro alrededor. Nuestras investigaciones con millonarios, además de con otros grupos de población, han averiguado que el concepto de ignorar lo que hacen los demás (uno de los asuntos principales que aparecen en *MPA*) está relacionado con el patrimonio neto, independientemente de la edad y los ingresos.

Sabemos, por ejemplo, que comprar en grupo puede influir en la forma en la que consideramos los gastos y, en último término, en la frecuencia con la que compramos. Estos resultados suelen encontrarse relacionados con las compras en persona (los adolescentes son un buen ejemplo).[15] Incluso en el caso de los compradores frugales, la frugalidad puede aumentar y decrecer dependiendo de quién se encuentre a nuestro alrededor, ya que los compradores que se consideran frugales tienden a gastar más cuando se encuentran con amigos que gastan mucho.[16] Nos centraremos en el consumo en el siguiente capítulo, pero por ahora pensemos en una familia que todos solemos conocer: nuestros vecinos.

---

14. Norton, 2014; Anderson, Kraus, Glainsky y Keltner, 2012.
15. Mangleburg, Doney y Bristol, 2004.
16. Lee, 2012.

LA INDIFERENCIA SOCIAL: ¿A QUIÉN LE IMPORTAN LOS VECINOS?

El concepto de no prestar atención a qué coche conducen, qué compran y qué visten los demás es lo que llamamos *indiferencia social*. Aquellos que muestran un elevado nivel de indiferencia social en todas las categorías de consumo tienen unas mejores oportunidades de acumular riqueza. Esta indiferencia con respecto al coche que conducen, la ropa que visten y aquello con lo que juegan (piensa en el último *smartphone*) los demás está relacionada con la capacidad de acumular riqueza a lo largo del tiempo.[17] En concreto, la indiferencia social puede ayudarnos a inmunizarnos contra la competición en la vida por un consumo llamativo.

Si se mide de forma fiable, encontramos que la indiferencia con respecto a las tendencias que vemos a nuestro alrededor está relacionada con el patrimonio neto, independientemente de la edad y los ingresos. Aquellos que se fijan atentamente en lo que compran los demás y que quieren constantemente lo último y lo mejor en bienes de consumo (como tecnología o accesorios) es menos probable que acumulen riqueza a lo largo del tiempo. La indiferencia social predice el patrimonio neto independientemente de la edad, los ingresos o la riqueza que alguien herede o reciba. Al igual que los acumuladores prodigiosos de riqueza de *MPA*, aquellos que practican la indiferencia social tienen mayores probabilidades de acumular riqueza.

Aquellos que tienen éxito transformando los ingresos en riqueza muestran un patrón constante de conductas en relación con lo que los demás tienen aparcado al lado de su casa, visten para ir al trabajo o publican en las redes sociales, como este millonario de Ohio:

> *Los primeros diez años tras la fundación de mi empresa, nosotros (mi mujer y yo) no seguimos el ritmo (ni lo íbamos a hacer) de nuestros vecinos. [...] Mis amigos tenían pases de temporada para asistir a eventos deportivos y conciertos, poseían bonitos coches, etc. Yo trabajaba mucho y decidimos no unirnos a ellos en muchas de estas actividades. Echando la vista atrás,*

17. Fallaw, 2017.

no echamos nada de menos y en realidad nunca «sufrimos». Siempre hemos sido frugales, ahorradores, pero no tacaños. Es simplemente que no hacíamos mucho más aparte de hacer crecer nuestra empresa y nuestra familia (todo esto conlleva un trabajo duro), pero ahora podemos disfrutar de algunas de las bendiciones que hemos conseguido.

En la carrera por el consumo nunca ganarás. Siempre habrá una tendencia, un estilo, una moda que sustituya a los anteriores. Aquellos capaces de transformar sus ingresos en riqueza son capaces de ignorar los hábitos de gastos, los nuevos dispositivos electrónicos y los accesorios relucientes y de moda en su búsqueda por la acumulación de riqueza. Tomemos, como ejemplo, a la señora C., cuya amiga está muy centrada en la superioridad en el juego del consumismo:

No me di cuenta de este patrón hasta que otras amigas me lo comentaron. Si yo me compraba un coche, ella adquiría uno más grande y caro. A mis hijos les iba bien en la escuela, pero ella respondía con los galardones, reconocimientos y alabanzas que recibían los suyos. Me compré una casa y conservé la anterior para alquilarla. Ella se compraba una más grande y cara y alquilaba su otra casa. Esto estaba sucediendo, a un cierto nivel, en todos los aspectos: desde la crianza de los hijos, la educación, las vacaciones, etc., y ella siempre se tomaba su tiempo para señalar lo que costaban estas cosas, además del dinero que estaban ganando y cuántas «cosas» tenían.

Si estaba intentando que la imitara, lo cierto es que consiguió justo lo contrario. Cuanto más gastaba ella (y alardeaba de ello), menos dispuesta estaba yo en gastar en cosas.

Cuando una niñita preguntó si la amiga de la señora C. era rica, la señora C. le contestó: «Tener todas esas cosas sólo habla de cuánto ha gastado, y no de su patrimonio neto». La señora C. pensó entonces para sus adentros: «Yo me siento segura con mi situación económica y estoy en el buen camino para tener una buena jubilación. En el caso de mi vecina, ella está esperando a que llegue el día de paga que financie su jubilación».

Guardándote el éxito para ti

¿Te has preguntado alguna vez por qué tantos millonarios de la puerta de al lado restan importancia a su considerable éxito socioeconómico? No tienen una gran necesidad de mostrar su productividad económica mediante la compra de productos de lujo y casas caras. En gran medida, sus verdaderos logros son los distintivos de su éxito. Por ejemplo, el éxito financiero, especialmente la independencia económica, es su propia recompensa. Por contra, aquellas personas que tienen un deseo insaciable por publicitar su capacidad de gastar acaban, previsiblemente, perteneciendo al grupo rico en cuanto a su cuenta de resultados. Sí, cuesta mucho dinero convencer a la gente anónima de que eres un gran productor de ingresos. Normalmente, esta gente vive en una rutina de gastos excesivos. Junto con el no jugar al juego de las comparaciones tenemos el concepto del estatus, de mostrar nuestro estatus a los demás mediante nuestros patrones de consumo. Tal y como hemos visto en el estudio de los millonarios y decamillonarios, además de en nuestra investigación sobre los enormemente ricos y los pudientes emergentes, aquellos que se muestran indiferentes con respecto a sus vecinos y que no tienen la necesidad ni el impulso de demostrar su estatus a los demás, se encuentran en una buena posición para conseguir el éxito económico. Piensa, por ejemplo, en los miembros exitosos de la industria del entretenimiento que son felices estando en segunda fila y no en el foco de atención. Mi padre se quedó especialmente sorprendido por un artículo que apareció en The Wall Street Journal que ponía de evidencia este principio:[18]

Diane Warren ha compuesto más de mil quinientas canciones para todos, desde Celine Dion a Rod Stewart. De hecho, su lista de clientes se puede interpretar como algo así como «Quién es quién en la música popular». He visto que la mayoría de la gente perteneciente a la categoría de «cantantes» son personas hiperconsumidoras y *ricas en cuanto a su cuenta de resultados.* Tienen que estar constantemente en un escenario frente a espectadores, y no simplemente ganarse la vida. En cierto modo, esta gente son formas de vida primitivas. Tienen, personalmente, que buscar y reunir ingresos y seguidores incansablemente.

Pero Diane Warren es justo lo contrario. Ella pertenece al grupo de lo que los antropólogos llaman «agricultores». Los agricultores plantan semillas, cuidan de cultivos y árboles, crían ganado y componen canciones. Las canciones, al contrario que las actuaciones en vivo, pueden inventariarse y pueden generar derechos de autor durante más de una vida.

De acuerdo con el artículo, «A Warren no le importa si el oyente medio no sabe que es ella la que compuso la canción. "Yo quiero que crean tanto en el cantante que crean que es él o ella quien ha compuesto la canción. Yo simplemente quiero que aparezca mi nombre en ella y en el cheque"».

La necesidad de mostrar el éxito mediante el consumo, tanto si implica coches, casas o experiencias, es un importante impedimento para la acumulación de riqueza. Enseña a tus hijos la belleza de cultivar y la dura realidad de ser un cazador-recolector permanente.

18. Bentley, 2010.

En *Stop Acting Rich,* este asunto resalta el impacto del consumismo y cómo se podría combatir su impacto sobre los niños: «¿Qué sucede cuando tus hijos van a la escuela e interactúan de algún otro modo con niños que muestran una abundancia de productos de consumo caros? Es probable que tus hijos te pregunten por qué no les compras el mismo tipo de productos. Díselo..., que nunca juzguen la verdadera calidad y el calibre de una persona por lo que pueda comprar. Frecuentemente, la gente que viste ropa y conduce un coche de rico no lo es».[19]

Sentirnos bien con nosotros mismos está ligado a nuestro prestigio en nuestros grupos sociales más cercanos. Algunos de nosotros estamos más influidos por nuestro grupo social que otros. Aunque pasar tiempo con amigos puede tener un impacto positivo, podría ser negativo si nos comparamos con otros que están gastando constantemente por encima de sus (o nuestras) posibilidades. Puede que te sientas triste, y arruinado.

EL PROBLEMA CON EL ESTATUS DE LOS MÉDICOS

Los médicos y los cirujanos ganan anualmente más del cuádruple que el estadounidense medio (210 170 frente a 49 630 dólares..., nótese que se trata de medias, y no de la mediana). Hay aproximadamente 650 000 médicos y cirujanos en EE. UU.,[20] y normalmente han caído en un estereotipo (un tanto justificado) como gente con unos ingresos elevados que se ven retados a la hora de acumular riqueza.

Vemos esto en nuestras investigaciones de tendencias en DataPoints, donde la mayoría de los médicos se encuentra en el percentil 33 o inferior en nuestra valoración de la frugalidad, y también tienden a tener malos resultados en cuanto a su perspicacia financiera, que supone una medida de sus conocimientos y experiencia en inversiones y gestión económica. Mi padre se ocupó de la atemporalidad de las personas que obtenían grandes ingresos y acumulaban poca riqueza en el prólogo de la edición de 2011 de *MPA*.

19. Stanley, 2009, pág. 21.
20. Oficina de Estadísticas Laborales de EE. UU., 2016e.

¿Es, en la actualidad, la gente que obtiene grandes ingresos mejor que la gente de, digamos, hace veinte años en cuanto a la acumulación de riqueza? «En realidad no» es la respuesta clara. La mayor parte de lo que escribí hace dos décadas sigue vigente en la actualidad. Sí, incluso hoy en día, los médicos, abogados y gerentes medios de una empresa con unos ingresos elevados siguen estando por debajo de la norma en lo tocante a transformar los ingresos en riqueza, y la mayoría de las parejas que consiguen unos ingresos altos en general son más bien del tipo de gente rica en cuanto a su cuenta de resultados que del tipo rico en cuanto al estado de su situación patrimonial.[21]

No puedo conducir ese coche

Tal y como hemos comentado, en muchos casos, y quizás en el tuyo, existe un desdén por las decisiones económicas que toman algunas personas: decisiones que se ven normalmente reflejadas en forma de compras de bienes de consumo. Aunque puede que sean económicamente ventajosas, quizás sean despreciadas, tal y como mi padre comentaba en 2014:

En *Stop Acting Rich* retraté a los ricos rutilantes como gente que genera unos ingresos extremadamente altos, tiene una gran cantidad de riqueza a su disposición y gasta, de acuerdo con ello, en coches, mansiones, etc. de gran prestigio. Sin embargo, e independientemente de en qué se gasten el dinero, se trata de una simple fracción de su patrimonio neto. Esta gente se encuentra muy concentrada en vecindarios a los que mi amigo Jon Robbin se refiere como «urbanizaciones de sangre azul».

Pasé más de una hora en una recepción en mi museo favorito de historia de EE. UU. Mientras me encontraba allí, conocí a Gillis, un alto ejecutivo con una retribución elevada de una empresa perteneciente a la lista Fortune 100. Tras una breve conversación sobre los objetos expuestos, descubrimos un interés común por los coches de alta gama. Gillis me contó que había tenido una colección de Porsches, BMW y Mercedes V12. A continuación me preguntó: «¿Qué piensa del nuevo Corvette?». Le respondí que había recibido los mejores elogios por parte de las revistas *Car and Driver, Road and Track, Autoweek* y *Motor Trend.* Entonces Gillis me dijo que quería comprarse uno de veras, pero que simplemente no podía hacerlo. «Si vives en el centro [de una urbanización de sangre azul], no puedes conducir un Corvette». De hecho, este asunto había sido objeto de debate entre Gillis y sus vecinos, que no querían un Corvette en el vecindario.

Frecuentemente explico por qué gente como Gillis no conducirá un Corvette. Los ricos rutilantes [Gillis es uno de ellos] que conducen Porsches, no quiere verse relacionados con lo que consideran la muchedumbre que lleva «cadenas de oro». Ésa es la razón por la cual pagarán bastante más por un Porsche que por comprarse un Corvette, que es mejor coche

21. Stanley, 2013.

que el Porsche. En escritos anteriores, he preguntado cuál de las siguientes tres variables es el mejor predictor del consumo: los ingresos, el patrimonio neto o el valor de mercado del hogar. El valor de mercado del hogar es el mejor de los tres. Si vives en una casa cara ubicada en una urbanización de sangre azul, habrá una presión social enorme para renunciar a coches de altas prestaciones por vehículos de marcas prestigiosas.

Frecuentemente, el patrimonio neto mediano de los médicos es negativo, debido esto en su mayor parte a los créditos para los estudios universitarios y la edad, pero hay otra cosa en juego: el apego al estereotipo del estatus de médico.

Lo que resulta especialmente desafiante es que nuestros vecinos, amigos, amigos de amigos en las redes sociales y compañeros de trabajo son hiperconsumidores. Y puede que esto resulte todavía más duro si formas parte de una actividad profesional bien definida (por ejemplo, médicos, abogados, ejecutivos). Hay un estereotipo que mucha gente acepta acerca del tipo de coche que debería conducir un médico, o dónde debería vivir. Piensa en esto: la mayor cantidad gastada por los millonarios en un reloj en nuestro último estudio a nivel de todo EE. UU. fue de 300 dólares. Los médicos de nuestro estudio pagaron 700 dólares. En *MPA*, mi padre escribió: «Otra razón por la cual la gente con muchos estudios suele quedar rezagada en la escala de la riqueza tiene que ver con el estatus que le asigna la sociedad. Se espera de los médicos, además de otras personas con estudios de posgrado, que desempeñen su papel».[22]

Para acumular riqueza, incluso los médicos deben ir a contracorriente: deben tomar decisiones que les permitan ser económicamente exitosos frente a la interpretación del papel dictado por lo que la gente de su entorno, sus compañeros médicos y el resto de la gente cree que debería hacer un médico. Para acumular riqueza, debemos ocuparnos de nuestros propios asuntos y concentrarnos en lo que hace falta para transformar ese salario elevado en riqueza. Ignorar lo que conduce el doctor García, dónde vive y ese lujoso reloj que se acaba de comprar es crucial para acumular riqueza.

22. Stanley y Danko, 1996, pág, 75.

EL LADO FINANCIERO NEGATIVO DE LA ECONOMÍA DE TUS CONTACTOS

Los periodistas y los lectores nos han preguntado continuamente si en la actualidad es más difícil convertirse en el millonario de la puerta al lado que en la década de 1980 o la de 1990. Puede que tú te hagas la misma pregunta. La respuesta es sí y no, o tal y como contestarían muchos psicólogos y sociólogos, depende.

El precio de la asistencia sanitaria y la educación hace que *parezca* improbable que puedas ahorrar hasta tener millones; pero las piedras angulares de la independencia económica y el éxito financiero, tal y como se pone de evidencia a lo largo de los casos prácticos, las entrevistas y las encuestas llevados a cabo desde la primera publicación de *MPA*, no han cambiado.

Pero este objetivo se vuelve considerablemente más difícil debido a la creciente influencia y proliferación de la tecnología. Basándonos en los conceptos relacionados con el estatus sociométrico, la tecnología nos permite ahora tener una mayor conexión con nuestros amigos, familiares, antiguos colegas, conocidos y celebridades. Estos contactos y su ubicuidad aportan una manera constante de fijarse en las innumerables formas en las que emplean su tiempo y su dinero. Como nuestras relaciones, carreras profesionales y el modo en el que nos comunicamos incluye, cada vez más, conexiones continuas y persistentes con los demás a través de la tecnología, seríamos negligentes si no incluyéramos sus peligros económicos potenciales.

En la actualidad llevamos la influencia de los demás con nosotros en nuestro bolsillo, nuestra cartera y pasamos, de media, dos horas en las redes sociales y cincuenta minutos *por día* sólo en Facebook.[23] Imagina si emplearas estas dos horas desarrollando un nuevo talento, estudiando una nueva idea de negocio, o relacionándote directamente con amigos, colegas o empleados. En comparación, los millonarios de nuestra última muestra pasan dos horas y media *por semana* en el conjunto de todas las redes sociales. Sabemos que las redes sociales pueden tener un impacto

23. Stewart, 2016; Asano, 2017.

sobre el tipo de conductas que creemos aceptables, y esto no supone ninguna diferencia con las compras y el consumo. Lo que nuestros amigos compran, llevan puesto y muestran puede tener un impacto psicológico en nosotros mediante nuestro deseo por amoldarnos. Cuanto más tiempo pasemos en las redes sociales, más afectará a nuestros hábitos de consumo el *marketing* de productos, servicios o experiencias.[24]

Tal y como nos explicó un millonario en una entrevista reciente: «Ahora ves esto al instante en Facebook: ves a toda esta gente con lo que parece una vida increíble, pero no es así».

Otro millonario fue más crítico: «Si la gente empleara aunque sólo fuera la mitad del tiempo que pasa en las redes sociales, seleccionando, organizando y presentando contenidos, nos iría mucho mejor a todos. Ciertamente, les iría mucho mejor. Se trata de una pérdida de tiempo que no conduce a nada (es algo efímero): no es un producto duradero que tenga algún valor. Todo ese tiempo se malgasta, y la gente descuida el pasar tiempo en cosas serias que importan».

Parece ser que la conectividad tiene un coste: el coste de nuestra atención cognitiva y emocional, y cuando tenemos en cuenta nuestros objetivos económicos, de nuestro dinero. Nos hemos acostumbrado a lo nuevo, lo brillante y al ahora mismo.

Más que en la década de 1990, la proliferación de la tecnología nos convierte en ratones en la jaula de Skinner (o cámara de condicionamiento operante), tocando constantemente nuestros teléfonos para obtener la próxima píldora de noticias, tonterías o bienes de consumo. Los científicos han vinculado la actividad y la satisfacción procedente del tiempo que se pasa frente a una pantalla con la dopamina, y han equiparado su uso con otros hábitos adictivos.[25] En el caso particular de que nos veamos fácilmente persuadidos por los hábitos de consumo de las demás personas de nuestro entorno (familiares, amigos, vecinos) o de otros a quienes vemos en las redes sociales (celebridades, políticos, atletas profesionales), esa conectividad debe moderarse con la contención para así conseguir el éxito económico.

---

24. *Véase*, por ejemplo, Wang, Yu y Wei, 2012.
25. Margalit, 2016.

EL NUEVO *MARKETING*

Ignorar las tendencias que vemos a nuestro alrededor procedentes de nuestras redes sociales virtuales y en persona es, verdaderamente, sólo el inicio de un estilo de vida frugal. Hay otra poderosa fuente de la que nuestra tecnología nos permite disponer en la actualidad: el *marketing* social. Hasta principios de la década de 2000, el alcance del *marketing* en nuestra vida se limitaba a métodos no sociales y sin seguimiento. En otras palabras, podías pasar las páginas de una revista, cambiar de canal en el televisor o de emisora en la radio, o ignorar los carteles de anuncios mientras conducías. Las personas que trabajaban en *marketing* tenían que investigar, crear campañas de publicidad y promocionar sus marcas mediante diversos canales no sociales. No teníamos que darles permiso para que interrumpieran nuestra vida. Ahora, con el *marketing* por *e-mail,* las fuentes de información que aparecen en las redes sociales y el rastreo de páginas web, frecuentemente tenemos la opción de reservar nuestros recursos cognitivos para cosas que importan. Piensa, por un momento, en la definición del *marketing* con autorización para recibir publicidad del creador del concepto, Seth Godin, y su foco en la forma respetuosa de usarlo: métodos que la mayoría de las empresas deciden ignorar:

> *El* marketing *con autorización para recibir publicidad es el privilegio (no el derecho) de enviar mensajes esperados, personales y relevantes a gente que, de hecho, quiere recibirlos.*
>
> *Reconoce el nuevo poder de los mejores consumidores para ignorar el* marketing. *Es consciente de que tratar a la gente con respeto supone la mejor forma de ganarse su atención.*
>
> *«Presta atención» es una frase clave aquí, porque los vendedores que emplean el* marketing *con autorización para recibir publicidad comprenden que cuando alguien decide prestar atención, de hecho, te está pagando con algo precioso; y no hay forma de que puedan volver a prestar atención si cambian de opinión. La atención se convierte en un importante activo, algo que valorar y no malgastar.*[26]

---

26. Godin, 2008.

En la actualidad, tu huella digital conduce a las personas que trabajan en *marketing* directamente hacia ti, adaptando los contenidos, el mensaje y la frecuencia a tus patrones de comportamientos en Internet. Esta nueva estrategia de *marketing*, que es ingeniosa y eficaz, supone un peligro para aquellos con tendencia a creerse las imágenes y los mensajes persuasivos y hechos a medida para ellos. La inmunización contra este tipo de *marketing*, es decir, el no regalar los preciosos recursos de nuestra atención y concentración, es crucial para acumular riqueza. El poder que tenemos en el mercado consiste en no malgastar nuestros recursos, incluida nuestra atención, con cualquier cosa que pudiera desviarnos del objetivo de conseguir nuestras metas económicas.

La ciencia del consumo que hay en un champú estupendo

Mi padre, que había trabajado en el estudio de mercados, conocía muy bien el poder y la influencia de la psicología del consumidor sobre nuestras conductas. Escribió este artículo en 2010 para mostrar la absurdidad de la autoestima ligada al uso de un champú, la influencia del marketing *sobre nuestras percepciones y nuestro bienestar potencial, y quizás y más importante, el poder del* marketing *y la disciplina necesaria para conservar nuestra atención cognitiva si queremos acumular riqueza y conservarla:*

Me he dado cuenta de que, en la última semana, más o menos, me he sentido más emocionado, orgulloso, interesado y atento. Por contra, me he sentido menos hostil, avergonzado, nervioso, agitado y culpable. Pensé que esta euforia podría tener algo que ver con los aumentos en las ventas de mis libros o posiblemente con el folleto del nuevo Toyota 4-Runner del 2010 que había recibido; pero luego me di cuenta cuál debía de ser la verdadera fuente de estas emociones aumentadas: un cambio en mi marca de champú.

En el verano de 2010, me encontré con una botella de champú Pantene «Grandes cuidados para un cabello bonito» en nuestra ducha y empecé a usarlo. Nunca he tenido un mal día con mi cabello desde entonces. Luego leí un perspicaz artículo en *The Wall Street Journal* que explicaba cómo la empresa Procter and Gamble llevó a cabo enormes esfuerzos para estudiar cómo podía animar a más consumidores a comprar los productos Pantene.[27] Gastar grandes cantidades en estudios de mercado parece valer mucho la pena. Según el artículo, los productos Pantene de P&G consiguieron unas ventas por valor de 3 000 millones de dólares. En el último estudio llevado a cabo por P&G, esta empresa encuestó a casi 3 400 mujeres e hizo que valoraran la intensidad que experimentaban con respecto a veinte emociones relativas a su cabello. Se vio que un mal cabello estaba relacionado con emociones como la hostilidad, la vergüenza y la irritabilidad. P&G llegó a contratar los servicios de un profesor de psicología de la Universidad de Yale para que analizara los resultados de la encuesta. El profesor, que era el doctor LaFrance, vio que «un

27. Byron, 2010.

mal cabello influye en la autoestima de forma negativa, provoca inseguridades sociales y hace que la gente se concentre en aspectos negativos de sí misma».[28] ¿Quién lo hubiera dicho?

Por supuesto, estoy seguro de que los mensajes publicitarios de P&G acerca de Pantene prometerán el final de «los días con un mal cabello». Como consecuencia de ello, se sobreentiende que los usuarios experimentarán una mejor autoestima. ¡Y yo que pensaba que uno tenía que acumular riqueza y llegar a ser económicamente independiente para conseguir eso mismo!

En *Stop Acting Rich,* mencioné que mi mentor, el distinguido profesor de *marketing* doctor Bill Darden, solía decirles a sus alumnos de posgrado lo siguiente: «Prepárate para competir en el mercado con verdadero talento. Los estadounidenses realmente brillantes no trabajan para el Departamento de Estado, ni siquiera en los laboratorios de ciencias de la salud. Las grandes mentes trabajan en el campo del *marketing,* dando con formas de [...] convencernos de que una marca de remedio para las hemorroides es mejor que otra [...] que un detergente nos proporcionará un blanco más blanco, asegurando así que mamá sea más querida y admirada por su marido y sus hijos».

Se ponía muy serio cuando decía esto. Si Bill todavía estuviera entre nosotros y pudiéramos pedirle que valorara los esfuerzos de *marketing* relacionados con la industria del licor [o del cuidado del cabello], probablemente nos diría que, claramente, algunas de las mejores mentes de Estados Unidos están trabajando publicitando champú.

Piensa en esta cita del líder de una de las mayores empresas de *marketing* del mundo, mientras explica el «poder» de la información que dejamos tras nosotros (es decir, los «Big Data») y la implicación con el *marketing*:

A medida que el comportamiento de los compradores sigue cambiando y las «expectativas de compromiso» de los compradores aumentan, los publicistas deben emplear estrategias holísticas que aporten tanto ofertas distribuidas en masa y con un gran alcance como contenidos relevantes y orientados a través de medios tradicionales y digitales. Satisfacer estas crecientes expectativas al tiempo que se distribuye valor a los consumidores exige un análisis eficaz de los Big Data generados en el mercado.[29]

El poder del análisis de datos y de las huellas que dejamos en Internet dejan poco espacio para las dudas de las personas que trabajan en *marketing* sobre cómo proporcionarnos cada producto y servicio. Los millona-

28. Ibíd.

29. Inmar, 2014.

rios de la puerta de al lado siguen ignorando este despliegue publicitario y este ruido, tal y como hacían en la década de 1980 y 1990. Aquellos que son susceptibles al constante refuerzo de los medios y de la tecnología se encontrarán con que necesitan una disciplina extraordinaria para ignorar los anuncios hiperdirigidos y los pseudoartículos que aparecen a un lado y a otro con la publicación de imágenes de sus amigos.

Piensa en el *marketing* en la actualidad y en cómo puedes acabar creyéndote el bombo publicitario del champú Pantene comentado en el recuadro anterior:

- El *marketing* de contenidos te habría llevado a leer un artículo en las revistas *Good Housekeeping* o *Redbook* que parecería hacer sido escrito por un editor o un redactor, pero que en realidad habría sido escrito por P&G.

- Los anuncios en las redes sociales te «perseguirían» por Internet después de haber hecho una búsqueda sobre champús en Google, de modo que cada página web que visitaras que dispusiera de publicidad pagada te mostraría champús.

- Cuando finalmente te decidas a comprar champú, las valoraciones aportadas en Amazon o en otras páginas web habrían sido compradas y pagadas por inteligentes compañías de *marketing* que proporcionan productos a cambio de valoraciones «honestas» por parte de evaluadores cuyos servicios se han contratado y han sido pagados.

P&G se gastó 7 100 mil millones en publicidad en 2017 para influirnos.[30] Para acumular riqueza en la actualidad debemos ser muy conscientes de los tipos de información que se nos presentan, de la fuente de esa información y de la influencia que podría tener, potencialmente, sobre nuestras conductas de compra… y nuestra autoestima. No culpo a las empresas por emplear los métodos de *marketing* más eficaces y por obtener datos: ése es su trabajo, y debemos recordar que nosotros somos su

30. Cavale, 2018.

objetivo. Aquellos que se centren en acumular riqueza y conservarla harán bien en recordar que nada es realmente «gratis y siempre será gratis».

LA MODA DE LA FRUGALIDAD

Algunas de las personas críticas con *MPA* parecían exhibir un aire de superioridad con respecto a las tendencias de compra frugales de aquellas personas que aparecían retratadas en los casos prácticos. Es interesante ver que la desaceleración económica que se dio entre 2008 y 2012 acabó haciendo que el ser frugal se convirtiese en tendencia. Hacer la compra en tiendas minoristas, supraciclar, reciclar y hacer cosas en casa estaban de moda.

Los modernos frugales se mostraban más que contentos alabando las virtudes de vivir por debajo de sus posibilidades de vez en cuando, cuando resultaba conveniente, y cuando todavía podían mostrar su éxito mediante lo frugales que eran... especialmente con la compra de productos de marcas de renombre a precios más baratos. Para este grupo, y para muchos de nosotros sin saberlo, la moda de la frugalidad va y viene con los cambios en la economía y las tendencias.

Por ejemplo, y al igual que las tendencias en otras áreas, el uso de cupones o vales de descuentos por parte de los estadounidenses es algo cíclico. Inmar es una compañía de investigación de mercados a nivel global que rastrea tanto la distribución (cuántos cupones están ofreciendo las empresas) como el canje (cuánta gente está usando los cupones). Sus resultados proporcionan un vistazo convincente de las tendencias de frugalidad a lo largo del tiempo. En 2011, por ejemplo, se canjearon 3 500 millones de cupones. En 2015, sólo se canjearon 2 500 millones. ¿Hace, el recortar cupones, al millonario? No necesariamente, y ciertamente no si el uso de los cupones es cíclico y el único método empleado en la búsqueda de la independencia económica. Aquellos que muestran astucia para la acumulación de riqueza muestran unos patrones de gastos que son más constantes y disciplinados. Por lo tanto, la pregunta sobre quién puede ser frugal en la actualidad, es realmente, y en lugar de ella: ¿quién puede ser disciplinado con respecto a los gastos independientemente de la economía, las tendencias o de dónde se encuentren situados en la vida? *La constancia y la disciplina* son las conductas frugales más importantes, frente al mero hecho de seguir las tendencias junto con tus vecinos pseudofrugales. Consiste en un patrón constante de conductas relacionadas con los gastos, y no en una frugalidad estacional. Esta idea es especialmente relevante de nuevo hoy en día, en la época de la redacción de este manuscrito, ya que una economía robusta, un empleo pleno y un mercado de valores en plena efervescencia han hecho (una vez más) que la frugalidad no esté de moda.

Para ser feliz deja de comportarte como si fueras rico

La búsqueda de la riqueza en sí misma y por sí misma es vacía. La capacidad de gastar con desenfreno y de consumir con poca consideración por lo que ese consumo implica para la libertad futura (la libertad implica no ser un esclavo del trabajo ni una generación perpetua de ingresos) está plagada de superficialidad. Mi padre comentaba frecuentemente que el dinero no daba la felicidad, y que la fe, las relaciones, colaborar con causas nobles y generar sentido en nuestra vida eran las búsquedas que conducían a los millonarios a los que entrevistó a una mayor satisfacción que el rendimiento de su cartera de acciones. En 2010, escribió lo siguiente en relación con la satisfacción y la felicidad en relación con el dinero:

¿Qué explica la felicidad en la vida? No dispongo de todas las respuestas, pero a modo de revisión de mis libros y entradas en mis blogs, la felicidad en la vida tiene poco que ver con la marca o el precio del reloj que lleves, las tiendas que frecuentes, la marca de coche que tengas o la marca de vodka que bebas. La felicidad general en la vida no tiene nada que ver con el precio que pagues por una botella de vino, la superficie o el valor de mercado de tu casa y ni siquiera con lo que pagues por un corte de pelo.

Para arrojar más luz sobre este asunto, examiné la relación entre la felicidad en la vida y más de 200 características, conductas, y actitudes de 1 574 encuestados de una de mis encuestas a nivel de todo EE. UU. con unos ingresos y un patrimonio neto elevados. Nótese que las correlaciones no indican necesariamente una causa y un efecto.

Más allá de la salud, la familia y factores relacionados con el trabajo, ¿por qué hay personas más satisfechas con la vida que otras? En términos de significancia estadística, cuanto mayor sea el nivel de felicidad de alguien, más probable es que esté de acuerdo con las siguientes afirmaciones (de acuerdo con el orden en cuanto al grado de variación expuesta):

1. Poseo más riqueza que la mayoría de la gente de mi grupo de riqueza o ingresos.
2. Nos va económicamente mejor que a nuestros vecinos.
3. El año pasado doné el 5 % o más de mis ingresos a organizaciones de beneficencia.
4. Vivo bastante por debajo de mis posibilidades.
5. Fui criado en un entorno lleno de amor y armonía.

7. Desde el punto de vista político soy más conservador que liberal.
8. He heredado menos del 1 % de mi patrimonio neto.
9. Mi cónyuge es más frugal que yo.
10. El año pasado invertí el 10 % o más de mis ingresos.

Nótese, además, que tanto el patrimonio neto como los ingresos están relacionados con la felicidad. Estadísticamente, el patrimonio neto es el más importante de los dos; pero incluso más importante que el patrimonio neto es el patrimonio neto relativo (tal y como se ha apuntado anteriormente en el apartado 1). El patrimonio neto relativo tiene que ver con lo productivo que es alguien a la hora de transformar sus ingresos en patrimonio neto en comparación con otros que se encuentran en el mismo grupo de ingresos y de edad, además de en el contexto del entorno de nuestro vecindario inmediato.

Aquellos que pueden permitirse fácilmente su estilo de vida de consumo tienden a ser significativamente más felices que aquellos que batallan para llegar a fin de mes comportándose como si fueran ricos. He visto, constantemente, que aquellos pertenecientes al mismo grupo de nivel de ingresos o de edad que fueron criados por unos progenitores cariñosos y afectuosos tienden a gastar menos y a ahorrar una mayor parte de sus ingresos que aquellos que no fueron educados en este tipo de entorno.

Hay oportunidades para tener éxito económico para aquellos que hagan elecciones basadas en métodos comprobados para acumular riqueza. Si tuviste experiencias positivas mientras crecías con todo lo relacionado con los asuntos financieros, quizás hayas desarrollado un patrón de conductas que te permitirán permanecer más fácilmente en la senda de la independencia económica que si hubieses vivido las experiencias opuestas. Asumir la responsabilidad de nuestras decisiones económicas, independientemente de nuestra crianza, se relaciona con el patrimonio neto; y las decisiones que tomemos hoy y mañana acerca de con quién compartamos nuestra vida, decisiones para las que, por lo menos en EE. UU., disponemos de libre albedrío, también tendrán un impacto en nuestra trayectoria. Escoge cuidadosamente.

Capítulo 4

LIBERTAD PARA CONSUMIR

«Frecuentemente les digo a mis familiares que mi objetivo es obtener intereses, y no pagar intereses».

Millonario de Georgia que se jubiló a los cincuenta y cuatro años

El éxito económico sigue distintos caminos. Para aquellos que tienen unos ingresos entre medios y por encima de la media en Estados Unidos, la senda hacia el éxito económico requiere de un cierto grado de restricción en el consumo. Es necesaria una conciencia sobre y una inmunización contra el consumismo y la «afluenza» que aflige a tantos hogares con unos niveles de ingresos elevados.

Hay muy pocos estadounidenses que, con unos ingresos entre modestos y por encima de la media, puedan mantener un estilo de vida con un consumo elevado y convertirse en millonarios. Hemos visto que la mayoría de aquellos que han conseguido el éxito económico escogieron la vía de la moderación o la sencillez en el consumo mientras trabajaban para conseguir el éxito económico, como la familia Jacobson, que aparecía en el capítulo 1. En muchos casos, prosiguen con esta práctica incluso después de haberse convertido en millonarios.

Incluso aunque tengas unos progenitores que modelasen una conducta de gestión financiera ideal y tú lograras superar los obstáculos para convertirte en alguien rico, puede que caigas víctima del consumismo exacerbado, alimentado por cualesquiera grupos o redes sociales que tengan una influencia sobre ti o por tus propias necesidades percibidas que se ven satisfechas por lo último en bienes de consumo. Nuestra libertad para consumir, junto con la libertad de decidir cómo empleamos nuestro tiempo, tiene un precio. Si decidimos usarla al máximo, debemos financiarla de algún modo. El ciclo de trabajar para gastar es difícil de evitar incluso aunque hayas decidido vivir en un hogar modesto en un vecindario modesto y rodeado de otros con un estilo de vida similar. Se nos enseña, desde pequeños, a consumir, y EE. UU. tiene mucho que ofrecer a los consumidores profesionales.

En el capítulo «Frugal, frugal, frugal» de *MPA*, mi padre escribió acerca de las conductas y los hábitos de los estadounidenses económicamente exitosos en términos de consumo.[1] La mentalidad frugal, al aplicarse a la adquisición de bienes de consumo, puede ayudar a un hogar a vivir de acuerdo con sus posibilidades y puede conducir a conductas que potencien el ahorro. Para muchos, ser un consumidor frugal es una medalla de honor, como en el programa de televisión *Extreme Couponing*;[2] pero para otros la frugalidad se pone de moda y deja de estar de moda dependiendo de las condiciones económicas de la época en cuestión.

A efectos de este libro y para el estudio de la riqueza en general, definimos a la gente frugal como aquélla con un estilo de vida sencillo y sobrio y que vive constantemente por debajo de sus posibilidades. Aquellos que son frugales muestran un patrón de conductas financieras que son de naturaleza sobria y que se encuentran por debajo de sus propias posibilidades. Tal y como apuntamos en el pasado:

Llevar un estilo de vida frugal permite que un individuo se pueda permitir con tranquilidad el nivel de consumo de su hogar.

A lo largo de los últimos veinte años, nuestras investigaciones han demostrado que los millonarios declaran ser frugales, y que cuando dividimos nuestras amplias muestras en acumuladores prodigiosos de riqueza (APR, los que se encuentran en el cuartil superior) y malos acumuladores de riqueza (MAP, los que se encuentran el en cuartil inferior), estos grupos difieren en cuanto a su acuerdo en relación con las afirmaciones relacionadas

1. Stanley y Danko, 1996, pág. 27.
2. *Extreme Couponing* es un *reality show* que se puede ver en EE. UU. y Canadá en el que se retrata una actividad que combina el talento para las compras junto con el uso de cupones de descuento, intentando ahorrar tanto dinero como sea posible al tiempo que se obtiene la mayor cantidad posible de comestibles. *(N. del T.)*

con la frugalidad. En muestras de cabezas de familia inmensamente ricos y pudientes emergentes existe una clara relación entre un patrón constante de conductas frugales y el patrimonio neto, independientemente de la edad o del nivel de ingresos.[3] Esto es cierto en el caso la gente del grupo con un patrimonio neto elevado, además de en aquélla con unos ingresos medios. Ser frugal o por lo menos tener un estilo de vida con un consumo sencillo requiere de dosis iguales de disciplina e indiferencia social ante las tendencias. En el fondo, un estilo de vida frugal queda resaltado por la elaboración de presupuestos, la planificación, el marcarse objetivos, la sencillez y la disciplina. Ser frugal requiere de conocimientos, capacidad y personalidad, pero lo más importante es que un conjunto de conductas puede generar un estilo de vida que no todo el mundo está dispuesto a experimentar.

Independientemente de si obtienes tus ingresos como ejecutivo, profesor o comerciante de chatarra, la frugalidad no pasa de moda para aquellos que están comprometidos a convertirse en personas económicamente exitosas y financieramente independientes. Nuestros estudios han mostrado que el 57 % de los APR indican que siempre han sido frugales, mientras que sólo el 41 % de los MAR coinciden con esa misma afirmación. Esto es congruente con nuestros hallazgos de 1996.

EL HOGAR SE ENCUENTRA ALLÁ DONDE COMIENZAN LOS GASTOS

¿En qué más lugares encontramos influencias sobre nuestra toma de decisiones relativa a las finanzas? Sabemos que nuestra elección de vecindario influye en las actitudes con respecto al trabajo,[4] pero que también influye en nuestros gastos. Nos comparamos con aquellos que viven en nuestro vecindario y nuestra comunidad (recuerda el concepto del estatus sociométrico). En *Stop Acting Rich,* mi padre escribió: «El mayor perjuicio para la acumulación de riqueza es el entorno de nuestro hogar/vecindario. Si vives en una casa y un vecindario caros, actuarás y comprarás como tus vecinos, [...] cuanto más próspero sea el vecindario más gastarán sus residentes en

3. Fallaw, 2017; Fallaw, Kruger y Grable, 2018.
4. Weinberg, Reagan y Yankow, 2004.

casi cualquier producto y servicio. Tomamos nuestras indicaciones para consumir de nuestros vecinos, [...] la mayoría de los millonarios hechos a sí mismos [...] fueron capaces de acumular riqueza precisamente porque nunca vivieron en una casa o en un vecindario en el que los gastos generales domésticos hicieran difícil que acumulasen riqueza».[5] Tal y como hemos comentado en el capítulo anterior, esto se debe, en parte, a las comparaciones que hacemos con quienes tenemos a nuestro alrededor y a la influencia que tienen los demás sobre nuestras conductas de consumo.[6] ¿Está formado tu vecindario por gente con unos ingresos elevados, un gran consumo y rica en cuanto a su cuenta de resultados? Si es así, tómate un momento para pensar en tus propios patrones de consumo. ¿Son los tuyos propios o están basados en alguien que se identifica más con un mal acumulador de riqueza?

Más que de un hogar se trata de un estilo de vida

Además de la influencia de nuestros vecinos, el precio de nuestro hogar en relación con nuestros ingresos también tiene un impacto sobre nuestra capacidad de acumular riqueza a lo largo del tiempo. Para la mayoría de los estadounidenses, tener una casa es preferible a vivir de alquiler, pero la clave para acumular riqueza consiste en vivir en un hogar que te puedas permitir sin complicaciones. La mayoría de los millonarios de la puerta de al lado que hemos estudiado informan de que nunca adquirieron una casa que costara más del triple de sus ingresos anuales.

El valor mediano del hogar de los millonarios en nuestro último estudio fue de aproximadamente 850 000 dólares (o 3,4 veces sus ingresos en ese momento), y el precio mediano original de compra fue de 465 000 dólares. Nótese que la mayoría de los millonarios de nuestro estudio (el 66 %) no ha cambiado de hogar en los últimos diez años. Dado que en Estados Unidos una mudanza cuesta, de media, más de 12 000 dólares,[7] quedarse donde se está es económicamente ventajoso.

5. Stanley, 2009, pág. 43.
6. Zhang, Howell y Howell, 2014.
7. Williams, 2014.

¿Qué factores llevaban a comprar una nueva casa? De los millonarios encuestados en nuestro último estudio, ninguno indicó que se cambiara de casa porque recibiera una llamada o una carta pidiéndole que vendiera, y sólo el 3 % indicó que su agente inmobiliario les propusiera comprar una casa mejor debido a su éxito económico. En lugar de ello y en el caso de este grupo, la compra de una nueva casa solía verse motivada por la calidad, el aspecto, las escuelas públicas y el vecindario (*véase* la tabla 4.1). Un poco menos del 60 % de estos millonarios se vio motivado por un incremento de sus ingresos.

Las tácticas de *marketing* profesional y social relacionadas con la propiedad de una casa tuvieron poca influencia sobre los millonarios de nuestro estudio.

TABLA 4.1
LAS RAZONES MÁS IMPORTANTES DE LOS MILLONARIOS PARA LA ÚLTIMA ADQUISICIÓN DE SU HOGAR

Razón de la última adquisición de su hogar	**Porcentaje de personas que indican que es importante**
Querían una casa de mejor calidad	81,2
Les gustaba el aspecto de su última casa	80,2
Querían unas escuelas públicas de alta calidad	71,6
Querían vivir en un mejor vecindario	69,0
Tipos de interés favorables	59,9
Aumento de ingresos	59,1
Necesitaban mudarse después de un cambio de carrera profesional/trabajo	58,14
Acumularon un importante patrimonio neto en su anterior hogar	54,9

TABLA 4.2

LAS RAZONES MENOS IMPORTANTES DE LOS MILLONARIOS PARA LA ÚLTIMA ADQUISICIÓN DE SU HOGAR

Razón de la última adquisición de su hogar	Porcentaje de personas que indican que es importante
Recibieron beneficios de su plan de jubilación	6,9
Vendieron todo un negocio o parte de él	6,1
Su corredor de bolsa se enteró de su éxito económico y les propuso que subieran de categoría	3,3
Vendieron derechos de autor o de patentes	1,6

TABLA 4.3

PRECIO DE COMPRA Y VALORES ACTUALES DE LOS HOGARES DE LOS PROPIETARIOS DE CASAS MILLONARIAS

	Porcentaje de millonarios con casas de cada categoría	
Valor	**Precio de compra**	**Valor actual**
Menos de 400 000 dólares	41,4	4,7
400 000-599 999 dólares	19,9	19,6
600 000-799 999 dólares	15,2	21,4
800 000-999 999 dólares	7,0	19,0
Más de un millón de dólares	16,4	35,2

Haciendo un esfuerzo por comprarse una casa

Cuando hablamos de las presiones sociales propias de ser propietario de una vivienda, podríamos referirnos a la presión general procedente de tus grupos de colegas o tu familia para adquirir una casa en una ubicación, comunidad o vecindario concreto. («Springfield tiene los mejores colegios, y en el vecindario de Hampton Heights viven muchos jóvenes profesionales»). También nos referimos a la presión impuesta sobre ciertos profesionales, como por ejemplo los abogados, que entre las paredes de bufetes de abogados que pagan unos sueldos elevados se refieren a una hipoteca enorme como una «póliza de retención de socios». Una vez más, vemos el impacto que hay más allá del coste económico de vivir por encima de nuestras posibilidades. En este caso, hacer un esfuerzo por comprarse una casa aseguraría que el joven socio tuviera que seguir trabajando para poder pagar el hogar en el que viven él y su familia y para mantener su inevitable estilo de vida en el que sus gastos aumentan a medida que también lo hacen sus ingresos. Además, el coste de este «esfuerzo» tiene que ver con el bienestar general. Piensa en el siguiente caso práctico de un millonario cuya riqueza y vida financiera necesitaban una revisión:

> *Era julio de 2006. Me faltaba un mes para cumplir los cuarenta y conducía hacia casa, después de salir del trabajo. Estaba sufriendo dolores en el pecho, [...] mi médico me dijo que, tal y como estaba, me encontraba cerca de padecer una cardiopatía grave y diabetes. Empecé a trabajar con mi salud en serio, [...] cuando empecé a arreglar un área de mi vida empecé a darme cuenta de otras áreas que necesitaban ser mejoradas. Desde el punto de vista económico éramos, en gran medida, la típica familia de mediana edad con unos ingresos de seis cifras. Teníamos una hipoteca de cientos de miles de dólares, unos 80 000 dólares de deudas por créditos al consumo y vivíamos, básicamente, al día. Ahorrábamos para nuestra jubilación, pero nuestro patrimonio neto, incluyendo nuestras pertenencias, suponía, simplemente, un poco más que nuestros ingresos. Varios «expertos» financieros nos dijeron que lo estábamos haciendo bien. Nos dimos cuenta de nuestra situación y empezamos a hacer algo al respecto. Nos marcamos unas metas. Desarrollamos un plan y lo ejecutamos. Amortizamos nuestra deuda de créditos al consumo. Creamos un fondo para emergencias. Amortizamos nuestra casa. En la actualidad estamos libres de deudas y tenemos un patrimonio neto de más de un millón de dólares. Educamos a nuestros hijos en casa y llevamos la vida que queremos llevar. Ha sido un viaje largo y duro, y todavía nos quedan varios años hasta ser ricos (refiriéndonos por ricos a no necesitar ganar un salario y no quedarnos nunca sin dinero). Tenemos los objetivos y los planes en marcha y trabajamos en ellos a diario.*

LECCIONES DE LAS BURBUJAS

La burbuja inmobiliaria y el colapso económico de 2008 pueden proporcionarnos algunas ideas sobre los peligros de comprar una casa que cueste más de tres veces tus ingresos anuales. ¿Qué puede enseñarnos esto a nosotros y a los futuros estadounidenses prósperos en cuanto al estado de su situación patrimonial sobre el valor de la vivienda, los ingresos y la riqueza? En 2010, un hombre llamado Jerry compartió con mi padre sus preocupaciones acerca de su situación inmobiliaria. Jerry era programador y su mujer era técnica dental a media jornada. Los ingresos brutos anuales ajustados de la pareja eran de unos 100 000 dólares. Tenían tres hijos.

Justo antes del colapso del mercado inmobiliario, la pareja compró una nueva casa en una urbanización de reciente construcción por 495 000 dólares. Entre 2009 y 2010, tres casas completamente nuevas parecidas a la de Jerry y situadas en la misma urbanización se vendieron por 300 000 dólares cada una como ejecuciones hipotecarias. «¡Ay!», dijo Jerry. Su sueño de revender su casa «al cabo de algunos años obteniendo un importante beneficio» se desvaneció rápidamente; pero no pasó lo mismo con su hipoteca, que ascendía a 300 000 dólares. Todo lo que mi padre pudo decirle a Jerry fue que no fuese presa del pánico. Afortunadamente, las cosas mejoraron para Jerry, especialmente porque su casa está ubicada en un distrito en el que sus escuelas públicas tienen buena reputación a nivel nacional.

Aparte de por el motivo de obtener beneficios, ¿por qué se mudaron Jerry y su esposa de una casa de 280 000 dólares a una de 495 000 dólares? Aquí tenemos sus tres razones:

1. En primer lugar, un agente hipotecario les dijo que podrían permitirse los pagos. Tal y como se expone en *MPA*, éste es el equivalente a pedirle a un zorro que cuente el número de gallinas que hay en tu gallinero, o como preguntarle a tu peluquero si necesitas un corte de pelo. ¿Quién te está dando un presunto consejo sobre lo que puedes permitirte y lo que no? ¿En qué grado está relacionado su consejo con su propio beneficio?

2. En segundo lugar, la gente del vecindario parecía similar a Jerry y su mujer en términos de características demográficas y socioeconómicas. En otras palabras, sus nuevos vecinos tenían unas carreras profesionales, intereses, metas y deseos como consumidores similares. Esto podría incrementar las probabilidades de que Jerry y su esposa quisieran unirse a ese vecindario, comprar una casa en él y hacer cosas parecidas a sus vecinos para incrementar su aceptación percibida.

3. Lo tercero y más importante es que los ingresos de 100 000 dólares de la pareja eran más de lo que habían ganado nunca antes en un año durante sus primeros veinte años de matrimonio. Ahora que habían alcanzado las seis cifras se consideraban «ricos», y de acuerdo con la lógica de Jerry, la gente rica no vive en casas o vecindarios de 280 000 dólares. La percepción de Jerry de lo que significaba ser rico se interpuso en el camino de la toma de una buena decisión.

Cuidado, Jerry. Rico, acaudalado, próspero: no importa. Todo tiene que ver con el patrimonio neto. Los ingresos no son la riqueza, y la riqueza no son los ingresos. El patrimonio neto de esta pareja era ahora de menos de 150 000 dólares. Mientras Jerry explicaba su historia, mi padre echó un vistazo a las cifras que había tabulado a partir de los datos de los impuestos de las declaraciones de la renta de 2007 de aquellas personas que habían fallecido y poseían unos bienes valorados en 3,5 millones de dólares o más. El valor de mercado mediano de la vivienda de un fallecido era de 469 021 dólares. Esto es menos de un 10 % de su patrimonio neto mediano; y de media, esas personas fallecidas tenían casi dos veces y media más de su riqueza invertida en propiedades inmobiliarias que en su propia vivienda. ¿Qué hubiera pasado si Jerry hubiese sabido esto de antemano? ¿Hubiera seguido comprándose una casa de mayor valor que la de un típico millonario fallecido? Eso dependería de si Jerry quería *hacerse pasar por* rico o, de hecho, *ser* rico algún día. Dependería de si Jerry quería *comportarse* como un rico o, de hecho, *ser* rico algún día.

Vecindarios prósperos como requisitos

Los compradores de casas económicamente productivos disponen de una clara ventaja en su búsqueda de vivienda, principalmente porque tienen menos restricciones relacionadas con las «apariencias» o el estatus sobre dónde viven. No tienen la mentalidad de Jerry de «mis elevados ingresos requieren que ahora viva en un vecindario "rico"». Pero hay más Jerrys, especialmente tantos años después de un declive económico. Deb, una inminente millonaria de la puerta de al lado, compartió sus pensamientos sobre la compra de una casa. Acababa de leer *Stop Acting Rich,* y esto le recordó lo siguiente:

> *Mi [...] marido y yo [...] compramos una casa. [...] El mercado inmobiliario tenía unos precios bajos [...] y estábamos buscando en una zona obrera porque él necesitaba establecerse en un distrito escolar [concreto]. [...]Había un pequeño proyecto de nuevas construcciones en desarrollo y compramos una casa colonial de cuatro habitaciones, [...] más adelante, una colega mía empezó a buscar casa con su prometida. Llegó al trabajo llorando porque no podían permitirse una casa bonita. «Quiero una casa como la tuya», me dijo, pero sólo estaba mirando en vecindarios de clase alta. Le dije que podía permitirse algo mejor si compraba en un barrio obrero como el mío. ¡Se sintió tan ofendida ante esta idea que dejó de hablarme durante una semana!*

Puede que Deb tocara una fibra sensible con su recomendación. Puede que la amiga de Deb hubiese tenido una percepción más realista de la llamada «clase alta» si hubiese sabido que Bruce Springsteen, la estrella del rock, dijo en una ocasión en una entrevista que se había encontrado con patanes en cada vecindario en el que había vivido, desde los barrios más obreros hasta los más llenos de mansiones lujosas. Un excelente agente inmobiliario de una importante área metropolitana ha visto que esos vecinos pueden ser tan ruidosos, irrespetuosos con los límites de la propiedad o irresponsables con las propiedades como los que viven en barrios obreros. Parece ser que los vecinos horribles tienen una distribución normal.

No obstante, la amiga de Deb no estaba sola en cuanto a su reacción frente a la economía en la elección de vivienda. Tal y como hemos dicho antes, la frugalidad no está hecha para todo el mundo. El consumo moderado tampoco es para todo el mundo. Un lector de *MPA*, mostró una reacción bastante diferente ante el libro que los típicos seguidores. Incluso remontándonos a finales de la década de 1990, cuando la economía y el mercado de valores estaban creciendo, se encontraban ejemplares de *MPA*, embutidos en el inodoro del lavabo del aeropuerto de Atlanta, o se regalaban. Puede que hubiera varias razones para esta conducta, pero claramente, el lector no esperaba una lección de constancia y disciplina. Puede que estuviese buscando un plan para hacerse rico rápidamente o quizás una palmadita en la espalda por conseguir unos ingresos anuales de 180 000 dólares para pagar su casa, lo que les incluía a ellos *y* escuelas privadas *y* un utilitario todoterreno de lujo en el garaje... pese a tener poco dinero en el banco. Quedaron amargamente decepcionados al ver que los datos no sólo no aplaudían este tipo de conducta, sino que, de hecho, indicaban que estaban afectando a su futuro económico.

Tus vecinos y los ingresos procedentes de herencias

Algo más del 35 % de los millonarios propietarios de una vivienda de nuestro estudio más reciente vive en casas valoradas actualmente en alrededor de un millón de dólares. Al fijarnos en cómo consiguen ingresos, vemos algunos datos sorprendentes (o no). En primer lugar, al examinar las diferencias entre los millonarios con algún volumen de ingresos procedentes de fideicomisos y herencias (aproximadamente un 14 %) en comparación con aquellos que no disponen de ingresos procedentes de fideicomisos/herencias (el 86 % de nuestra muestra), vemos que hay un porcentaje mayor de millonarios con ingresos procedentes de fideicomisos y herencias que viven en casas de un millón de dólares que la población general de millonarios (es decir, el 55 % de los millonarios con ingresos procedentes de fideicomisos y herencias vive en casas que valen por lo menos un millón de dólares).

Cuanto mayor es el precio de la vivienda típica de un vecindario, mayor es la proporción de propietarios de casas de ese vecindario que han heredado riqueza. A modo de ejemplo, alrededor de una de cada cuatro personas que viven en los vecindarios más caros y de moda de EE. UU., donde el valor actual de mercado supera el millón de dólares, poseían cierta cantidad de riqueza heredada de fideicomisos o herencias. Compara esto con los millonarios que viven en vecindarios en el que la vivienda típica se vende por menos de 500 000 dólares: sólo el 8 % de esos propietarios recibió ingresos procedentes de herencias o fideicomisos.

Si tu objetivo explícito o implícito es imitar y encajar con la gente de tu entorno, puede que estés jugando a un juego que sea difícil ganar. Estar a la altura de tus vecinos que ganan lo suficiente como para vivir en una casa de un millón de dólares es algo difícil en sí mismo, pero es algo todavía más difícil si tu competidor de la puerta de al lado se ha visto subvencionado enormemente por sus parientes ricos.

TABLA 4.4

PORCENTAJE DE MILLONARIOS PROPIETARIOS DE CASAS CON O SIN INGRESOS PROCEDENTES DE HERENCIAS/FIDEICOMISOS SEGÚN EL PRECIO DE COMPRA ORIGINAL DE SU HOGAR

	Porcentaje de millonarios que viven en casas en ese rango de precio	
Rango de precios originales de compra	**Sin ingresos procedentes de herencias y fideicomisos**	**Con ingresos procedentes de herencias y fideicomisos**
Menos de 400 000 dólares	42,3	33,3
400 000-599 999 dólares	20,0	23,6
600 000-799 999 dólares	15,5	18,1
800 000-999 999 dólares	6,1	9,7
Más de un millón de dólares	16,1	15,3

TABLA 4.5

PORCENTAJE DE MILLONARIOS PROPIETARIOS DE CASAS
CON O SIN INGRESOS PROCEDENTES DE HERENCIAS/FIDEICOMISOS
SEGÚN EL VALOR ACTUAL DE MERCADO DE SU HOGAR

	Porcentaje de millonarios que viven en casas en ese rango de precio	
Rango de precios actuales de mercado	**Sin ingresos procedentes de herencias y fideicomisos**	**Con ingresos procedentes de herencias y fideicomisos**
Menos de 400 000 dólares	5,6	0,0
400 000-599 999 dólares	21,1	15,1
600 000-799 999 dólares	23,0	17,8
800 000-999 999 dólares	19,6	12,3
Más de un millón de dólares	30,7	54,8

LA PROPIEDAD DE UNA VIVIENDA NO EQUIVALE A UN ESTATUS DE MILLONARIO

Una pareja preguntó en una ocasión a mi padre acerca de la relación entre la propiedad de una vivienda y el patrimonio neto. Estaban pensando en comprarse su primera casa. «En tus libros, Tom, mencionas que casi todos los millonarios son dueños de casas... aproximadamente un 95 %», señalaron. Pero los propietarios de una vivienda no son millonarios, y nadie te va a dar un cheque por valor de siete cifras cuando cierres la venta de tu primera vivienda. Sin embargo, existe alguna correlación entre la propiedad de una vivienda y el patrimonio neto.

De acuerdo con las estadísticas gubernamentales, el patrimonio neto mediano del hogar de la gente que vive de alquiler ha oscilado entre los 4 000 y los 5 000 dólares en los últimos veinte años. Durante ese mismo período, el patrimonio neto mediano en el caso de los propietarios de una vivienda ha sido entre 30 y 45 veces superior. El patrimonio neto de los propietarios de una vivienda en Estados Unidos en 2016 fue de aproximadamente 230 000 dólares;[8] pero no cuentes con la valorización de tu hogar para que eso te haga rico. En *Stop Acting Rich,* mi padre mencionaba que, si se tenían en cuenta todos los costes en términos reales, las casas se valorizaban muy poco, si es que lo hacían. Una vez más, una de las claves para acumular riqueza consiste en vivir en una casa que te puedas permitir sin problemas.

¿Qué es asequible? Hace algunos años, bankrate.com sugería que un hogar asequible era aquél en el que los costes de alojamiento (que incluyen el capital y el interés de la hipoteca, los seguros y los impuestos) eran inferiores al 28 % de los ingresos totales de un hogar.[9] Esto se aproxima a la recomendación de la tercera parte que aparece en *MPA*. No sólo deberías pensar en el coste de vivir, sino también en cómo valoras tu bienestar en tu nueva ciudad, comunidad y vecindario (*véase* la tabla 4.6).

Seguimos debatiendo que tu comunidad más inmediata (tu distrito escolar, tu vecindario y tu ciudad) es más importante en lo tocante a tu felicidad personal. Cuando estás pensando en comprar esa mansión modesta de cuatrocientos veinte metros cuadrados en las afueras para evitar un piso de dos habitaciones a reformar en la ciudad, estás intercambiando el tamaño de tu vivienda por el desplazarte diariamente al trabajo. ¿Qué es más importante para ti?

Puede que resulte relevante algún conocimiento procedente de *MPA*:

> *Puede que no seas tan rico como deberías porque has intercambiado buena parte de tus ingresos actuales y futuros por tener el privilegio de vivir en un hogar situado en un vecindario de estatus alto. Por lo tanto, incluso aunque estés ganando cien mil dólares al año, no te estarás haciendo rico. Lo que probablemente no sepas es que tu vecino de la casa de trescientos mil dólares situada al lado de la tuya se la compró una vez que fue rico. Tú te compraste la tuya con la expectativa de hacerte rico. Puede que ese día no llegue nunca.*[10]

8. Boletín de la Reserva Federal de EE. UU. (Federal Reserve Bulletin), 2017b.
9. Bankrate.com, 2012a.
10. Stanley y Danko, 1996, pág. 68.

TABLA 4.6

VALOR MEDIANO TOTAL DE LA PROPIEDAD DE UNA CASA SEGÚN LA MENSUALIDAD Y LOS INDICADORES DE SATISFACCIÓN EN EL CASO DE CIUDADES ESTADOUNIDENSES CONCRETAS (2012)

Ciudad	**Coste total de la propiedad de una casa***	**Bienestar emocional**	**Índice de felicidad****
San Francisco	2 497,68	3	69,20
San Diego	1 746,21	8	65,80
Washington D. C.	1 735,45	13	64,14
Seattle	1 726,50	25	63,16
Minneapolis	935,63	9	62,59
Los Ángeles	1 474,75	24	59,91
Denver	1 160,94	53	59,25
Boston	1 833,73	40	56,93
Portland (Oregón)	1 148,11	81	56,11
Nueva York	2 068,96	66	54,66
San Antonio	938,13	79	54,55
Sacramento	929,22	64	53,90
Atlanta	606,92	51	52,97
Phoenix	703,71	66	52,67
Dallas	1 013,58	53	52,62
Chicago	1 172,46	58	52,57
Pittsburgh	756,60	109	50,67
Miami	1 073,52	76	49,78
Houston	1 033,51	70	49,77
Tampa	840,12	121	46,65
Milwaukee	1 068,35	105	46,44
Baltimore	1 276,98	113	45,07
San Luis	728,92	132	43.06
Filadelfia	1 183,43	142	42,77
Detroit	509,88	150	27,78

* Bankrate.com, 2012b.

** Bernardo, 2017.

La idea de gastar hoy en previsión de la riqueza futura sigue aquejando a aquellos que son incapaces o no están dispuestos a comprender el impacto a largo plazo de las compras a gran escala. ¿Recuerdas a Ken, que cambió Manhattan por Atlanta? Sus colegas vieron su decisión con escepticismo, pero al final le compensó con más de veinte años de unos costes de alojamiento reducidos. En el entorno actual de precios en aumento de las propiedades inmobiliarias y unos sueldos estancados, la idea de vivir por debajo de tus posibilidades (y no por encima de ellas), especialmente en lo referente a la vivienda, es más importante que nunca.

¿Son los millonarios gente de gustos sencillos?

¿Está tu pareja soltándote indirectas de que está interesada en ciertos niveles de regalos, diversiones y actividades necesarios que requieren de gastos por encima de tus (o sus) posibilidades? Quizás estés implicado en una relación con una pareja centrada en el consumo que en último término puede que encuentre difícil adaptarse a un estilo de vida más frugal, que es el que adoptan aquellos que buscan el éxito económico, tal y como describió mi padre en 2011:

Cuando la gente me pregunta por las actividades de los millonarios, tengo una respuesta breve. Tal y como escribí en *MPA*, el millonario típico es, en cinco palabras «una persona de gustos sencillos». Sí, una persona de gustos sencillos, incluso entre una fracción del 1 % superior de las personas más ricas de EE. UU. Muchas de las actividades favoritas de los millonarios no son caras en absoluto. No importa que seas rico o pobre. Las mejores cosas de la vida son gratis o lo son prácticamente. Me recordaron el concepto de la «persona de gustos sencillos» cuando leí un *e-mail* reciente de un multimillonario que trabajaba como autónomo «que daba justo en el blanco..., rico en cuanto al estado de su situación patrimonial». En él, escribió:

«Voy en bicicleta al trabajo, un viaje de ida y vuelta de unos diecinueve kilómetros [...] los he estado haciendo durante los últimos ocho años [...] tengo cincuenta y nieve años, llevo casado treinta y ocho años, sin herencia [...] tres hijos adultos, todos ellos exitosos [...] pagamos tres colegios privados [...] sin hipoteca [...] sin deudas. [...] Mi carrera profesional es exigente (sesenta horas semanales), pero he sido entrenador de deportes para niños, canto en el coro de la iglesia [...] tengo un jardín [...] cada año elaboro litros y litros de sidra de manzana [...] tengo abejas que producen miel. [...] He asistido a seis viajes de construcción de viviendas en México y presto servicio en varios comités profesionales. [...] Mi mujer y yo compartimos muchos valores cristianos. [...] Esto ha contribuido a nuestro largo matrimonio. Todos nuestros amigos parecen tener unos valores similares a los nuestros».

Menciona que no siente un deseo ardiente por tener un nuevo coche. Tal y como decía: «Estamos satisfechos. Nuestros coches tienden a durarnos mucho: tenemos un Chevrolet Tahoe de 2002 con 144 000 kilómetros, y un Buick de 1995 comprado hace tres años y medio por 3 500 dólares». Este millonario dedica su tiempo y dinero de formas que le proporcionan una gran satisfacción. Ser alguien «de gustos sencillos» no le molesta en lo más mínimo.

LOS BIENES DE LOS CONSUMIDORES

Lo que a mucha gente le encantó (y algunas personas aborrecían) de *MPA,* era el foco sobre la vida frugal. A lo largo de los años desde su publicación, personas de todo el mundo comentaron que finalmente se sintieron defendidos por el estilo de vida que habían escogido: un estilo de vida que evitaba la máquina del consumo.

Describían sus hábitos en detalle, desde conductas aparentemente insignificantes como recortar cupones hasta cómo se compraron su último coche. Los casos prácticos que aparecían en *MPA* les confirmaron que no estaban solos.

En comparación con 1996, el ciclo de las tendencias de los consumidores es más rápido, nuestras conexiones sociales incluyen información sin descanso sobre lo que nuestros vecinos están haciendo y comprando, y el *marketing* se parece al periodismo. El *marketing* y el consumismo han cambiado espectacularmente en los últimos veinte años, modificando la naturaleza de lo que se presenta a los consumidores y la facilidad con la que podemos acceder a comprar, como se comenta en el capítulo 2.

A pesar de esos cambios, y a pesar de las influencias de los medios sociales y de otros tipos, vemos constancia en la moderación de los millonarios a lo largo de los últimos veinte años.

Los acumuladores prodigiosos de riqueza siguen describiéndose como frugales más frecuentemente que aquellos que son malos acumuladores de riqueza, y reconocen que tienen, económicamente hablando, más éxito que sus vecinos. Aunque hay poca diferencia en cuanto a la elaboración de presupuestos, hay una gran diferencia en cuanto a la riqueza general y la frugalidad.

¿Es más difícil ser disciplinado en el área de los gastos en la actualidad que en las décadas de 1980 y 1990? Ciertamente, la aparición de los medios sociales y las formas avanzadas en las que los profesionales del *marketing* pueden rastrearnos y volver a anunciarnos algo requiere de más disciplina para ignorarlos.

Por el momento echaremos un vistazo a las similitudes a lo largo del tiempo. La máxima cantidad que los millonarios pagarán por bienes de consumo no ha cambiado mucho desde 1996. En 2016, los millonarios gastaron más o menos la misma cantidad en trajes, zapatos y relojes que en 1996. El precio mediano pagado por trajes se redujo aproximadamente en un 18 % entre 1996 y 2016, y lo más probable es que esto se debiera a la bajada de los gastos en ropa, además del incremento en la vestimenta informal que se permite en los trabajos en la actualidad; pero la idea importante aquí es que el consumo, por lo menos en estas categorías de bienes de consumo, sigue mostrando que los millonarios de la puerta de al lado y de otros tipos no son consumidores de artículos de lujo de categorías llamativas. En otras palabras, incluso para aquellos que desean imitar a los ricos, la respuesta, al igual que lo era en 1996, consiste en no comprar productos de gama alta. ¿Son tus conductas de gastos más parecidas a las de los millonarios o más similares a lo que percibes que es ser rico en EE. UU.?

TABLA 4.7

PRESUPUESTOS Y FRUGALIDAD DE LOS ACUMULADORES PRODIGIOSOS DE RIQUEZA FRENTE A LOS MALOS ACUMULADORES DE RIQUEZA

	Porcentaje que está de acuerdo/ muy de acuerdo	
Afirmación	**MAR**	**APR**
Siempre he sido frugal	40,7	57,0
En términos de riqueza acumulada, estamos mucho mejor que la mayoría de nuestros vecinos	42,9	72,5
Mi hogar funciona con un presupuesto anual muy bien pensado	58,0	61,6
Sé cuánto gasta mi familia cada año en comida, ropa y alojamiento	69,0	63,2

TABLA 4.8
LA MAYOR CANTIDAD GASTADA POR MILLONARIOS EN ROPA Y COMPLEMENTOS: DE 1996 A 2016 (EN DÓLARES ESTADOUNIDENSES DE 2016)[11]

		Trajes		Zapatos		Reloj	
	Mediana:	**612**	**500**	**215**	**200**	**361**	**300**
% que gastó menos	**% que gastó más**	**1996**	**2016**	**1996**	**2016**	**1996**	**2016**
10	90	299	200	112	97	72	50
25	75	437	300	152	120	153	100
50	50	612	500	215	200	361	300
75	25	919	1 000	305	300	1 726	2 500
90	10	1 533	1 500	457	500	5 831	8 150
95	5	2 148	2 000	5012	600	8 132	12 000
99	1	4 296	4 720	1 023	1 656	23 016	25 260

¿Interpretas tu papel? Una guía de un abogado

Ned Davis, de treinta y seis años, es un abogado litigante de éxito. Incluso en esta etapa temprana en su carrera profesional, su cómputo de victorias legales le sitúa en la categoría de excepcional. Ned fue lo suficientemente amable como para compartir algunas de sus ideas sobre la importancia de usar accesorios cuando se está en el entorno de la sala de juicios:

> *No soy un tipo al que le gusten los grandes relojes, pero llevaba tiempo queriendo comprarme uno de oro con la correa de piel. Tengo un Rolex de plata/metálico similar que recibí como regalo hace unos quince años, y quería un reloj de oro para ponérmelo en de vez en cuando. Pensé que*

11. Nota: Las cantidades en dólares de 1996 se convirtieron en dólares de 2016 empleando la Calculadora de Inflación del Índice de Precios de Consumo de la Oficina de Estadísticas Laborales de EE. UU.

podría justificar gastarme un par de miles de dólares en un reloj nuevo, ya que nunca me había comprado uno (y mi mujer incluso se había ofrecido a comprármelo como regalo para el día de san Valentín). Sin embargo, después de leer Stop Acting Rich, *decidí que no saldría a gastarme varios cientos de dólares en un reloj lujoso de oro. Acabé encontrando un Timex en el anticuario/tienda de segunda mano que hay al final de la calle en la que vivo. El que encontré tenía un aspecto clásico (era de la década de 1970) que le hacía parecer un bonito reloj para llevar con un traje. Sin embargo, el que fuera de la marca Timex hizo que fuera extremadamente asequible: cuarenta dólares.*

No mucho tiempo después de comprármelo, me di cuenta de lo útil que era tener un reloj de precio modesto que llevar puesto cuando no quería parecer un abogado presumido. Cuando me encuentro frente a un jurado o en una reunión con un cliente o un testigo modesto, prefiero llevar puesto el confiable Timex. Creo que nuestra vestimenta y nuestros relojes (y coches) envían muchos mensajes que pueden ser buenos o malos. Creo que es mejor hacer que tu atuendo o tu reloj o tus joyas no destaquen mucho en un tribunal, y les digo a todos mis testigos que hagan lo mismo. Por cierto, Stop Acting Rich *también ha reforzado mi decisión de seguir conduciendo mi Volvo de 2004. Imagino que me estoy ahorrando por lo menos entre 500 y 700 dólares cada mes que sigo llevando mi coche de siete años.*

Los muchos éxitos de Ned y el bien ganado respeto que les acompaña son verdaderas medallas por su logros. Los uniformes y los accesorios pueden comprarse en tiendas, pero no son lo mismo que una lista de triunfos genuinos en la competición legal (o en cualquier otra competición económica). Nótese también que, a nivel nacional de EE. UU., el típico millonario pagó, como mucho 300 dólares (mediana) por un reloj. Alrededor de uno de cada cuatro pagó 100 dólares o menos. Nótese aquí que en nuestra encuesta no distinguíamos entre los relojes tradicionales y los relojes inteligentes *(smartwatch)* u otros tipos de tecnología que se puede llevar puesta y que algunos argumentan que podrían reemplazar a los relojes tradicionales que aparecen en *MPA*. Aun así, el precio mediano pagado es el precio aproximado de los *smartwatch*.

Vaqueros de lujo

Echemos un vistazo a uno de los nuevos elementos básicos de las oficinas en las que los viernes se permite un atuendo más informal: los tejanos. La industria estadounidense de los tejanos tiene un valor de 13 700 millones de dólares,[12] y un estudio reciente informó de que, de media, los estadounidenses tienen siete vaqueros.[13] Mientras el estadounidense medio paga menos de 50 dólares por unos vaqueros,[14] los millonarios de nuestro estudio pagaron justo por encima de ese precio, gastándose como mucho 50 dólares en unos tejanos. Sin embargo, en el reino de los vaqueros de lujo, sabemos que los tejanos de diseño pueden costar mucho más que eso: simplemente teclea «vaqueros» en Amazon y ordena del precio más caro al más barato, y lo más probable es que veas la oportunidad de comprar unos tejanos de Dolce & Gabbana por más de 8 000 dólares.

Sólo el 25 % de los millonarios se gastaron más de 100 dólares en unos vaqueros, cosa que no tiene nada que ver con los tejanos baratos de un millonario al que entrevistamos: un abogado que abandonó el mundo corporativo para ayudar en un negocio familiar:

> *Compro vaqueros de la marca Wrangler que valen 12 dólares en Walmart. Me quedan genial y son muy duraderos. Ahora soy consciente de que no son necesariamente los más exitosos. Así pues, cuando Costco pone en venta tejanos Levi's, compro tres para así tener unos vaqueros más bonitos. Mis cinco tejanos me durarán diez años.*

Nótese que en el momento de escribir esto, los vaqueros Wrangler tenían más de 4 000 reseñas y una valoración media de 4,4 sobre 5 en Amazon.com.

---

12. Statistic Brain, 2017.
13. Cotton Incorporated, 2013.
14. ShopSmart, 2010; Tuttle, 2011.

TABLA 4.9

LA MAYOR CANTIDAD GASTADA POR MILLONARIOS EN VAQUEROS, GAFAS DE SOL Y MOBILIARIO

		Vaqueros	**Gafas de sol**	**Mobiliario**
	Mediana	**50 dólares**	**100 dólares**	**3 800 dólares**
% que gastaron menos	**% que gastaron más**	**Máxima cantidad pagada**	**Máxima cantidad pagada**	**Máxima cantidad pagada**
10	90	30 dólares	20 dólares	1 200 dólares
25	75	40 dólares	50 dólares	2 000 dólares
50	50	50 dólares	150 dólares	3 800 dólares
75	25	100 dólares	250 dólares	6 000 dólares
90	10	195 dólares	350 dólares	10 000 dólares
95	5	200 dólares	500 dólares	15 000 dólares
99	1	300 dólares	800 dólares	39 000 dólares

Consejos para vestir de la «señora Point»

En la actualidad, los estadounidenses gastan más en ropa que nunca antes. En 2015, el consumo per cápita de vestimenta era de 67,9 prendas y 7,8 pares de zapatos, regresando así a los niveles previos a la recesión, de acuerdo con la Asociación de Vestimenta y Calzado de EE. UU. (American Apparel & Footwear Association).[15] También tiramos la ropa a una velocidad pasmosa. De acuerdo con el Consejo para el Reciclaje Textil (Council for Textile Recycling), cada año, cada hombre, mujer y niño en Estados Unidos tira unos treinta y dos kilos de ropa y otros textiles.[16]

15. Asociación de Ropa y Calzado de EE. UU. (American Apparel and Footwear Association), 2016.
16. Mesnik, 2017.

Muebles de alta calidad: Menos caros a largo plazo

Hay ciertos bienes de consumo de calidad que pueden usarse, dejarse en herencia, revender y volverse a usar durante muchos años. En muchos casos, suelen tener un precio más elevado, pero en definitiva sólo se compran una vez. Mi padre escribió este artículo en 2013, resaltando su afición de toda la vida por la carpintería y el concepto de la calidad en los bienes de consumo, una calidad que quizás no se preste a una compra compulsiva cada dos años para rediseñar una habitación:

En el currículum que muestro en Internet no aparece el apartado de mis aficiones: «ávido carpintero desde los doce años; construyo mesas rústicas, escritorios..., talló patos, muchos de ellos en cedro de la máxima calidad...». Como carpintero, suelo realizar valoraciones sobre la calidad de la madera y del trabajo de muebles nuevos y usados, e incluso de algunas antigüedades. Mi preferencia reconocida es por los muebles tradicionales de madera maciza. El mobiliario tradicional bien hecho es el favorito de muchos millonarios de la puerta de al lado que lo consideran una inversión para toda la vida.

Una de mis marcas favoritas de muebles es Henkel Harris. La calidad de su madera y su trabajo son máximas.

Me entristeció saber que, en 2013, Henkel Harris había cerrado sus puertas. Me dije a mí mismo: «No hay suficientes compradores de muebles de madera tradicionales en EE.UU. en la actualidad». Mediante campañas de *marketing* de miles de millones de dólares, los consumidores se han convertido en parte de la sociedad del usar y tirar. Algunas personas del sector del mobiliario forman, ciertamente, parte de esta cultura. Como consumidores, estamos siendo adoctrinados para comprar y reemplazar, comprar y reemplazar, una vez más, lo que se considera mobiliario «moderno» o «muebles que están de moda». Con demasiada frecuencia, este tipo de muebles se fabrican con tablero de aglomerado, y a veces incluso con serrín que se mantiene unido con cola. Y no te olvides de la marca Brand X, que está formada por chapados baratos con manchas pintadas unidas con clavos en lugar de con varilla de madera. ¿Durante cuánto tiempo estará de moda este mobiliario?

Como somos la mayor economía del mundo, no resultaría sorprendente para nadie que tengamos los mejores y más agresivos profesionales del *marketing* del mundo. Están convenciendo con éxito a cada vez más personas de que los muebles ya no son un bien duradero que pueda aguantar varias generaciones, sino un bien de consumo desechable, lo que nos lleva en la dirección de las maquinillas de afeitar de plástico de usar y tirar.

Ciertamente, los muebles de alta calidad son caros, pero debido a su calidad, los muebles Henkel Harris usados pueden, por ejemplo, convertirse en un gran activo para aquellos con un presupuesto limitado. ¡En mi última visita a la Feria de Antigüedades Scott, en Atlanta, vi un conjunto de muebles de comedor de Henkel Harris en caoba (mesa, ocho sillas, aparador y vitrina) por 899 dólares! En la actualidad, la propia madera sin tratar que sería necesaria para fabricar este conjunto costaría, como mínimo, esa cantidad. Incluso aunque estos muebles fueran restaurados profesionalmente, seguirías pagando menos de un 20 % de lo que te costaría un conjunto nuevo.

Y aquí tenemos algunas buenas noticias. Busqué, por azar, «Henkel Harris» en Google y encontré el siguiente mensaje: «En Henkel Harris nos encanta comunicarles que "Henkel Harris ha vuelto" [...] Después de tan sólo unos meses después de cerrar las puertas de Henkel Harris a principios de 2013...».

Entrevistada por primera vez para *The millonaire mind*,[17] la señora Point y su marido viven en una casa de cuatro habitaciones en uno de los barrios más agradables de Austin (Texas). «Creo vivir en la mejor zona de la ciudad..., ubicación, ubicación, ubicación... Me apañaré sin coches caros [y sin muchos otros lujos], pero insisto en tener la mejor casa posible», dice.

La señora Point comprende el valor de la ropa. Nunca quiere gastar mucho dinero en vestimenta (pierde valor demasiado rápidamente y deja un agujero en el patrimonio neto); pero siempre le gusta parecer bien vestida. Aquí tenemos su solución: «Oh, sí, llevo ropa de alta costura [de segunda mano] que compro en la tienda de la Junior League».[18] (Sí, incluso existe una jerarquía entre las tiendas de segunda mano). Muchas de las prendas que compra siguen llevando las etiquetas originales: en otras palabras, nunca se habían llevado puestas. Parece que los gastos en ropa de la señora Point están siendo subvencionados por algunos de los «ricos rutilantes» de Austin. Sin saberlo, estas «personas con aspiraciones» también están potenciando su capacidad de transformar sus ingresos en riqueza. Si algunas de las prendas no les van perfectamente bien, ella y el señor Point hacen lo que hacen cuatro de cada diez millonarios: ajustan su ropa en lugar de comprar prendas nuevas. La señora Point emplea el dinero ahorrado para adquirir acciones de calidad. «Soy consciente de que vivimos en una época de milagros médicos. [...] Yo [...] invierto en acciones relacionadas con la medicina. Disponemos de tierras... [y de] explotaciones mineras y de concesiones petroleras. No les hablamos a nuestros amigos sobre nuestros *holdings* porque muchas de las personas con las que nos relacionamos no tienen tanto como nosotros». ¿Podría estar hablando de los ricos en cuanto a su cuenta de resultados?

---

17. Stanley, 2000, pág. 289.

18. Las Junior League son organizaciones sin ánimo de lucro educativas y de beneficencia formadas por mujeres que están dirigidas a mejorar sus comunidades mediante el voluntariado y el incremento de las cualidades de liderazgo cívico de sus miembros mediante la formación. *(N. del T.)*

COCHES: ¿LA PRUEBA DEFINITIVA DE CONSUMO?

No es frecuente que *una* decisión como consumidor lleve al éxito o al fracaso la capacidad de alguien de acumular riqueza con el tiempo. Los patrones de conducta son un mejor indicador de la probabilidad de acumular y conservar la riqueza a largo plazo: pero comprarse un coche es una decisión económica importante que puede tener un impacto significativo a largo plazo sobre la riqueza.

En 2016, la cantidad mediana que nuestros millonarios pagaron por su última compra de un coche fue de 35 000 dólares. El precio mediano alto pagado por un coche fue de 40 000 dólares. La mayoría de los millonarios no conducen coches de lujo, sino más bien Toyotas, Hondas, y Fords de primera calidad. Estos tres fabricantes aparecieron en las contestaciones de casi una tercera parte de todos los millonarios de nuestra muestra. Nótese que algunos de los principales fabricantes en 1996 (Oldsmobile, Cadillac, Lincoln, Jeep) no aparecen representados entre las quince principales marcas de 2016.

Las marcas que no son de lujo han estado constantemente en las posiciones superiores de las listas de «los coches de los millonarios» a lo largo del tiempo. Las marcas más populares entre los millonarios son Toyota, Honda y Ford, seguidas por BMW. Por lo tanto, aquellos que deseen emular a los ricos o mostrar su estatus de millonario, deberían tener en cuenta las tres principales elecciones de los millonarios en la actualidad.

Entre aquellos que se centran en lo que hay en el interior de una persona y no en el coche que conduce, la ropa que viste o dónde vive abundan los niveles elevados de satisfacción con su vida. Incluso para aquellos a los que les encantan los coches, como le pasaba a mi padre, las personas exitosas económicamente hablando están más interesadas en lo que puede ayudarles a acumular riqueza con el tiempo.

Cuando le preguntamos a un millonario de la puerta de al lado que vivía en las afueras de Winston-Salem (Carolina del Norte) a qué había renunciado para conseguir un importante nivel de riqueza, contestó: «Un coche nuevo cada ciertos años. He conducido un coche bien mantenido durante veintiún años. Creo que esa decisión me ahorró unos

250 000 dólares en pagos por coches. El resultado es la independencia económica».

TABLA 4.10
PRINCIPALES MARCAS DE LOS VEHÍCULOS A MOTOR DE LOS MILLONARIOS (1996 Y 2016)

Marca	Ejemplos de modelos	1996 (%)	2016 (%) rango
Toyota	Camry, Corolla, Highlander, Prius	5,1	12,5 (1)
Honda	Accord, Civic, CRV, Odyssey, Pilot	1,6	11,4 (2)
Ford	Edge, Escape, Explorer, F-150, Focus	9,4	9,0 (3)
BMW	325, 535, 328, 428, X3	2,2	6,4 (4)
Chevrolet	Equinox, Silverado, Tahoe	5,6	5,9 (5)
Lexus	ES 350, RX 350	6,4	5,6 (6)
Nissan	Altima, Maxima, Rogue	2,9	4,8 (7)
Subaru	Forester, Outback	-	4,2 (8)
Dodge	Caravan, Grand Caravan, RAM	2,2	4,1 (9)
Mercedes	C300, E350, S550	6,4	3,9 (10)
Audi	A4, Q5, A6, A7	1,8	3,7 (11)
Volkswagen	Jetta, Passat	1,1	3,0 (12)
Hyundai	Elantra, Santa Fe	-	2,8 (13)
Acura	MDX, TSX, RDX	1,6	2,7 (15)
Kia	Sorento	-	2,0 (15)

La constancia de la calidad

Para que podamos conducir un coche durante veinte o más años, será necesario que sea de la máxima calidad. Ésta es la razón por la cual la gente económicamente exitosa suele comprar basándose en este factor. El coche de lujo sigue siendo la tarjeta de presentación de los ricos en cuanto a su cuenta de resultados; pero la tabla anterior muestra que Toyota y Honda ocuparon las primeras posiciones en la lista de coches conducidos por los millonarios. Aquí tenemos un interesante artículo que mi padre escribió hace algunos años sobre Honda, que es la marca número dos en la lista de los coches elegidos por los millonarios:

Un anuncio de 2011 del Honda Accord lo describe diciendo que tiene el mejor valor de reventa entre los coches de su categoría. No me sorprende. Lo bien que conserve un coche su valor depende de varios factores. Por supuesto, la fiabilidad es importante, pero hay algo más. Tiene que ver con las ventas al detalle frente a las ventas de flotas de automóviles. ¿Qué sucede si el coche que estás pensando en comprarte se vende por cientos de miles bajo el encabezado de Ventas de Flotas? La mayoría de estas compras de flotas las hacen compañías de alquiler de coches que piden grandes descuentos a los fabricantes. Más adelante, estos coches de uno, dos o tres años se ponen a la venta en el mercado de coches usados.

Supe de esto de primera mano cuando Leigh, una amiga de la familia, me pidió que la ayudara a vender el coche de su abuelo, un sedán de tres años que se compró por 25 400 dólares. El coche se vendió por 7 000 dólares (tuvo suerte) pese a que su cuentakilómetros sólo marcaba 22 500 kilómetros y su estado de conservación era excelente. ¿Por qué se vendió por tan poco?: Porque era de la primera marca y modelo de coche adquirida por las empresas de alquiler de vehículos durante el año en el que se compró nuevo.

El abuelo de Leigh pensó, en su día, que estaba consiguiendo un buen trato, un gran descuento con su compra. Y hasta ahí el «coste de adquisición» al comprar un coche. Lo pagó caro en términos del coste del ciclo vital del coche, perdiendo más del 70 % de su precio de compra. ¡Quizás debiera haberse comprado un Honda! Si lo hubiera hecho, hubiera conseguido por lo menos 5 000 dólares más.

De acuerdo con un artículo publicado en 2011 en la revista *Automotive News,* Honda America representó sólo el 1,6 % (o 33 000 unidades) de todas las ventas de coches de flotas (2,1 millones de vehículos) en 2010.[19] En cambio, Honda vendió 1 197 500 de sus vehículos a clientes que los compraban al por menor. A modo de fuerte contraste en términos de ventas de coches de flotas, General Motors representó el 29,2 % (o 609 000 vehículos a motor), y Ford representó el 29 % (o 604 900 automóviles).

Irónicamente, hace poco me tropecé con el propietario de un gran concesionario de Honda. No le había visto desde que íbamos juntos al colegio. Elogié su reputación como distribuidor de coches de calidad. Me respondió: «Son grandes coches, y los de Honda son gente fantástica con la que trabajar; pero una vez que vendes un Honda a un cliente, se aferran a él o por lo menos lo conservan en su familia. Nunca dispongo de suficientes Hondas para hacer cambios por otras marcas como para mantener el solar del concesionario lleno».

19. Snyder, 2011.

TABLA 4.11
ANTIGÜEDAD DE LOS COCHES (EN PORCENTAJE) DE LOS MILLONARIOS (1996 Y 2016)

	Porcentaje de millonarios	
Antigüedad del último coche	**1996**	**2016**
Año actual	23,5	15,5
Un año	22,8	17,8
Dos años	16,1	15,1
Tres años	12,4	10,2
Cuatro años	6,3	7,6
Cinco años	6,6	6,2
Seis o más años	12,3	27,7

En 1996, aquellos que compraron coches representaron en 81 % de esta muestra de millonarios, y aquellos que los arrendaron *(leasing)* representaron un 19 %. En 2016, el 86 % de los millonarios compraron sus vehículos a motor, mientras que el 14 % alquilaron su último coche.

LEASING, LUJO Y GENTE CON ASPIRACIONES

Es muy fácil juzgar a los demás por el coche que conducen. Los especialistas en *marketing* cuentan con ello y gastan miles de millones de dólares de modo que tengas una cierta imagen (un tanto imprecisa) de los propietarios y conductores de coches de lujo; pero no puedes juzgar la riqueza de tus vecinos, amigos o familiares por el coche que conducen; y frecuentemente, los coches de lujo se arriendan. Los consumidores ricos en cuanto a su cuenta de resultados muestran una especial tendencia a arrendar durante los períodos de prosperidad económica.

En 2010, la revista *Automotive News* informó de que el vicepresidente de los servicios financieros de Mercedes-Benz indicó que el *leasing* representaba la mitad de todas las ventas de vehículos Mercedes-Benz nuevos.[20]

20. Sawyers, 2013.

Además, esta cifra del 50 % es bastante constante en las buenas y las malas épocas. ¿Cómo se compara esta cifra del 50 % en la relación entre arrendamiento y compra de todos los coches adquiridos en EE. UU.? A lo largo de la última década, el *leasing* ha representado aproximadamente el 20 % de las adquisiciones de todos los vehículos de pasajeros. La gente con aspiraciones (la gente que aspira a ser rica y representa su papel consumiendo como si ya fuera rica) son mucho mejores gastando ingresos para parecer acaudalados en lugar de acumular riqueza. Si este grupo de personas estuviera realmente interesado en emular a los que son verdaderamente ricos, quizás desearían comprar en lugar de arrendar sus vehículos a motor. En nuestra última encuesta, sólo el 14 % de los millonarios arrendaron sus coches, y el valor mediano de esos vehículos fue de 46 000 dólares, mientras que los millonarios que compraron sus coches nuevos lo hicieron por un precio mediano de 35 000 dólares. Entre aquellos que arrendaron, el 25 % de los coches arrendados por los millonarios en nuestro último estudio eran vehículos de lujo, mientras que el 75 % de los automóviles arrendados eran coches que no eran de lujo (por ejemplo, Honda, Toyota).

¿Quién se compra un Toyota de trece años?

Casi un 28 % de los millonarios de nuestro último estudio conduce un coche de por lo menos seis años de antigüedad y, por supuesto, sabemos, casualmente, que muchos millonarios llevan coches de más de diez años. En lo que podríamos llamar un estudio de campo, mi padre retrató a los potenciales compradores de su Toyota de trece años para examinar pruebas anecdóticas sobre los hábitos de compras. Escribió este artículo en 2010:

Cuando vendí el principal coche de nuestra familia, un Toyota 4 Runner 4 X 4 de 1997, el coche era como un buen amigo: nunca nos dejó tirados. Incluso aunque tenía 290 000 kilómetros, funcionaba a la perfección. La pintura estaba prácticamente perfecta.

Nos sorprendió el enorme número de posibles compradores que se puso en contacto con nosotros poco después de anunciarlo en Internet. Vale la pena hablar de dos de los compradores potenciales. El posible comprador número 1 era un hombre casado de treinta y seis años que tenía tres hijos. Él y su mujer trabajaban a jornada completa. La pareja estaba en proceso de deshacerse de los dos modelos nuevos de vehículos que tenían entonces. ¿Por qué estarían interesadas estas personas en comprar un Toyota usado de trece años por 5 000 dólares? No se debía a que estuvieran pasando estrecheces ni deprimidos por las perspectivas de tener que hacer recortes. Tal como explicó este joven hombre, él y su mujer tenían trabajos con un buen salario, pero se encontraban inmersos en la rutina de pagar las cuotas de los préstamos, entre los que se incluían los de sus dos coches. Al final de cada mes, después de pagar todas sus facturas, les quedaba poco o nada para invertir.

La pareja estaba decidida a conseguir su independencia económica. Vender sus dos caros coches e invertir los más de 30 000 dólares que obtendrían en acciones supondría un inicio. Según la pareja, los ánimos y el método para hacer esto procedieron del programa de la Financial Peace University al que asistían en su iglesia.

El posible comprador número 2 era un hombre de veintiséis años, prometido, que acababa de vender su camioneta último modelo totalmente equipada. Consiguió 20 000 dólares por la venta de la camioneta que invertir en acciones para mejorar su colchón de ahorros para su inminente boda. Era funcionario del Gobierno federal y pluriempleado. Pensaba que en la pequeña ciudad universitaria en la que vivía podría recuperar todo o gran parte del dinero pagado por el Toyota 4 Runner de 1997 incluso aunque lo vendiera al cabo de dos años.

El posible comprador número 2 adquirió el coche a los cinco minutos de verlo. El primer aspirante a comprador no lo adquirió porque quería un utilitario todoterreno (SUV) de siete plazas para compartirlo y se compró uno.

No toda la gente que cambia un bien por otro de menor valor como estos dos compradores sienten un deshinchamiento de su ego ni se encuentran con una falta de autoestima. Aquellos que planean acumular riqueza haciendo recortes e invirtiendo se encuentran con un orgullo potenciado y una nueva confianza en sí mismos. Todo forma parte del hecho de asumir el control de nuestra vida y no vernos controlados por el consumo y el uso excesivo del crédito. Llevó miles de millones de dólares en *marketing* convencernos de que la felicidad y la autoestima pueden comprarse en tiendas con préstamos y tarjetas de crédito, y esas convicciones no pueden cambiarse de la noche al día. Es importante disponer de un mentor que pueda ayudarte a cambiar y que luego te oriente hacia la libertad económica.

Mi padre retrató a la gente con aspiraciones en *Stop Acting Rich*. Puede que Shakespeare se estuviera refiriendo a estas personas cuando escribió: «No es oro todo lo que reluce». Pese a ello, muchos estadounidenses son culpables de juzgar la riqueza de los demás basándose en si tienen coches de marcas prestigiosas. Los juicios de este tipo suelen ser imprecisos y pueden tener un efecto de disminución sobre las conductas de consumo prudente. Mi padre recibió un *e-mail* de un hombre que expresaba cinismo sobre el asunto de las compras de los consumidores y la riqueza:

[…] Me está costando no ser cínico con la gente basándome en dónde vive o el tipo de coche que conduce […] Vamos a una iglesia que se considera «rica» […], mucha gente conduce vehículos bonitos: Escalades, BMW, etc […], sacamos las conclusiones de que son gastadores excesivos, y no acumuladores de riqueza. [Nuestros hijos] van a la escuela de la iglesia […], es difícil explicarles que no necesitan esos artículos de lujo (North Face, Abercrombie, zapatos caros, etc.) que tienen los otros niños […]. Mi esposa mira a esta

gente y se pregunta de dónde sacan todo el dinero para comprar artículos caros. ¿Cómo es posible que no te conviertas en un cínico?

¿Mi consejo de padre para él?: en primer lugar, nunca juzgues la verdadera calidad de una persona por lo que pueda comprarse. En segundo lugar, tal y como sospecha el lector, frecuentemente la gente que viste como un rico y tiene coches de rico no lo es.

En nuestro último estudio, entre todos los encuestados de nuestra muestra de gente acaudalada, no es sorprendente que encontráramos una correlación entre el precio de compra del último coche y su patrimonio neto; y la combinación entre la edad, los ingresos y el patrimonio neto representó casi el 25 % de la varianza del precio de compra. Desde una perspectiva práctica, el precio de nuestros coches tiene más que ver con factores que van más allá de cuánto ganamos, nuestra edad y nuestra riqueza, incluyendo las actitudes, las influencias relativas al lujo y el coche que conducen nuestros vecinos. Puede que estos factores sociométricos y psicológicos entren en juego. Y vimos que los *ingresos* eran mejores que tu *patrimonio neto* a la hora de predecir cuánto pagarías por tu próximo coche. Esto es especialmente cierto para el *leasing:* vimos que el *patrimonio neto* aportaba muy poco al intentar predecir el precio de un vehículo arrendado por encima de los ingresos.

Para nuestro lector cínico, la respuesta está clara: el precio de compra de los coches (y por lo tanto las marcas y los modelos que ve en su comunidad) tiene más que ver con factores distintos a la riqueza o a los ingresos de lo que la mayoría creemos; y si estamos teniendo en cuenta el lado económico de por qué conducimos lo que conducimos, el nivel de ingresos, y no la riqueza, es más importante.

Puede que esto se exprese mejor en el Antiguo Testamento: «La gente se fija en las apariencias, pero el Señor se fija en el corazón», 1 Samuel 16, 7.

Cómo comprar lujo de segunda mano

¿Qué pasa si quieres conducir un coche de lujo? La categoría de «comprador tendente a adquirir un coche usado» dentro de la población de millonarios de la puerta de al lado proporciona una guía para aquellos que deciden disponer de lujo en un estado usado. Un profesor universitario de ingeniería le explicó a mi padre su última experiencia en la compra de un coche:

> *La visión del dinero tiene un poderoso efecto sobre algunas personas. De acuerdo con ello, cogí 2 000 dólares en billetes de veinte dólares de mi reserva de metálico para emergencias. Metí 500 dólares en el bolsillo derecho de mi pantalón y los 1 500 dólares restantes en el bolsillo izquierdo de mi camisa. Después de quedar para ver el coche, hice que un viejo compañero de tripulación de la Marina me llevara en coche hasta el lugar de la reunión. El vendedor vivía en un barrio caro con senderos ecuestres. Tenía un nuevo sedán Jaguar, un sedán Toyota y un SUV Cadillac Escalade en su garaje para tres coches. Su hija mayor había estado usando el Mercedes para ir a sus clases en la universidad [...]. Iba a mudarse [a otro estado] [...] y acababa de comprarle un Toyota nuevo. También dijo: «No necesito cuatro coches para tan sólo mi mujer y yo». Esto hizo que superara la prueba de fuego, e indicaba que probablemente el coche no era una porquería que intentase endosarle a alguien. Después de la prueba de conducción, saqué el fajo de billetes de 20 dólares del bolsillo de mi camisa, los puse sobre el capó del Mercedes y le pregunté: «¿Estaría dispuesto a considerar una oferta de 1 500 dólares en metálico?». Lo estaba. Así, lo que sucedió es que conduzco [cada día] un Mercedes Benz antiguo de 1980 de lujo para ir y volver del trabajo. Funciona bastante bien, gasta unos nueve litros de combustible cada cien kilómetros y disfruto conduciéndolo. Este coche volvió a fabricarse cuando Mercedes Benz obtuvo una bien ganada reputación por unos estándares de fabricación de excelente calidad y por diseñar sus coches para que durasen. Además, mi niño interior de veinte años está encantado por haber conseguido su deseo, incluso aunque hacerlo realidad llevase treinta y ocho años.*

Demasiados estadounidenses puede que crean que conduciendo un coche nuevo están emulando a la gente económicamente exitosa, pero sólo el 16 % de los millonarios tienen un modelo de coche de este año. No te sientas rebajado si tienes un coche de segunda mano.

La compra de un coche para los asesores profesionales

John, un asesor financiero, se estaba mudando a un enclave próspero del sur de Florida. Pidió consejo a mi padre con respecto al coche «ideal». John, que valoraba el concepto del millonario de la puerta de al lado, estaba buscando una «dispensa especial». Temía alejar a sus clientes potenciales si conducía un coche de una marca «normal» (es decir, no de lujo).

En incontables ocasiones, la gente que ostenta el cargo de John ha intentado convencer a mi padre de que tener un coche caro forma parte del uniforme necesario para aquellos que proporcionan servicios profesionales a los ricos, pero nunca le convencieron. En lugar de ello, él insistía en que la clave del éxito consiste en proporcionar un elevado nivel de servicio básico que vaya mucho más allá de las expectativas. En otras palabras, era más importante que John gestionara con éxito el dinero de estos «ricos rutilantes» que no que se preocupara de la marca de coche que conducía.

Aquí tenemos lo que mi padre escribió sobre los ricos rutilantes en *Stop Acting Rich:* «Estas personas son gastadoras prodigiosas en todo tipo de productos y servicios de prestigio. Pese a ello, viven por debajo de sus posibilidades, porque para cumplir los requisitos deben poseer un patrimonio neto mínimo de 20 millones de dólares. Los ricos rutilantes [...] poseen [...] un BMW, Mercedes, Lexus [...] de alta gama. [...] La mayoría tiene por lo menos un SUV. Pese a ello, muchos de estos SUV no pertenecen a la categoría de lujo. Los SUV grandes [...] son extremadamente populares entre los ricos rutilantes».[21]

Mi padre disponía de una solución intermedia para John. Como los SUV grandes parecían extremadamente populares entre los ricos rutilantes, ¿por qué no comprar uno de segunda mano? Le recomendó algún modelo de la marca GM porque eran grandes, cómodos, seguros y muchos consideraban que ostentaban la primera posición en cuanto a su calidad entre todos los SUV grandes; además, a John no le costaría encontrar uno. Mi padre encontró noventa y tres páginas de SUV grandes usados de la marca GM en venta en la zona en la que John trabajaba.

21. Stanley, 2009, pág. 14.

GASTOS COSTOSOS

Aparte de adquirir bienes de consumo, coches y casas, ¿cómo distribuyen los ricos sus ingresos? Tal y como veremos en el capítulo 7, la mayoría de los millonarios a los que encuestamos gastan un 1 % de los ingresos anuales de su hogar en asesoría financiera, pero una tercera parte de ellos no paga nada. Uno de cada tres millonarios no dedica nada de los ingresos de su hogar a las «ayudas económicas externas» (es decir, a regalos económicos elevados a sus familiares), mientras que aproximadamente una tercera parte dedica aproximadamente un 1 % de sus ingresos a esta causa. El 36 % de los millonarios da el 5 % de sus ingresos a organizaciones de beneficencia, y aproximadamente una cuarta parte de los millonarios dona un 10 % o más de los ingresos anuales de su hogar a causas nobles.

¿QUÉ REGALOS HACEMOS?

Se ha documentado que el hombre de negocios milmillonario y antiguo alcalde de la ciudad de Nueva York Michael Bloomberg sólo poseía dos pares de zapatos para ir al trabajo, y también se ha revelado que hacía que, de forma rutinaria, les pusieran suelas nuevas para poder usarlos durante mucho más tiempo. Nuestros datos indican que del 1 % superior de estadounidenses ricos, el 70 % hace que les pongan suelas nuevas o reparen sus zapatos.

Esto respalda nuestra tesis general de que la gente que tiene propensión a acumular riqueza tiende a ser bastante frugal a la hora de gastar su dinero en bienes de consumo. Bloomberg es, muy obviamente, un acumulador prodigioso de riqueza: una persona próspera en cuanto al estado de su situación patrimonial, y pese a ello, Bloomberg (de forma coherente con la muestra más amplia de acumuladores prodigiosos de riqueza) suele ser bastante generoso donando su riqueza a causas nobles. Por el contrario, los datos indican que la gente con unos ingresos elevados y unos niveles inferiores de riqueza acumulada con respecto a su edad o grupo de nivel de ingresos suele gastar mucho en sí misma, pero dona relativamente poco a causas nobles.

TABLA 4.12

PORCENTAJE DE LOS INGRESOS GASTADOS POR LOS MILLONARIOS EN DISTINTAS CATEGORÍAS

Categoría de gastos	Porcentaje de los ingresos gastado según la categoría							
	0 %	**1 %**	**5 %**	**10 %**	**20 %**	**30 %**	**50 %**	**75 % o más**
	Porcentaje de millonarios							
Impuestos sobre la renta	0,8	0,6	1,8	5,8	21,8	50,1	18,0	0,3
Intereses de las tarjetas de crédito/préstamos a plazos	71,7	16,4	8,4	3,1	0,2	0,3	0,0	0,0
Contribuciones a beneficencia en metálico o equivalentes	3,1	37,0	36,1	19,8	2,6	1,4	0,0	0,0
Honorarios por asesoría financiera/gestión/transacciones	32,7	56,3	8,3	2,5	0,2	0,2	0,0	0,0
Educación/enseñanza	47,6	12,2	16,2	14,8	5,7	2,6	0,6	0,2
Regalos en forma de dinero, valores, propiedades, vehículos, etc. a familiares	33,6	33,9	23,2	7,3	1,4	0,3	0,2	0,0
Contribuciones a la pensión/rentas vitalicias	35,1	7,2	19,8	24,3	12,0	0,9	0,5	0,2
Inversiones (distintas a las contribuciones a la pensión/rentas vitalicias)	20,3	10,8	27,4	19,2	13,8	5,2	2,2	1,1
Pagos de la hipoteca	32,6	6,6	14,6	21,8	15,1	8,3	0,9	0,2
Cuotas/tasas/gastos de clubes	68,1	19,5	9,8	2,1	0,5	0,0	0,0	0,0
Adquisición de un vehículo a motor y/o pagos de *leasing*/servicios/combustible/seguro	14,8	34,3	37,2	11,3	1,7	0,5	0,3	0,0
Ropa	1,8	59,7	32,3	5,5	0,5	0,0	0,2	0,0
Pagos de préstamos comerciales	83,8	5,2	5,5	4,0	0,8	0,6	0,2	0,0
Resto de categorías (no listadas anteriormente)	14,2	8,5	19,5	15,9	17,6	12,9	9,2	2,2

En nuestra encuesta de 2016, nuestra muestra indicó que el 52 % de los malos acumuladores de riqueza donaban un 5 % o más de los ingresos anuales de su hogar a causas caritativas, mientras que casi el 72 % de los acumuladores prodigiosos de riqueza donaban un 5 % o más de los ingresos anuales de su hogar. A primera vista, estos datos pueden parecer contrarios a la lógica (¿no deberían estar donando los acumuladores prodigiosos de riqueza *menos* a los demás?), pero tras reflexionar, tiene sentido. La gente rica en cuanto a su cuenta de resultados no dona tanto porque necesita una mayor cantidad para financiar su estilo de vida con un consumo elevado. El grupo de los acumuladores prodigiosos de riqueza dispone de más para compartir porque los gastos fijos propios de su estilo de vida son menores.

Los datos de la Agencia Tributaria de EE. UU. sobre los impuestos sobre el patrimonio también muestran que, a medida que el patrimonio aumenta, las donaciones a organizaciones caritativas se incrementan enormemente.

TABLA 4.13
DEDUCCIONES POR DONACIONES A ORGANIZACIONES BENÉFICAS COMO PORCENTAJES DEL TAMAÑO DE SUS BIENES INMUEBLES[22]

Datos de la Agencia Tributaria de EE. UU. sobre los impuestos sobre el patrimonio (presentaciones de declaraciones de la renta de 2016)	
Tamaño del patrimonio	**Deducción en donaciones a organizaciones de beneficencia (en %)**
< 5 millones de dólares	2,71
5-10 millones de dólares	3,91
10-20 millones de dólares	5,84
20-50 millones de dólares	9,75
> 50 millones de dólares	15,80

En 2013, Bloomberg donó 350 millones de dólares a la Universidad Johns Hopkins, su alma máter, superando así los 1 000 millones en

22. Agencia Tributaria de EE. UU., 2017.

donaciones a esta universidad a lo largo de toda su vida. Transformemos esa cantidad en cuanto a sus bienes de consumo: eso equivaldría a 500 millones de dólares donados por cada par de zapatos para el trabajo que posee.

Nuestra investigación indica que el reconocimiento no es un factor importante que motive a las personas acaudaladas a respaldar causas nobles. Tiene más que ver con la satisfacción que obtienen al ayudar a los demás, especialmente en términos de potenciar el crecimiento y el desarrollo de las generaciones futuras.

ÉSA ES LA RAZÓN POR LA CUAL SON RICOS

Si has decidido que ser frugal no está hecho para ti y quieres consumir con desenfreno, ¿podrías, pese a eso, acumular riqueza? Ésa es la pregunta definitiva de la gente rica en cuanto a su cuenta de resultados. El problema es que la mayoría de los estadounidenses con unos ingresos entre medios y altos cargan a su hogar y a sus hijos (y lo más importante, a sus hijos adultos) con expectativas de un estilo de vida que requiere, constantemente, de unos ingresos elevados, grandes cantidades de ayudas económicas externas o de deuda.

Como ya hemos mencionado anteriormente, el título original de *MPA* era *Ésa es la razón por la cual son ricos,* hasta que Suzanne DeGalan (la editora) sugirió el nuevo título. Una de las principales razones de que «ellos» sean ricos es porque viven por debajo sus posibilidades y compran productos con una buena relación calidad-precio. Aquellos que son acumuladores exitosos de riqueza enfocan los gastos y el consumo con una disciplina constante, y formándose para el Día de la Independencia Económica transacción tras transacción. Esto les permite acumular riqueza en las épocas económicamente buenas y malas. Estudian, valoran y escudriñan sus compras a lo largo de toda su vida.

Tal y como escribió mi padre en *MPA,* «¿Cómo respondió la esposa de un millonario cuando su marido le dio 8 millones de dólares en acciones de una empresa que había salido a bolsa hacía poco?... Dijo: "Te lo agradezco, de verdad que sí". Luego sonrió, sin variar su postura frente a la mesa de la cocina, donde siguió recortando cupones de descuento de productos alimenticios de veinticinco y cincuenta centavos de dólar de los periódicos de la semana».[23]

Ignorar las tendencias, mostrarse indiferente ante los puntos de vista y la influencia del rebaño, y vivir por debajo de sus posibilidades son las marcas distintivas de aquellos que son buenos transformando los ingresos en riqueza. Como resultado de este estilo de vida, disponen de una mayor libertad y seguridad para cambiar de empleo, fundar su propio negocio y asumir riesgos. En esencia, un patrón constante y disciplinado de conductas de consumo es el marcador de aquellos que pueden ser ricos por su cuenta y de aquellos que son ricos en la actualidad.

23. Stanley y Danko, 1996, pág. 37.

Capítulo 5

FORTALEZAS PARA ACUMULAR RIQUEZA

«Toda esta información sobre las claves para conseguir el éxito económico es muy confusa. ¿Cómo se hicieron ricos los millonarios en EE. UU.? La mejor forma de contestar a esta cuestión es preguntárselo».

de *The Millionaire Mind*

Sin unos ingresos superiores a la media, la mayoría de las personas que trabajan para otros no pueden amasar riqueza fácilmente; y los pequeños negocios no siempre tienen éxito (de hecho, la tasa de fracaso de los pequeños negocios en EE. UU. en 2016 al cabo de cinco años era del 50 %).[1] Encontrar una gran satisfacción en el trabajo, pese a ser importante para la generación de ingresos a largo plazo, no garantiza la riqueza. Básicamente, la capacidad de transformar cualquier cantidad dada de ingresos en riqueza sigue basándose en la disciplina y el trabajo duro relacionados con ahorrar y gestionar las propias finanzas de forma eficaz. Esto incluye lo mundano (por ejemplo, la creación de presupuestos, pagar las facturas) y las cosas más complejas (por ejemplo, rellenar la declaración de la renta, los análisis de inversiones).

Para alcanzar la independencia económica, alguien (o más de una persona, que es lo que suele suceder en la actualidad) deberá asumir el papel y la responsabilidad de ser el «director financiero» del hogar para la creación de presupuestos, la planificación y el liderazgo general relacionado con todos los temas financieros. Al igual que los millonarios que son diestros en seleccionar oportunidades de mercado, la mayoría de los ho-

1. Oficina de Estadísticas Laborales de EE. UU., 2016c.

gares económicamente exitosos disponen de un líder o un equipo que es capaz de invertir en sus fortalezas para acumular riqueza. Dirigen su hogar como si fuera un negocio, asignando tareas clave al miembro del equipo que puede llevar a cabo esta tarea de forma eficaz.

Por lo tanto, la pregunta se convierte en: ¿qué competencias o características permiten una *mejor gestión económica* que otras? Estudiar los hábitos y las características de la gente acaudalada fue el principal objetivo del trabajo de mi padre durante toda su vida. Cuando empecé a unirme a sus esfuerzos de investigación, tuve que aplicar el tipo de ciencia que me habían enseñado a usar para que me ayudara a comprender si las características de los ricos estaban, de hecho, relacionadas con el patrimonio neto. ¿Era realmente la frugalidad la que siempre llevaba a la gente a ser más exitosa económicamente que sus iguales, o se trataba de la suerte en el juego? ¿Era realmente posible que la confianza y la disciplina pudieran tener un impacto sobre la capacidad de alguien de transformar los ingresos en riqueza, o habían sido los millonarios retratados en 1996 económicamente exitosos debido a la época y a algunas buenas decisiones a lo largo del camino?

Buena parte de nuestro trabajo examinando a la gente acaudalada se había centrado en los datos demográficos y los relacionados con los consumidores: lo que compraban, dónde vivían, qué coche conducían y a qué dedicaban su tiempo. Parte de esa investigación incluía examinar experiencias y características vitales, especialmente en *The Millionaire Mind*.

Comenzando en 2010, empezamos a ampliar el objetivo de nuestra investigación, identificando conductas comunes de personas en diversos momentos del espectro de acumulación de riqueza: aquellos que se encontraban por encima de la media en la tarea de convertir los *ingresos* en *riqueza* (los APR) y aquellos que se encontraban por debajo de la media en esta misma tarea (los MAR). A partir de estos datos podemos sacar ciertas conclusiones con respecto a los denominadores comunes comportamentales en el nivel superior de los acumuladores de riqueza exitosos.

Para estudiar esta *tarea* crucial, que es una tarea que en cierto grado tenemos todos, iniciamos una serie de estudios allá en 2012. Varios de ellos incluían muestras de, principalmente, estadounidenses muy prósperos elegidos en una página de Internet de colaboraciones masivas.[2] Se trataba de estadounidenses que, en esencia, eran trabajadores autónomos o pluriempleados, y lo hacían para generar ingresos adicionales para sí mismos o sus familias. Este esfuerzo suponía, en algunos aspectos, un enfoque inverso con respecto a nuestros otros empeños de investigación históricos. En el pasado, examinamos características y hábitos de las poblaciones de millonarios y en ocasiones dividíamos las muestras en acumuladores prodigiosos de riqueza y malos acumuladores de riqueza basándonos en la edad, el nivel de ingresos y el patrimonio neto, y luego identificábamos conductas significativas en cada grupo. Nuestro objetivo principal en los últimos años consistió en averiguar qué otros denominadores comunes conductuales en el panorama general hacen que los acumuladores prodigiosos de riqueza sean mejores que sus homólogos en cuanto a convertir sus ingresos en riqueza duradera. Estas otras características comportamentales que se encontraban integradas en la investigación de nuestra encuesta en relación con las decisiones de compra y las sendas relativas a la carrera profesional no resultaron tan obvias.

EL ANÁLISIS DEL TRABAJO DEL DIRECTOR FINANCIERO DEL HOGAR

Si nos olvidamos, por un momento, del dinero caído del cielo y de las herencias, podemos tener en cuenta las características más propicias para acumular riqueza con el tiempo. ¿Qué características *predicen* o están relacionadas con el patrimonio neto, independientemente de tu edad o del dinero que ganes? Para hacer esto, pensamos, en primer lugar, en la gestión financiera personal como en un trabajo: un trabajo que tiene una serie característica de responsabilidades y actividades que lo acompañan. Para ilustrar cómo funciona esto, imagina que tuvieras que contratar los servicios de un profesional para que gestionara *cada* transacción o tarea económica que tuvieras en tu vida, y no sólo la «planificación financiera» o las inversiones. Todo, desde pagar las facturas hasta interaccionar con

2. Fallaw, 2016; Fallaw, 2017; Fallaw, Kruger y Grable, 2018; Grable, Kruger y Fallaw, 2017; Kruger, Grable y Fallaw, 2017.

tu cónyuge o pareja en temas relacionados con el dinero tendría que hacéroslo esta persona contratada. Una combinación de ciencia y sentido común te ayudará a orientar tu proceso de toma de decisiones para encontrar al mejor candidato para el trabajo. ¿Qué aspecto tendría esta oferta de empleo?

SE BUSCA: Director financiero del hogar

Descripción: El papel del director financiero del hogar es el de asegurarse de que su hogar acumule riqueza para, en último término, alcanzar la independencia económica.

El director financiero del hogar supervisará los presupuestos y la planificación económica del hogar. Deberá crear, gestionar, explicar, defender y negociar los presupuestos del hogar anualmente, y monitorizará los gastos y los ahorros con relación al mencionado presupuesto. Se le requerirá que planifique la seguridad económica y la longevidad de la familia, centrándose especialmente en la planificación de la jubilación, los planes de ahorro para los estudios universitarios y otros gastos importantes en el futuro próximo. El director financiero del hogar estará obligado a hacer el balance de los talonarios de cheques, rellenar las declaraciones de la renta, pagar las facturas a tiempo, crear planes financieros, crear planes para el patrimonio, estudiar inversiones, monitorizar las inversiones y, en general, gestionar todos los asuntos económicos del hogar. El director financiero del hogar trabajará como controlador de los gastos del hogar y, por lo tanto, trabajará estrechamente con las siguientes personas: el jefe de compras del hogar y los miembros de su equipo (léase: cónyuge/uno mismo y/o hijos). El director financiero del hogar puede decidir delegar cualquiera de sus responsabilidades a sus asesores de confianza y, por lo tanto, parte del trabajo del director financiero del hogar podría incluir la capacidad de estudiar y contratar los servicios de profesionales de calidad que actúen con los mejores intereses del director financiero del hogar en mente.

Después de una búsqueda exhaustiva y de no encontrar a ningún candidato adecuado, decides que tú o tu pareja asumiréis el papel, independientemente de las cualificaciones del nominado.

Lo que aparece en el párrafo anterior es la realidad. Este papel crucial *siempre* es asumido por alguien que forma parte del hogar, aunque sea parcialmente (por ejemplo, algunas de las tareas son delegadas a profesionales), e incluso aunque sea de forma ineficaz o sin prestar una gran atención. Independientemente de si hay interés, capacidad o se está personalmente dotado para ello, *alguien* asume el papel, incluso aunque, de hecho, no esté *llevando a cabo* el trabajo. La diferencia entre los estadounidenses económicamente exitosos y los que no lo son suele consistir en:

- Conocer la enorme cantidad de tareas que son necesarias para desempeñar el trabajo.

- Comprender lo que pueden hacer bien, lo que necesitan para mejorar y qué debe delegarse.

- Evidenciar o trabajar para mejorar en áreas que son clave para acumular y conservar la riqueza.

Tal y como hemos comentado en el capítulo 3, una combinación de la herencia y la crianza nos proporciona fortalezas que pueden permitirnos acumular riqueza o entrar en la senda para volverse económicamente exitoso. Cada persona accede al trabajo de director financiero del hogar con un conjunto singular de experiencias y competencias, conductas y actitudes. A pesar de estas diferencias, a no ser que nuestras vidas financieras sean gestionadas por completo por otra persona, deberemos desempeñar el papel de la gestión de nuestro dinero.

Parte de nuestras investigaciones en los últimos años se han centrado en el análisis de las tareas necesarias para la gestión financiera personal. Estas investigaciones se llevaron a cabo de la misma forma en la que los psicólogos laborales estudian las ocupaciones. ¿Cuáles son los requisitos que debe cumplir alguien que tenga el papel de director financiero del hogar? ¿Qué hace esta persona para gestionar sus finanzas? Una vez que sepamos los requisitos del trabajo, podemos examinar qué es lo que hace falta para llevarlo a cabo con éxito. Cuando una persona asume el cargo de director financiero del hogar, sus principales tareas incluyen aquéllas relacionadas con los gastos, el hacer presupuestos y realizar tareas administrativas, además de tomar decisiones relacionadas con las inversiones y, por último, trabajar con otros (especialmente en el caso de parejas u hogares con niños).

Presumiblemente, si algún miembro del hogar está completando las tareas más cruciales para su hogar, entonces ese hogar será económicamente exitoso, asumiendo que nadie en el «equipo» (cónyuge, hijos) trabaje de forma activa contra la consecución de los objetivos. Estas tareas requieren de distintos conjuntos de habilidades, en cierto grado, pero afortunadamente, existe un cierto nivel de superposición entre ellas. La lista puede servir a modo de lista de comprobación sobre *lo que necesitas saber*, especialmente en el caso de aquellos que no han tenido que gestionar sus propios asuntos financieros en el pasado o que ahora son capaces de hacerlo sin un equipo.

TAREAS CRUCIALES PARA LA GESTIÓN ECONÓMICA DEL HOGAR[3]

Generales

- Pensar en los resultados de las acciones potenciales antes de decidirse por una forma de proceder.
- Tomar decisiones económicas basadas en el presupuesto, los planes y los objetivos a largo plazo del hogar.
- Concentrar los esfuerzos de la gestión económica en quedar libre de deudas.

Gastos

- Vivir (gastar) por debajo de tus posibilidades (ingresos/patrimonio neto).
- Invertir menos en gastos que los ingresos totales de un hogar en un período de tiempo dado.

3. Fallaw, Kruger y Grable, 2018.

Hacer presupuestos

- Crear un fondo de emergencias.

- Presupuestar suficiente dinero para las necesidades básicas (p. ej., comida) antes de presupuestar las compras opcionales (p. ej., ocio).

- Tener en cuenta las necesidades importantes del hogar (p. ej., comida, ropa, alojamiento) al preparar el presupuesto.

- Analizar el presupuesto y las metas económicas al pensar en un cambio importante en la vida (p. ej., cambios de trabajo, más hijos, mudanzas) que puedan tener un impacto sobre los objetivos.

Tareas administrativas

- Pagar las facturas a tiempo para asegurar que no paguemos recargos o intereses por demora.

- Completar y archivar las declaraciones de la renta a tiempo (ya sea en tu hogar o con ayuda).

- Pagar las facturas de las tarjetas de crédito a tiempo para asegurarse de no incurrir en pagos de tasa de interés.

- Pagar todo el saldo de la tarjeta de crédito cada mes.

Trabajar con otras personas

- Discutir las compras no planeadas o inesperadas con tu cónyuge/pareja antes de hacer la adquisición.

- Trabajar con tu cónyuge/pareja como si fuerais un equipo al gestionar los asuntos económicos del hogar.

Invertir

- Comprender la naturaleza de las inversiones, su riesgo y su rentabilidad.

- Invertir en un plan de ahorros para la jubilación proporcionado por el empleador (por ejemplo, un plan 401[k]).

- Comprender el nivel adecuado de riesgo que asumir en nuestra propia cartera de inversiones.

Alguien en el hogar debe completar estas tareas para que éste funcione de forma eficaz. Incluso aunque algunas de ellas se externalicen, parte del éxito de una empresa tal consiste en contratar los servicios de un conjunto asesores de confianza. Las tareas listadas aquí representan tan sólo la punta del iceberg; encontramos un total de 240 tareas potenciales para el director financiero del hogar: algunas más cruciales (y frecuentes) que otras.

COMPETENCIAS PARA LA RIQUEZA

Piensa en las tareas propias del director financiero del hogar, y luego piensa en cuánto disfrutas con estas tareas y si dispones de los conocimientos, los talentos y las habilidades para llevarlas a cabo. Ahora no estamos hablando de lo que conlleva el trabajo de la gestión económica, sino de las características de cómo se completan.

Puede que uno de los principales pasos para acumular riqueza implique reconocer cómo quieres vivir tu vida, sopesando tus propios valores e intereses, marcándote metas y consiguiéndolas. Todos tenemos un amplio surtido de competencias. Se trata de características personales que oscilan entre ser minucioso y organizado, y dejarles los detalles y la organización a otros. Incluyen intereses que van desde empeños artísticos hasta aquellos más centrados en preocupaciones convencionales como hacer listas y mantener un registro de las rutinas cotidianas. También incluyen valores que van desde los muy individualizados hasta aquellos que son colectivos y basados en el equipo.

Sabemos, gracias a los años de investigaciones en la predicción del rendimiento en el trabajo procedentes del campo de la psicología laboral, que algunos de estos mismos factores del éxito predicen el rendimiento laboral futuro además del éxito económico. La meticulosidad o diligencia, que se encuentra entre los mejores predictores del rendimiento laboral basados en la personalidad en el caso de cualquier papel,[4] también está relacionada con el éxito económico. En concreto, el *autocontrol* tiende a estar relacionado de forma positiva con el conjunto de activos líquidos y no líquidos, además de con el patrimonio neto.[5]

La importancia de la responsabilidad

Asumir la responsabilidad por el éxito o el fracaso económico en un hogar está relacionado con el éxito financiero.[6] *En otras palabras, las personas que consideran la gestión económica como algo sobre lo que pueden tener un impacto y una responsabilidad suelen tener un patrimonio neto superior al de aquellos que creen que otros factores (por ejemplo, el gobierno, los mercados financieros) desempeñan un papel importante en el éxito económico. Esto es similar al concepto del locus de control en psicología: aquellos con un locus de control externo suelen asumir que no pueden controlar ni tener un impacto sobre los resultados en sus vidas, mientras que aquellos con un locus de control interno se consideran como la fuente última del éxito y el fracaso. Aunque vivir en cualquiera de los dos lados de ese continuo puede tener aspectos negativos, asumir la responsabilidad por los resultados económicos y actuar correspondientemente puede tener un impacto positivo sobre la riqueza, y este mismo concepto se aplica también a otros aspectos a nuestra vida. Mi padre subrayó el papel de la responsabilidad y el liderazgo en un ensayo en 2012:*

El libro de Ron Chernow, *Washington: A life,*[7] ha sido bien recibido por la mayoría de los críticos. En una entrevista publicada en el periódico *The Wall Street Journal* en 2012, Chernow dijo del presidente Washington: «No tienes por qué ser la mente más brillante ni original del grupo, [...] pero lo que la vida de Washington muestra es la claridad de ideas, la tenacidad de la resolución y el carácter, y cuánto puede conseguirse en la vida si puedes mantener tu vista puesta en tus principales objetivos».[8]

En *The Millionaire Mind* cito el trabajo de Fred Fiedler y Thomas Link, dos eruditos del campo de la inteligencia y el rendimiento humano. Llegaron a la conclusión de que: «Las pruebas de capacidad cognitiva [pruebas de inteligencia estandarizadas] han sido, notoriamente, malos predictores del desempeño del liderazgo. [...] Las relaciones entre la inteligencia, el liderazgo y el desempeño gerencial [...] representan menos de un 10 % de la varianza. [...] Incluso estas bajas correlaciones es probable que sean sobreestimaciones de la verdadera relación. [...] La inteligencia del líder bajo ciertas condiciones se correlaciona de forma negativa con el desempeño».

Es desafortunado que los consejeros rara vez les digan a los estudiantes que el 90 % de la variación en el liderazgo no se explica mediante mediciones estandarizadas

4. Schmidt y Hunter, 1998.
5. Letkiewicz y Fox, 2014; Fallaw, 2017.
6. Ibíd.
7. Chernow, 2018.
8. Bolduc, 2012.

de la inteligencia. ¿Cuántos niños perdieron la confianza en sí mismos al principio de su vida porque les iba mal en la escuela o porque obtuvieron un mal resultado y clasificación en las pruebas de admisión a la universidad? Puede que se les hubiera tenido que decir: «Todavía tienes una oportunidad. Quizás tengas que trabajar más duro, pero puede que también tengas la capacidad de liderar a otras personas».

Uno de los millonarios más interesantes que nunca haya entrevistado jamás sobresalió en la escuela ni en cualquier prueba estandarizada. Durante su época en el instituto, sus padres, frustrados, pidieron una consulta con un experimentado consejero académico. Éste les dijo: «No se preocupen por su hijo: es un líder nato. Lo que posee no puede medirse». El consejero acertó con su valoración del joven, que en la actualidad es un adulto extraordinariamente exitoso.

George Washington (al igual que la mayoría de la gente de éxito) asumió la responsabilidad de ser un líder a una edad temprana. Es importante animar a la gente joven a buscar oportunidades para dirigir, y no seguir.

Por supuesto, buena parte de la gestión económica se encuentra en los detalles, por lo que aquellos con talentos administrativos o de oficina serán más capaces de mantener un registro de los gastos, ahorros y otros detalles. Los hogares económicamente productivos suelen tener a un miembro del equipo del liderazgo que puede controlar estos detalles. Ser minucioso o concienzudo suele estar relacionado con el éxito económico con el tiempo.

Para identificar las características que eran más predictivas del patrimonio neto en muestras amplias, asumiendo de nuevo que la edad y los ingresos fuesen constantes, llevamos a cabo una serie de estudios paralelos diseñados para determinar cuáles eran las categorías conductuales generales que se relacionarían con la capacidad de alguien para acumular riqueza con el tiempo o la predecirían. Usando dos conjuntos de muestras amplias de estadounidenses, incluyendo a aquellos con un patrimonio neto que oscilara entre los cien mil y el millón de dólares, además de una muestra de personas con un patrimonio neto elevado o ultraelevado, nos encontramos con que las áreas clave de las conductas tienen un impacto sobre la capacidad para transformar los ingresos en riqueza, independientemente de la edad y de los niveles de ingresos.[9]

Estas conductas y experiencias tienden a encajar en seis categorías, tanto desde el punto de vista estadístico como práctico. Nos encontra-

9. Fallaw, 2017.

mos, en concreto, con que las competencias relacionadas con la disciplina y la diligencia (incluyendo la frugalidad y la indiferencia social, o el no verse influido por las tendencias) están relacionadas de forma positiva con el patrimonio neto.

TABLA 5.1
CATEGORÍAS DE PATRONES DE CONDUCTA RELACIONADOS CON LA RIQUEZA

Categoría	Definición	Pregunta a modo de ejemplo
Confianza	Demostración de confianza y colaboración en la gestión económica, las inversiones y el liderazgo en el hogar.	*¿Cuán cómodo te sientes tomando decisiones económicas importantes para tu hogar?*
Frugalidad	Conductas económicas relacionadas con el ahorro constante, el compromiso entregado a gastar menos y el cumplimiento riguroso de un presupuesto.	*Mis amigos y/o familiares me describirían como una persona frugal.*
Responsabilidad	Aceptación del papel de las acciones, los talentos y las experiencias en los resultados económicos. Creer que la suerte desempeña un papel pequeño en los logros.	*Asumo la responsabilidad por los resultados económicos de mi hogar.*
Indiferencia social	Conductas de gastos y ahorro que reflejan la inmunidad frente a la presión social para adquirir lo último en bienes de consumo o de lujo, ropa y coches.	*¿Con qué frecuencia ignoras la presión para comprar y gastar igual que lo hacen tus vecinos o amigos?*
Concentración	Demostración de la capacidad de concentrarse en tareas minuciosas hasta su compleción sin verse distraído.	*Encuentro fácil completar tareas sin distraerme.*
Planificación	Conductas relacionadas con el establecimiento de metas, la planificación y adelantarse a las necesidades futuras.	*Tengo un conjunto claramente definido de metas diarias, semanales, mensuales, anuales y de por vida.*

En relación con la disciplina y la diligencia, vemos que las conductas de planificación financiera y la capacidad de concentrarse y no distraerse también tienen un impacto sobre el patrimonio neto. La confianza en la toma de decisiones económicas y el asumir la responsabilidad por el propio éxito financiero también están relacionados con el éxito económico a cualquier edad o con cualquier nivel de ingresos. Nunca es demasiado tarde para aprender, tal y como nos dijo un millonario jubilado: «Perdí mi trabajo [...] en 1982. Me hizo darme cuenta de que yo era totalmente responsable de mi familia y mi bienestar económico. Me interesé por mi plan 457[10] en la oficina de empleo del estado de Illinois, y aprendí los conceptos de invertir en fondos comunes de inversión y de comprar y conservar. Éramos ahorradores prodigiosos y con el tiempo conseguimos un patrimonio neto de un millón de dólares».

Tomados juntos, estos *factores de riqueza* están relacionados con el patrimonio neto independientemente de tu edad o tus ingresos. En nuestra investigación, dividimos nuestras muestras en grupos de potencial alto, medio y bajo para la acumulación de riqueza y recopilamos información relevante para cada grupo. Probablemente, la diferencia más importante entre estos grupos fuera la tasa de ahorro mediana entre ellos (es decir, la cantidad de sus ingresos mensuales y anuales que fueron capaces de ahorrar en lugar de consumir). La tasa de ahorro del grupo «con un potencial elevado» fue casi dos veces y media superior a la del grupo «con un potencial bajo». Digámoslo de nuevo: el grupo con un potencial alto ahorró un 143 % más cada mes que el grupo con un potencial bajo. Piensa en el poder de esta diferencia aplicada durante una carrera profesional de treinta años. Y piensa en su poder relativo en términos de Wall Street, donde los gestores del dinero que son capaces de proporcionar (o por lo menos prometer) beneficios en su cartera de inversiones que superen al mercado en uno o dos puntos porcentuales ganan grandes fortunas.

¿Qué significa «mantener una edad y unos ingresos constantes»? ¿Estamos diciendo que estos factores no afectaron a los resultados económicos? Por supuesto que no. O, diciéndolo de otra manera: la edad y el nivel de ingresos tienen un efecto importante sobre la situación financiera y el patrimonio neto. Lo que estamos diciendo es que nuestro enfoque mantuvo esas variables *constantes* y luego buscó variables conductuales estadísticamente significativas *por encima* y *por debajo* de cualquier variación explicada por la edad y el nivel de ingresos. Aquí tenemos un ejemplo: aunque todos sabemos que es de esperar que una persona de sesenta y cinco años que haya ganado un millón de dólares al año trabajando como

10. El plan 457 es un tipo de plan de jubilación no calificado, con ventajas fiscales y de compensación diferida disponible para algunos empleadores gubernamentales y no gubernamentales en EE. UU. *(N. del T.)*

cirujano tenga un patrimonio neto superior al de un trabajador de la construcción de veintitrés años, nuestro estudio se propuso encontrar diferencias comportamentales que contribuyesen a sus resultados económicos por encima y por debajo del efecto significativo de la edad y el nivel de ingresos.

ACERCA DE ESOS INGENIEROS

Aquellos que tienen éxito económico suelen ser conscientes de sus fortalezas y debilidades cuando se trata de la gestión económica, la generación de ingresos, las inversiones y similares. Son conscientes de que incluso aunque dispongan de los talentos y las habilidades para gestionar su vida económica, en ocasiones necesitan externalizar algunas de las tareas más complejas o que consumen mucho tiempo haciendo que las lleven a cabo profesionales expertos.

Lo mismo puede decirse de aquellos que suelen sobresalir en la carrera profesional o la vocación que han elegido: suelen ser conscientes de sus fortalezas y debilidades, sus intereses, actitudes y valores, y encuentran empleos que encajan y son congruentes con sus talentos singulares.

Una vocación frecuentemente ligada a la capacidad de transformar los ingresos en riqueza es la ingeniería. Muchos millonarios de la puerta de al lado proceden de esta línea de trabajo. En *Stop Acting Rich,* la frugalidad asociada a los ingenieros se explicó de la siguiente forma:

> *La naturaleza frugal de los ingenieros pudientes se ve ciertamente reflejada en su capacidad superior para generar riqueza a partir de sus ingresos. De media, los ingenieros produjeron un 22 % más de riqueza por dólar de ingresos obtenidos que los millonarios en general.*
>
> *Tienen una propensión superior a la media que otros en su grupo de ingresos/edad para acumular riqueza. Es menos probable que favorezcan productos y marcas que denotan estatus que los demás.*[11]

¿Qué es lo que sucede con los ingenieros que los convierte en gente astuta en la transformación de sus ingresos en riqueza? ¿Es su interés por

11. Stanley, 2009, pág. 54 (parafraseado).

la ingeniería? ¿Su actitud? La respuesta: son los mismos talentos críticos que les llevaron a ser ingenieros. Piensa, por ejemplo, en las competencias clave en el trabajo de un ingeniero naval:[12] la confiabilidad, la atención por los detalles, el pensamiento analítico, la independencia y la integridad. Muchas de estas competencias o unas similares tienen un impacto sobre la propia capacidad para acumular y conservar la riqueza con el tiempo.

Cuando examinamos nuestras propias *competencias económicas a través de la lente de las conductas relacionadas con el trabajo, suceden algunas cosas:*

1. Reconocemos que una buena decisión o incluso unas pocas decisiones buenas no hacen a un millonario.
2. Podemos identificar dónde nos quedamos cortos o dónde necesitamos mejorar.
3. Podemos *cambiar* y mejorar con el tiempo.

Estos *factores de riqueza,* características comportamentales relacionadas con el patrimonio neto, pueden mejorarse. Es posible volverse más frugal con el tiempo. Puedes incrementar tu confianza en los asuntos financieros acumulando conocimientos y teniendo algunos pequeños éxitos a lo largo del camino hacia la independencia económica. Mediante esos éxitos, puedes empezar a ver los efectos de tus propias conductas financieras desarrollándose: un lento incremento de tu índice de ahorro, ceñirte a un presupuesto y que dispongas de más dinero a final de mes.

LOS MILLONARIOS DE LA PUERTA DE AL LADO HOY EN DÍA

Vemos el valor del adoptar un *patrón* de conductas desarrollándose en los millonarios de la puerta de al lado de la vida real. En un barrio residencial de clase media-alta de Atlanta (Georgia), viven Mike y Hollye Wells. Su enfoque disciplinado con respecto al lugar en el que viven, sus carreras

12. Centro Nacional de EE. UU. para el Desarrollo de la Red de Información Ocupacional (National Center for O*NET Development), 2016.

profesionales, la crianza de sus hijos, su educación y la vida les ha permitido conseguir la distinción de ser millonarios de la puerta de al lado al principio de su cuarentena. Tienen dos coches viejos, viven en una casa modesta en un excelente distrito escolar y llevan un estilo de vida de acuerdo con sus propios términos. Citan la aplicación de muchas de las lecciones de Dave Ramsey relativas a su enfoque para la acumulación de riqueza. Mediante una combinación de marcarse metas económicas, monitorizando sus gastos y centrándose en controlar las deudas, han podido alcanzar el éxito financiero entre todo el hiperconsumismo que hay a su alrededor.

Incluso con todo ello, Hollye compartió su sorpresa acerca de la probabilidad de alcanzar el éxito financiero mediante una senda lenta y firme: «No sabía que pudieras ser millonario así. [...] Pensaba que sólo era posible si heredabas, o vivías en Hollywood o eras un director ejecutivo. [...] Esto supuso una sorpresa enorme». Ciertamente, Hollye vio, de primera mano, que no eran necesarios unos ingresos elevados para alcanzar el estatus de millonario.

La planificación de Mike y haberse centrado con intensidad en los objetivos económicos de la familia situó a su familia en el camino hacia la acumulación de riqueza, encontrando una casa que pudieran permitirse, incluso en un distrito escolar muy solicitado. Mike fue capaz de ignorar algunas de las trampas que acompañan a los barrios residenciales. Al contrario que sus colegas, que contrataron los servicios de un agente inmobiliario para que les encontrara su casa, él ignoró la tendencia y gestionó la compra por su cuenta. Dijo: «Nos mudamos a una zona sin una comunidad de propietarios y que no estaba cerca del campo de golf. No quería verme tentado por el club de campo. Renunciamos a trabajar con un agente inmobiliario».

Una de las metas es la de empoderar a sus hijos para que dispongan de algunas de las mismas oportunidades para empezar. Esto requirió de una planificación extrema por su parte para asegurarse de que cada uno de sus tres hijos pudiera ir a la universidad sin la carga de los préstamos para sus estudios universitarios persiguiéndolos. Asumieron la responsabilidad de esta tarea, mientras otros en su comunidad asumen que sus hijos se harán cargo de las deudas para ir a la universidad (o ni siquiera pensarán en ello en absoluto). Por supuesto, financiar la educación *y* la jubilación requiere de planificación y de un estilo de vida correspondientemente frugal.

La disciplina también forma parte de su vida cotidiana. Para asegurarse de cumplir con los presupuestos y mantener un estilo de vida frugal, Hollye se centra en el consumo de una forma que está ligada a sus objetivos económicos y no en tener lo último y lo mejor. Ella lo explica de la siguiente forma: «Si no está de rebajas o en liquidación, no lo compro. Odio pagar el precio de venta al público. [...] Estoy dispuesta a tener paciencia con las compras. Tenemos hijos y una hija, así que normalmente compro la ropa y otras cosas de color negro o neutro para que así las puedan compartir. Compramos material [deportivo] de segunda mano: no tiene por qué ser nuevo. No nos comparamos con los demás. No intentamos superar a nadie, [...] pero debemos equilibrar las expectativas [de nuestros hijos] en cuanto a sus deseos y necesidades».

TABLA 5.2. LA DISCIPLINA EN RELACIÓN CON EL NIVEL DE RIQUEZA: MALOS ACUMULADORES DE RIQUEZA FRENTE A LOS ACUMULADORES PRODIGIOSOS DE RIQUEZA

	Porcentaje de gente de está de acuerdo/muy de acuerdo	
Afirmación	**MAR**	**APR**
Nuestro hogar funciona con un presupuesto anual bien reflexionado	58,0	61,6
Tengo un conjunto claramente definido de metas diarias, semanales, anuales y para toda la vida	55,0	59,0
Paso mucho tiempo planeando mi futuro económico	49,0	64,3
Siempre he sido frugal	40,7	57,0
Rara vez me distraigo cuando trabajo en un proyecto	48,5	51,0

Al igual que muchos de sus colegas de la generación X, los Wells tienden a ahorrar y a gastar en experiencias con sus familias, como viajar con sus hijos a eventos al extranjero. Los Wells gastan anticipándose a los altibajos del mercado que no pueden controlar, en lugar de gastar anticipándose a los futuros éxitos económicos o a los supuestos aumentos de ingresos. Muestran un patrón *congruente* de conductas frente al ser frugales únicamente cuando la economía se desploma.

Este enfoque disciplinado en la gestión de las finanzas del hogar no sólo les permitió alcanzar el estatus de millonarios a principios de su cuarentena, sino que además les permitió disponer de un margen cuando su entorno distaba de ser ideal. Mike dice: «Cuando estalló la burbuja [inmobiliaria], estuvimos inmediatamente con el agua al cuello en 2010, pero seguimos adelante con nuestro plan. Solíamos controlar nuestro balance general todo el tiempo. Ahora no lo comprobamos ni lo volvemos a comprobar continuamente. Cambié de trabajo en 2013 para así poder disponer de más libertad y un mejor equilibrio entre el trabajo y mi vida. Pude [realizar un cambio] porque teníamos nuestras finanzas en orden».

Cuando les pedimos a los Wells algún consejo para aquellos que estén pasando de ser ricos en cuanto a su cuenta de resultados a ser prósperos en cuanto al estado de su situación patrimonial, sus comentarios estuvieron repletos de la disciplina necesaria para acumular riqueza:

- No permitas que tu estilo de vida dicte tus metas económicas. Para los Wells y para otros que quieren alcanzar el estatus de millonarios debe emplearse lo contrario.

- Ten una mentalidad «lo suficientemente buena» con respecto a los bienes de consumo.

- Independientemente de las condiciones económicas actuales, dispón siempre de un plan bien pensado.

- Estate abierto a aprender cómo hacer cosas de forma distinta, especialmente cuando la gente de tu alrededor lleve un estilo de vida con un consumo elevado.

- Ten discusiones abiertas sobre tus deseos y necesidades.

La dedicación de los Wells quizás se encuentre en el percentil 99 de la escala de la disciplina. Nos muestran un ejemplo de trabajo duro constante, decisiones difíciles y disciplina para marcarse y alcanzar un objetivo. Se han comprometido a llevar un estilo de vida que les proporciona justo lo suficiente de lo que su familia necesita y algo de lo que desea, pero no hasta llegar a los excesos de las personas de su entorno. Como no viven en una casa de 700 000 dólares y conducen un utilitario todoterreno con algunos años, muchos de sus vecinos, colegas y amigos podrían sorprenderse si vieran su balance general y la gran libertad de la que disponen sabiendo que pueden resistir los cambios sin tener que modificar su estilo de vida o renunciar a la independencia por cuya generación han luchado duro.

El maratón de la acumulación de riqueza

La idea de que hay algo más que la simple inteligencia en la acumulación de riqueza o en el hecho de tener éxito en otras empresas impregnaba el trabajo de mi padre. Escribió esto en 2011:

En *The Millionaire Mind* dije que el proceso de acumular riqueza es un maratón. Lo bien que te vaya en esta carrera implica mucho más que promedios generales. [...] Los exámenes estandarizados (la selectividad, los exámenes de acceso a estudios de posgrado, etc.) no pueden reemplazarse por el correr la carrera. De otro modo, nuestro gobierno podría, simplemente, redistribuir la riqueza de nuestra nación cada año: dársela a todos aquellos con un cociente intelectual alto. Si van a acabar con ello de todas maneras, ¿por qué no acelerar el proceso sin más?

Me acordé de esto después de leer un artículo sobre las limitaciones del uso de los exámenes estandarizados para predecir las variaciones a lo largo del transcurso de toda una carrera profesional. El autor señala que «desde los exámenes de admisión a la universidad hasta las pruebas para escoger a los mejores jugadores universitarios para la Liga Nacional de Fútbol Americano, el problema tiene que ver con las pruebas a corto plazo».[13]

«Resulta que muchos de los factores más importantes para el éxito en la vida son rasgos del carácter como la determinación y el autocontrol, y éstos no pueden medirse rápidamente, [...] la determinación [...] refleja el compromiso de una persona para con un objetivo u objetivos a largo plazo».

Y, tal y como comentaba en *The Millionaire Mind,* el profesor David C. McClelland, un distinguido erudito de la Universidad de Harvard en lo relativo a la inteligencia y los logros, descubrió que las mediciones tradicionales de la inteligencia no justifican una parte importante de la variación de los logros y los éxitos en la vida.

¿Qué he averiguado acerca de los multimillonarios que no eran unos estudiantes excelentes y que no lograron grandes resultados en las pruebas de aptitud? Nunca permitieron que «los analistas de probabilidades académicas» dictaran su desempeño en la vida. Reconocieron que su creatividad, su trabajo duro, su disciplina y ciertas habilidades sociales, incluyendo el liderazgo, fueron más importantes que las calificaciones y las pruebas de aptitud.

El típico millonario no alcanzó el umbral de un patrimonio neto de siete cifras hasta haber trabajado 59 800 horas [mediana]. Ésas son muchas más horas de las que le llevó completar su examen de acceso a la universidad.

13. Lehrer, 2011.

LA INTELIGENCIA NO ES PRECISAMENTE LO QUE NOS HACE SER LO QUE SOMOS

Oímos hablar mucho de la importancia de la disciplina en la gestión económica, pero normalmente esto carece de muchas investigaciones que lo respalden. Los hallazgos a lo largo de los más de cuarenta años de investigaciones con respecto a los estadounidenses económicamente exitosos y hechos a sí mismos respaldan constantemente la conclusión de que la disciplina (por ejemplo, la frugalidad), el trabajo duro y la perseverancia son factores positivos para el éxito financiero. Desde los estudios sobre las personas con un patrimonio neto alto y extremadamente elevado que aparecen en *The Millionaire Mind* hasta los estudios sobre la gente muy acaudalada llevados a cabo por DataPoints, vemos que la diligencia, ya sea en términos de cómo estas personas gestionan sus negocios o cómo administran las finanzas de su familia, entra en juego. Se ha citado como uno de los factores más importantes para el éxito, y también se ha mostrado una relación entre la diligencia y el patrimonio neto, independientemente de la edad y del nivel de ingresos.

Si echas un vistazo a cualquier publicación relacionada con lo bien que rendimos en cualquier trabajo dado, te encontrarás, sin duda alguna, con que el concepto de la *capacidad cognitiva* es uno de los mejores predictores o indicadores del éxito en un trabajo. En otras palabras, la mayoría de las investigaciones encuentran que cuanto más inteligentes somos mejor podemos rendir. ¿Debería esto ser lo que sucede en el caso de la gestión económica en casa?

Uno de los hallazgos más interesantes del estudio sobre los millonarios que aparecía en *The Millionaire Mind* fue la falta de apoyo a la relación entre riqueza e inteligencia (medida de acuerdo con las puntuaciones en la prueba de selectividad de los encuestados). El millonario promedio de *The Millionaire Mind* tenía una nota media como estudiante de grado de 2,92 sobre 4,00 y una calificación media en la prueba de acceso a la universidad de 1 190 (el rango de esta prueba va de los 400 a los 1 600 puntos). ¿Se trataba de algún tipo de casualidad?

Algunos investigadores se propusieron estudiar la relación entre la inteligencia y la riqueza empleando muestras más amplias en términos de sus características demográficas que las estudiadas en *The Millionaire Mind*. Un estudio llevado a cabo por el doctor Jay Zagorsky obtuvo una cierta popularidad en el momento de su publicación.[14] El doctor Zagorsky examinó el Estudio Nacional sobre la Juventud de 1979 intentando responder a la pregunta: ¿estaba relacionado el cociente de inteligencia con el patrimonio neto? A partir de su análisis de casi 7 500 personas, cuya edad oscilaba entre los 33 y los 41 años, no encontró nada que respaldara la hipótesis de que la inteligencia y la riqueza estuvieran relacionadas.

En lugar de la capacidad cognitiva, quizás debiéramos pensar en la alfabetización financiera, o en el conocimiento o la capacidad para emplear prácticas y metodologías de gestión económica personal. Aproximadamente el 57 % de los estadounidenses tienen conocimientos financieros,[15] y esto suele medirse mediante la correcta contestación a unas preguntas sencillas sobre cultura financiera.[16] El trabajo de Anna Maria Lusardi y sus colegas ha demostrado el lamentable estado de los conocimientos y educación financieros en Estados Unidos y en todo el mundo.[17] Frecuentemente, este grupo de investigadores valora los conocimientos financieros con algunas preguntas. Incluso con lo que podría considerarse como los aspectos básicos de las finanzas personales, simplemente un poco más de la mitad de los estadounidenses pueden contestarlas correctamente.

Los conocimientos financieros están relacionados con un conjunto de resultados económicos «exitosos», lo que da lugar a una mejor toma de decisiones con respecto a diversos asuntos relacionados con las inversiones, la deuda y los gastos; pero para acumular riqueza, los conocimientos financieros no son suficientes. Piensa en la última vez que trabajaste con un colega brillante que no pudo o no se presentó a la hora acordada, rozaba los límites de la conducta adecuada en el trabajo, o no cumplía los plazos establecidos. Hay algo más en juego cuando se trata del éxito en el trabajo: la diligencia. La *diligencia,* que es una de las cinco grandes características de la personalidad, incluye aspectos de:

---

14. Zagorsky, 2007.
15. McGrath, 2015.
16. Lusardi y Mitchell, 2011.
17. Ibíd.

- laboriosidad (trabajar duro, confianza)
- virtud (hacer lo que es moral o socialmente correcto)
- autocontrol (ser precavido, retrasar la gratificación)
- orden (el componente de minuciosidad)
- responsabilidad (hacer lo que es adecuado para los demás, comunidad)
- tradicionalismo (acatar la autoridad y las normas, tener aversión al cambio).

Se ha relacionado constantemente con el desempeño en el trabajo y su conservación en diversos empleos y organizaciones. Si te encuentras en la situación de contratar los servicios de alguien y sólo puedes medir un aspecto de la personalidad, ésta es la característica que querrás (con algunas excepciones clave y artísticas).

También acompaña a la gestión económica. Muchos de los componentes conductuales que tienen un impacto sobre el patrimonio neto, independientemente de tu edad o de tu nivel de ingresos, incluyendo la frugalidad, la planificación y la responsabilidad, están relacionados con esta característica de la personalidad, y nos ayudan a comprender por qué es tan crucial para la creación y la conservación de la riqueza con el tiempo.

En otro estudio que analizaba la Encuesta Longitudinal Nacional sobre la Juventud, los investigadores vieron que la diligencia, y concretamente el autocontrol, estaba relacionada con la cartera de activos no líquidos y líquidos, además de con el patrimonio neto.[18] Los conocimientos financieros tuvieron algún efecto sobre el patrimonio neto, pero sólo en relación con el autocontrol, que es un componente clave de la diligencia. El estudio averiguó que «los conocimientos financieros por sí solos no son significativos, pero cuando se emparejan con la diligencia parecen ayudar a aquellos con una diligencia baja a incrementar su patrimonio neto».

18. Letkiewicz y Fox, 2014.

La integridad: El beneficio de una política de honestidad

Otra característica psicológica íntimamente ligada a la diligencia es la integridad: ser honesto y sincero con los demás, hacer lo que dices que vas a hacer y actuar, en general, de una forma irreprochable. La integridad suele ser citada por los millonarios como uno de los principales factores que les condujo a su éxito: tanto en nuestra última muestra de millonarios como en aquellos que aparecen en The Millionaire Mind. *Mi padre destacó la importancia de la integridad durante el desplome de la burbuja inmobiliaria, hace algunos años:*

La señora Lang, mi primera profesora de la escuela dominical, solía decir: «Siempre deberías hacerlo lo mejor que puedas. Todo lo que hagas en la vida quedará anotado en un gran libro [...] y algún día, en la otra vida, serás juzgado por la forma en la que te comportaste en este mundo».

Y el éxito suele acompañar a aquellos cuyas prácticas en los negocios son «un libro abierto». Lo recordé mientras leía un artículo en el periódico *The New York Times* sobre el estado actual del mercado inmobiliario residencial aquí en Atlanta:[19] «Una lúgubre distinción en el sector inmobiliario: con el peor mercado en 2011 [...] ese mérito se lo lleva Atlanta. [...] Casas de lujo que nunca se vendieron, [...] inundada de propiedades con hipotecas ejecutadas. [...] Atlanta es la ciudad con más casas en venta con hipotecas ejecutadas y que son propiedad del Gobierno...».

El periodista también destacó las hipotecas ejecutadas no sólo en la región de Atlanta en general, sino también en Cobb County/Marietta (Georgia). Ah, Marietta: eso me recuerda a parte de mis investigaciones sobre extraordinarios profesionales de ventas que consiguen grandes beneficios. Algunos me sugerían que añadiera al señor M., un constructor de vivienda, a mi lista de personas económicamente exitosas «a las que debía entrevistar». El perfil del señor M. es más importante en la actualidad, durante este mercado a la baja, de lo que era cuando le entrevisté por primera vez.

Hay un tipo especial de constructor que puede triunfar incluso en un mercado deprimido. De acuerdo con un artículo publicado en el periódico *The Atlanta Journal-Constitution*,[20] en 2005 se vendieron 53 410 casas nuevas. En 2011 sólo se vendieron 7 664 casas nuevas.

Mientras estaba procesando estos datos, pensé en el señor M. Durante mi paseo diario con mi perra Lily a nuestro parque favorito, veo carteles y permisos de edificación en zonas de obras que dicen: «Esta casa está siendo construida por el señor M. y compañía». ¿Cómo es posible que el señor M. esté prosperando? Incluso en un mercado en horas bajas, algunas personas tienen dinero más que suficiente para que les construyan casas. El señor M. tiene una buena reputación por construir casas de muy buena calidad.

Una de las ventajas competitivas del señor M. es su «política de honestidad». Todos sus potenciales compradores de casas reciben más que una propuesta de construcción. Se les proporciona una lista completa de los nombres, direcciones y números de teléfono de cada familia para los que el señor M. ha construido una casa. Sí, los 163 contactos de su creciente lista de clientes.

19. Rich, 2012.
20. *Atlanta Journal-Constitution*, 4 de marzo de 2012.

Una larga trayectoria en la entrega de un producto de calidad, en combinación con su extraordinaria reputación entre aquellos incluidos en su «libro abierto» explica cómo el señor M. triunfa en un mercado deprimido. Además, tiene algo que ver con cómo el señor M. enfoca un supuesto mercado en horas bajas. Llámalo adversidad. Considera la adversidad como una oportunidad para fortalecer tu determinación y mejorar tu reputación.

Los límites de la medición

En las organizaciones grandes (escuelas, empresas, agencias gubernamentales), tomar decisiones con respecto a la contratación, la posición o la admisión suele requerir de algún tipo de medición para hacer esas decisiones más cómodas y rentables. ¿Quién está teniendo éxito? ¿Quién podría ser el siguiente que se marchase? ¿Quién está quedando rezagado? Para las organizaciones que toman decisiones sobre grandes números de personas, las pruebas estandarizadas y otros tipos de mediciones (como los promedios o notas generales) son una necesidad legítima del negocio. Sin embargo, no todo lo que resulta crucial para el éxito futuro puede captarse mediante las pruebas estandarizadas. Además, estas pruebas no suelen ser útiles para las personas que se examinan. Se usan para ayudar a la organización, y no para impulsarnos hacia la grandeza, Sin embargo, frecuentemente damos demasiada importancia a esos valores numéricos, insistiendo en que un promedio o nota general alto, por ejemplo, dicta el resto de la vida de alguien o es un indicador de algo más que del éxito en aprenderse las cosas de memoria y de los empeños académicos. Mi padre escribió este artículo en 2015, destacando cómo es necesario algo más que un promedio o nota general alto para el liderazgo:

El millonario de la puerta de al lado arquetípico es un empresario autónomo económicamente exitoso. En otras palabras, es un empleador, y no un empleado. Es, en esencia, un líder. Este hecho tiene mucho que ver con comprender algo importante sobre los empresarios millonarios. Hay una correlación pequeña o no significativa entre las puntuaciones en las pruebas de inteligencia cognitiva y el rendimiento de liderazgo mostrado. Soy de la opinión de que los exámenes de selectividad, los exámenes estadounidenses de admisión postsecundaria, la prueba para la gestión de la admisión de graduados, el examen de admisión a estudios de posgrado y similares son mediciones indispensables de la inteligencia cognitiva.

De esta manera, cité los hallazgos relacionados de dos eminentes eruditos, Fiedler y Link, en *The Millionaire Mind:*

Las pruebas de capacidad cognitiva han sido, tristemente, malos predictores del rendimiento de liderazgo [...] que representaban menos del 10 % de la varianza [...].[21]

Como ejemplo de esto, consideremos a Dave, que en la actualidad es decamillonario. Ya se había leído *The Millionaire Mind* antes de hacerme la siguiente pregunta: «De todos los graduados universitarios en mi edificio de oficinas, ¿quién diría usted que tenía el promedio de calificaciones más bajo en la universidad?»

¡Lo adivinaste! Se trata de Dave, cuyo promedio era de un aprobado justo en la universidad. Dave es el propietario del edificio que alberga a una muy exitosa compañía de gestión de inversiones; y al contrario que todos los graduados universitarios a los que

21. Stanley, 2009, pág. 97.

contrata, Dave se licenció en una universidad que se encuentra en el quintil inferior en las clasificaciones académicas nacionales. Además, nunca obtuvo más de 900 puntos en la prueba de selectividad combinada (la versión original, cuya puntuación oscila entre los 400 y los 1 600 puntos).

Incluso en la actualidad, Dave sigue sorprendido de recibir, cada semana «un montón de currículums de chicos pertenecientes a la sociedad de honor académica Phi Beta Kappa, con matrículas de honor en todas las asignaturas, que quieren trabajar para mí. Son hombres y mujeres jóvenes muy inteligentes procedentes de grandes universidades».

Pero lo que le falta a Dave en términos de credenciales académicas lo compensa con unos resultados altos demostrados en escalas como la disciplina, la integridad, la iniciativa, la toma de riesgos, la capacidad para valorar a los demás, la visión, la tenacidad, la empatía, la perseverancia y las habilidades sociales. Posee, en esencia, unas excelentes capacidades de liderazgo.

¿Qué piensan todos los empleados de Dave pertenecientes a la sociedad académica Phi Beta Kappa de sus calificaciones académicas? Seguramente sientan alguna preocupación por trabajar con un estudiante que sacaba aprobados. Ningún empleado ha pedido ver nunca el expediente académico de Dave. Esto es algo irrelevante siempre que Dave siga pagándoles muy bien por su trabajo y les proporcione un entorno laboral excepcional.

Los autores de este estudio apelaron a la intervención temprana, además de al sector de los servicios financieros en general para concentrar los esfuerzos no sólo en la educación, sino también en el autocontrol: «puede que el concepto de la "educación financiera" debiese interpretarse de forma más amplia. Las intervenciones para incrementar la diligencia y el autocontrol podrían suponer unas estrategias más innovadoras para la "educación"».[22]

Los autores de este estudio sugirieron que los profesionales financieros deberían centrar sus esfuerzos en ayudar a mejorar la capacidad de sus clientes de ser disciplinados cuando se trata de los gastos. Afirmaban que «los planificadores y educadores financieros pueden servir a los consumidores haciéndoles ser conscientes de los defectos en su autocontrol y proporcionándoles consejos y prácticas para ayudarles a incrementar su bienestar financiero. Sugerir prácticas como los gastos basados en el dinero en metálico, unos planes de ahorro automático, o el pago automático de facturas puede ayudar a los consumidores a reinar [*sic*] sobre algunos de sus patrones negativos de gastos».[23] Este consejo es crítico para cualquiera que acumule riqueza, y no sólo para aquellos que proporcionan consejos a los demás.

22. Ibíd., pág. 296.
23. Ibíd.

LA FORTALEZA MÁS ALLÁ DE LA EDUCACIÓN

La encuesta nacional que sirvió como base para *The Millionaire Mind* representaba una fracción del 1 % superior de los poseedores de riqueza en EE. UU. Algunos de los mitos sobre estas personas son que todas eran estudiantes que sacaban unas calificaciones excelentes, obtuvieron unas notas formidables en el examen de selectividad y fueron a escuelas privadas de élite. La nota media en el examen de acceso a la universidad para esta muestra de gente fue de 1 190. Su nota más frecuente en el instituto y la universidad eran los notables. Su promedio general de calificaciones en la universidad era de 2,9 (oscila entre los 1,0 y los 4,0 puntos). Normalmente no cumplían los requisitos para su admisión en una facultad o universidad «de élite». Muchos millonarios nos han explicado que sus experiencias con el rechazo los empujaron a triunfar. Conseguir acceso a una universidad de élite no asegura el éxito. Sólo alrededor de uno de cada diez (un 11 %) de los decamillonarios valoraron el «asistir a una universidad de alta categoría» como un factor muy importante para explicar el éxito socioeconómico. En general, de los treinta factores de éxito, «asistir a una universidad de alta categoría» ocupó el 29.º lugar, justo por encima de «graduarse entre los mejores o casi entre los mejores de mi curso». Tal y como ha dicho un eminente erudito: «Tu título te conseguirá tu primer empleo, pero al cabo de tres años a nadie le importará dónde estudiaste». Incluso en EE. UU., no todas las oportunidades están distribuidas de forma igualitaria. Reconócelo, acéptalo y supéralo.

En lugar de ello, piensa en un caso de inteligencia frente a confianza en la consecución de los objetivos relacionados con la carrera profesional. Toma a dos niños de entornos favorecidos y prósperos aparentemente similares. Puede que tengan unos progenitores con unos empleos similarmente prestigiosos, el mismo tipo de estructura familiar, unas puntuaciones altas en el examen de selectividad, el mismo promedio de calificaciones en su carrera universitaria e incluso los mismos intereses y planes para su carrera profesional. ¿Por qué podría, en el futuro, acabar uno de ellos teniendo unos ingresos significativamente superiores a los del otro?

LAS CALIFICACIONES NO HACEN AL LÍDER

Las puntuaciones numéricas que recibimos mientras crecemos, y quizás todavía en las valoraciones bienintencionadas pero frecuentemente inútiles sobre el desempeño en las organizaciones, pueden afectarnos de forma muy distinta. Algunos de nosotros, independientemente de la valoración o la puntuación, las ignoraremos. Otros se sentirán como si nuestro éxito futuro se hubiera visto apuntalado o entorpecido de algún modo por el valor. Sin embargo, otros emplearemos una valoración negativa como medio que nos haga avanzar, no necesariamente ignorando la cifra, sino usándola como fuerza para dar lo mejor de nosotros. Los millonarios, y en particular los empresarios, frecuentemente mostraron esta última reacción, tal y como catalogó mi padre en 2012:

En *The Millionaire Mind* escribí que «Los millonarios [...] [son] frecuentemente [...] etiquetados por alguna figura de autoridad o algún resultado de una prueba estandarizada como "promedio" o "inferiores"; pero tal y como apuntan los resultados de esta encuesta, estas evaluaciones hacen que algunas personas sean todavía más tenaces. Algunos millonarios medran con estas valoraciones, tal y como me han dejado muy claro. ¿De dónde sacaron su determinación? Fue un resultado directo de sus experiencias anteriores bloqueando los juicios negativos».[24]

Ralph de la Vega era el director ejecutivo de AT&T Mobility. Esta compañía tenía unas ventas anuales por valor de 63 000 millones de dólares y daba empleo a casi 50 000 trabajadores. Según un artículo que apareció en el periódico *The Atlanta Journal-Constitution* el 18 de marzo 2012, De la Vega emigró de Cuba a Estados Unidos cuando tenía diez años. El régimen de Castro no permitió que su familia le acompañara. Vivió cinco años en EE. UU. hasta que finalmente se permitió que su familia se reuniera con él.[25]

Mientras iba al instituto y batallaba con la lengua inglesa, le dijo a un consejero escolar que quería llegar a ser ingeniero algún día. El consejero le disuadió de esta meta debido a sus calificaciones y a la falta de recursos de su familia. De la Vega afirma: «Destrozó mis sueños en ese preciso momento». Abandonó un instituto académico y empezó a estudiar en una escuela de mecánica.

Pero De la Vega pudo reavivar su sueño cuando su abuela llegó a EE. UU. y le dijo: «Ralph, no le permitas a nadie que ponga límites a lo que puedes conseguir. Si quieres ser ingeniero puedes ser ingeniero».

Y así lo hizo. Y sigue dándole este consejo de su abuela a los jóvenes que quieren tener éxito.

Puede que se trate del autoconcepto, o más en concreto de las evaluaciones del propio yo íntimo: un conjunto de características psicológicas que incluyen la confianza en la propia valía y la eficacia general de uno mismo a la hora de ser eficiente frente a situaciones nuevas, la creencia de

24. Stanley, 2000, pág, 107.
25. *Atlanta Journal-Constitution*, 18 de marzo de 2012.

tener el control sobre las decisiones y los resultados de las decisiones, y unos niveles inferiores de estrés y ansiedad.

Examinando conjuntos de datos de la Encuesta Longitudinal Nacional sobre la Juventud, los doctores Timothy Judge y Charlice Hurst mostraron que la relación entre una infancia privilegiada y los ingresos no es sencilla.[26] Como era de esperar, los niños de entornos más favorecidos tenían unos niveles de ingresos superiores, pero vieron que los niños con un elevado concepto de sí mismos pertenecientes a un entorno favorecido tenían unos niveles de ingresos muy distintos (es decir, muy superiores) a los de sus compañeros igualmente favorecidos pero con un pobre concepto de sí mismos. Judge y Hurst afirman que «estos recursos [las ventajas familiares, unas notas altas en el examen de admisión a la universidad, un promedio elevado en su expediente universitario] apenas parecían suponer una diferencia con las personas con unas bajas evaluaciones del propio yo íntimo y, en algunos casos (por ejemplo, en las puntuaciones en sus exámenes de selectividad), parecieron, de hecho, tener un ligero impacto negativo». Concluyen que «parece que los recursos, como las ventajas familiares y un promedio elevado en su expediente universitario, son necesarios juntos para conseguir unos niveles de ingresos por encima de la media».

Teniendo en cuenta, por un momento, el patrimonio neto en lugar de los ingresos, volvemos a ver que el cómo nos sentimos con nosotros mismos y nuestras capacidades relacionadas con los asuntos económicos tiene un impacto significativo sobre el patrimonio neto, independientemente de la edad, el nivel de ingresos y el porcentaje de riqueza heredada. Aunque el concepto de uno mismo es, generalmente, un rasgo estable o que no cambia, comprender el concepto de uno mismo y modificar las conductas relacionadas con los asuntos económicos puede que tenga beneficios para los ingresos y el patrimonio neto a largo plazo.

---

26. Judge y Hurst, 2007.

LOS ARGUMENTOS EN FAVOR DE UNA EDUCACIÓN SUPERIOR (MEDITADA)

Un reportero se puso en contacto con nosotros porque quería saber cómo están afectando los costes educativos a la capacidad de los estadounidenses jóvenes para hacerse ricos por su cuenta. ¿Puede, hoy en día, convertirse alguien en el millonario de la puerta de al lado con los elevados costes de la educación? Los costes educativos han aumentado en casi un 400 % desde 1996. Las elevadas deudas relacionadas con la educación hacen que los niños mayores empiecen por detrás de la línea de salida económicamente hablando. Incluso unos progenitores bienintencionados y centrados en la planificación no pueden financiar la universidad por completo, y sólo el 29 % de ellos lo habrán conseguido para cuando sus hijos sean estudiantes universitarios de primer año.[27]

El valor de la educación todavía se sostiene: en la mayoría de los casos, la educación superior sigue teniendo beneficios para la acumulación de riqueza, incluso aunque esos beneficios tengan más que ver con el nivel de ingresos que puedes obtener por poseer ciertos títulos. El patrimonio neto mediano de un graduado universitario (aproximadamente 292 100 dólares) es más de cuatro veces superior al de los graduados en secundaria (54 000 dólares).[28] En nuestro estudio actual, aquellos con licenciaturas universitarias o títulos de posgrado tienen unos niveles de ingresos más altos que aquellos con algunos diplomas universitarios o de secundaria (aunque la diferencia en cuanto al patrimonio neto no fue significativa). Por supuesto, ese nivel de ingresos importa poco sin frugalidad, pero la relación entre el nivel educativo y los ingresos persiste.

Más del 75 % de los millonarios en 1996 y 2016 poseían títulos universitarios y de posgrado. En cierta forma, la educación podría considerarse como una «cualificación mínima» para acumular riqueza, aunque no una garantía. Es un factor, aunque sólo sea para asegurar, al principio, un empleo con un sueldo elevado. Y sólo el 20 % de los millonarios contestaron que estudiar en una escuela superior fue importante para su éxito.

---

27. Fidelity Investments, 2016.
28. Reserva Federal de EE. UU., 2017b.

TABLA 5.3
NIVEL EDUCATIVO DE LOS MILLONARIOS (1996 Y 2016)

Nivel de estudios	1996 (%)	2016 (%)
Ninguno	1	0
Estudios secundarios	6	4
Título técnico / Algo de universidad	16	2
Licenciatura	38	36
Posgrado	38	58

TABLA 5.4
PORCENTAJE DE MILLONARIOS UNIVERSITARIOS
SEGÚN EL TIPO DE UNIVERSIDAD

Educación superior	Porcentaje de millonarios
Privada	30
Pública	55
Ambas	15

ENFOQUES ALTERNATIVOS A LA EDUCACIÓN DE DISEÑO

En 2016, casi el 78 % de los estudiantes universitarios asistieron a una institución pública, mientras que el 22 % fueron a facultades y universidades privadas.[29] ¿Cómo se compara nuestra población millonaria con estos datos? En nuestro último estudio, aproximadamente el 55 % de los millonarios asistió a facultades y universidades públicas, el 15 % de los millonarios asistió tanto a instituciones públicas como privadas, y el 30 % estudió en instituciones privadas. Los costes de todas estas instituciones van en aumento, al igual que la deuda de los estudiantes para cubrir estos gastos. Algunos progenitores bienintencionados pero mal informados han decidido que la deuda es una parte esperada y aceptable de la educación supe-

29. Centro Nacional de EE. UU. para las Estadísticas Educativas (National Center for Education Statistics), 2018.

rior. Lamentablemente, en su esfuerzo por hacer que sus hijos obtengan la cualificación educativa mínima que necesitan, también les están dejando significativamente rezagados en la escala del patrimonio neto. ¿Por qué no están diciéndoles los padres a sus hijos que encuentren alternativas a las rutas tradicionales para un grado de cuatro años que frecuentemente exige la contratación de importantes préstamos? ¿Por qué el apremio por obtener títulos universitarios e incurrir en una deuda de cientos de miles de dólares por los estudios superiores?

Quizás deberíamos pensar en el impacto de la sociometría y de los vecinos sobre la forma en la que animamos a los estudiantes a conseguir una educación superior. Para algunos progenitores y estudiantes, las facultades deben tener un buen factor de aceptación en Instagram. Con las noticias que nos llegan sobre lo que hacen nuestros vecinos, o dónde envían a sus hijos a estudiar, muchas familias ricas en cuanto a su cuenta de resultados sienten la presión de enviar a sus hijos a estudiar a escuelas afamadas. Ir a una facultad de renombre es un símbolo de estatus, como llevar ropa de marca o tener un coche de lujo. Puedes anunciar tu ingreso y matriculación en las redes sociales, y tus amigos y vecinos te dirán lo genial que es que tu hija vaya a una facultad con un equipo de fútbol en la primera división de la Asociación Nacional Deportiva Universitaria; pero si esa facultad viene acompañada de una deuda durante cinco, diez o veinte años más, la súbita fiebre de decirle a los demás que vas a una facultad que no te puedes permitir es algo económicamente peligroso.

Muchas de estas familias te dirán que son frugales o que compran ropa, comestibles y artículos para el hogar sólo cuando están rebajados, pero pese a ello, les complicarán la vida a sus hijos insistiendo en que estudien en una facultad de renombre que los conducirá a tener una elevada deuda.

Para evitar estos costes hará falta un cambio de mentalidad. ¿Son ahora las escuelas estatales «con aspiraciones» algo así como un Mini o un modelo básico de BMW? ¿Vale la pena alguna de esas escuelas de lujo? ¿Vale la pena empezar por detrás de la línea de salida? ¿Supera el valor de ese título la deuda arrastrada durante todo el principio de la vida adulta? Es difícil saberlo.

Piensa en alternativas antes de asumir que un período de entre cuatro y cinco años en una universidad de renombre vale la pena. Los millonarios han compartido con nosotros experiencias relacionadas con cómo obtuvieron su educación. Hacerlo sin incurrir en deudas requerirá de ir contracorriente, al igual que sucede con muchas otras decisiones financieras que toman los estadounidenses económicamente exitosos.

Debiéndoselo todo a un centro formativo superior

Una alternativa a por lo menos los dos primeros años, más o menos, de una estancia tradicional de cuatro años en una universidad tradicional es un centro formativo superior. Mi padre escribió este comentario en 2015, destacando cómo un estadounidense famoso obtuvo su educación:

Las películas de Tom Hanks han recaudado más de 8 000 millones de dólares a nivel mundial. Si leíste su artículo de opinión «Se lo debo todo a un centro educativo superior», publicado en *The New York Times*,[30] quizás comprendas por qué debería ser nominado para la obtención de una membresía honoraria en el club de los millonarios de la puerta de al lado.

Así pues, ¿qué pasa si se graduó en un centro educativo superior? Se describe a sí mismo como «... un estudiante que rendía menos de lo esperado y con unas puntuaciones terribles en las pruebas de acceso a la universidad. [...] De todas formas no podía permitirme la educación en una facultad. [...] Así que fui a Chabot, un centro educativo superior, [...] que como aceptaba a todo el mundo y era gratuito, sería mi alma máter». Según Hanks, recibió una excelente educación «completamente gratuita excepto por el esfuerzo y por el coste de los libros de texto de segunda mano, [...] ese lugar me hizo lo que soy en la actualidad».

Puede que Hanks no fuera un as en la prueba de selectividad, pero era extremadamente creativo y perspicaz con respecto a la recopilación de recursos en Chabot que utilizaría para perfeccionar la ocupación que había escogido. Afirmé, en *MPA*, que la gente económicamente exitosa muestra una capacidad asombrosa para elegir la ocupación adecuada: es decir, una que amen y que, además, sea económicamente gratificante.

Obviamente, Hanks tuvo una gran cantidad disciplina en términos de escoger cursos y profesores concretos basándose en la vocación que había escogido. Como prueba de su disciplina, invita al lector a examinar lista de préstamos de la biblioteca de Chabot sobre los monólogos del célebre actor Jason Robards de la obra *Aquí está el hombre de hielo*, de Eugene O'Neill. Hanks escuchó estas grabaciones por lo menos veinte veces. «Las clases a las que asistí en Chabot han creado ondas que se han propagado por todo mi estanque profesional», dice.

De hecho, Hanks otorga su reconocimiento a su profesor de historia, «cuyas clases eran fascinantes», por el formato del guion que adoptó para su miniserie *John Adams*, en la plataforma HBO.

Si sigues el ejemplo de Hanks de aprovechar los recursos disponibles en la mayoría de los centros educativos superiores y en las facultades con estudios de cuatro años en EE. UU. puedes obtener una excelente educación.

---

30. Hanks, 2015.

EXPERTOS EN MATERIAS: MILLONARIOS

Cuando agrupamos algunas de estas competencias relativas a la riqueza procedentes de nuestras encuestas actuales y pasadas, además de otras investigaciones, vemos similitudes entre lo que hace falta para acumular riqueza (que podría considerarse un empleo) y lo exitoso que puede ser alguien en un empleo tradicional. Ser consciente de nuestras propias competencias no sólo nos permite ir tras el tipo adecuado de ocupación (cosa que comentaremos en el capítulo 6), sino que también nos permite sacarle el jugo a esas fortalezas cuando se trata de gestionar los asuntos de nuestro propio hogar (o, si disponemos de los medios para hacerlo, contratar a aquellas personas que puedan ser unos asesores de confianza).

Mientras *MPA* se centraba en conseguir oportunidades de mercado y en elegir la carrera profesional adecuada, *The Millionaire Mind* se centraba en la mentalidad, o la psicología, de las personas con un patrimonio neto alto y ultraalto. En el capítulo sobre los factores del éxito, aparecen siete categorías distintas de lo que podríamos llamar «competencias para la riqueza». Los millonarios retratados tenían un patrimonio neto mediano de 4,3 millones de dólares en 1998 (que equivaldrían a unos 6,3 millones de dólares actuales). Para este libro, los millonarios que hemos estudiado poseen un patrimonio neto mediano de 3,5 millones de dólares. A pesar de las diferencias en el patrimonio neto mediano, hay similitudes que parecen atemporales cuando se trata de alcanzar la independencia económica. Estos millonarios sirven a modo de *expertos en materias* en el campo de la acumulación de riqueza.

Hoy, al igual que en 1998, nos encontramos con que los millonarios siguen considerando que *la disciplina, llevarse bien con los demás, la integridad y el trabajo duro* son cruciales para su éxito. También vemos el factor de *la resiliencia y la perseverancia,* muy probablemente debido a lo que estas personas experimentaron mientras ascendían en el escalafón, fundaban un negocio o se abrían camino gestionando los asuntos de su hogar a lo largo de las distintas etapas de su vida.

TABLA 5.5
FACTORES DE ÉXITO: PORCENTAJE DE MILLONARIOS QUE APRUEBAN LAS SIGUIENTES IDEAS CONSIDERÁNDOLAS IMPORTANTES O MUY IMPORTANTES (1998 Y 2016)

	Porcentaje de millonarios	
Factor de éxito (afirmación de 1998)	**1998**	**2016**
Ser disciplinado	95	91
Resiliencia/perseverancia	-	88
Ser honesto con toda la gente	90	86
Llevarse bien con la gente	94	83
Tener un cónyuge alentador	81	81
Trabajar más duro que la mayoría de la gente	88	80
Ser muy organizado	85	74
Amar mi carrera profesional o mi negocio	86	70
Tener unas grandes cualidades de liderazgo	84	68
Tener un espíritu/personalidad muy competitivo	81	63
Vivir por debajo de mis posibilidades	43	61
Tener una visión clara de mi futuro	-	61
Tener unos progenitores alentadores	-	59
Reconocer las oportunidades únicas en el mercado (ver oportunidades que otros no ven)	72	58
Tener un gran intelecto/coeficiente intelectual	67	53
Tener un gran profesor/mentor (tener buenos mentores)	73	53
Tener ideas originales	-	50
Ignorar las críticas de los detractores	51	45
Tener unos progenitores comprometidos/implicados	-	42
Invertir en acciones de corporaciones públicas	42	37
Tener una fe religiosa fuerte	33	32
Tener unos excelentes asesores de inversiones	39	29
Prácticas durante los estudios universitarios o inmediatamente después de graduarme	-	22
Graduación cerca de o entre los mejores del curso	33	21
Estudiar en una universidad de primer nivel	48	20
Estudiar en escuelas privadas	-	8

Nota: Una (-) indica que la afirmación no se incluyó en el estudio de 1998.

LA DISCIPLINA Y LA RIQUEZA

El éxito en la vida y el trabajo se ha relacionado constantemente con la diligencia, tanto si se trata de ser disciplinado, tener planes y cumplirlos o centrarse en los detalles. Tal y como hemos comentado anteriormente, los estudios en el campo de la psicología muestran una relación entre esta característica de la personalidad y lo bien que alguien rendirá en su trabajo.[31] Las investigaciones llevadas a cabo sobre aquellos con un patrimonio neto elevado durante las últimas décadas también aportan conocimientos sobre por qué son prósperos en cuanto al estado de su situación patrimonial: poseen un enfoque a largo plazo y disciplinado con respecto a los ahorros, los gastos y las inversiones. Estas personas no se distraen por lo que hacen sus vecinos.

Más de 9 de cada 10 de las personas que se encuentran entre el 5 % de los más ricos de EE. UU. reportaron que ser muy disciplinado era muy importante para explicar su éxito socioeconómico. Este hallazgo es constante a lo largo del tiempo. En *The Millionaire Mind* se nos recuerda que «una persona disciplinada pone su vista en un objetivo elevado, y luego imagina formas productivas de alcanzar su meta. No es fácil distraer a la gente disciplinada. [...] Podrían vivir en una panadería/pastelería francesa y no ganar peso, o podrían toparse con cientos de oportunidades económicas y seleccionar entonces una o dos que sean las que mejor se adapten a sus fortalezas y a las necesidades del mercado».[32]

No resulta sorprendente que la disciplina se valore entre los factores más importantes para alcanzar la independencia económica. Gestionar nuestra vida financiera para asegurar que se alcancen unas metas relacionadas con el dinero *requiere* de elevados niveles de disciplina, rutina y diligencia.

La disciplina para acumular riqueza también significa marcarnos nuestros propios objetivos. Tomemos, como ejemplo, la educación de posgrado: un reto que requiere de un estudio autodirigido y de la gestión de un proyecto independiente a gran escala. Lamentablemente, la mitad de to-

31. Schmidt y Hunter, 1998.
32. Stanley, 2000, pág. 83.

dos los estudiantes de posgrado abandonan antes de completar su doctorado.[33] ¿Cómo puede ser esto posible? No se trata de una falta de intelecto. Por la experiencia de mi padre como profesor universitario durante más de veinte años, tenía sus propios puntos de vista acerca de por qué los estudiantes se retiraban de los programas de doctorado. Hay varias razones, pero él creía que la más importante era la falta de autodisciplina. Como graduados, se les dijo específicamente a estos estudiantes qué tenían que hacer, qué estudiar y qué exámenes hacer. Todo aparecía programado en el temario. Después, en los estudios de posgrado, a estos alumnos les fue bien en términos de las tareas de clase, pero cuando se trataba de proponer y finalizar una tesis, una actividad que por su naturaleza requiere que aquellos que la emprendan creen los propios planes de su proyecto y ejecuten esos planes con poco refuerzo externo, vio que muchos de esos estudiantes eran incapaces y probablemente no estaban dispuestos a hacerlo por su cuenta. Completar una tesis equivale a ser autónomo. En ambos casos, es la persona la que debe dedicar tiempo y energía de la forma más productiva. El empleador no te da ninguna descripción de tu empleo ni ningún plan de estudios.

La mayoría de los millonarios de la puerta de al lado a los que hemos entrevistado no cumplían los requisitos para acceder al típico programa de doctorado. No tenían una media de sobresalientes como graduados, y tampoco obtuvieron unas puntuaciones altas en los exámenes estandarizados. Pese a ello tenían un buen grado de autodisciplina, lo que junto con la integridad es uno de los ingredientes más importantes para alcanzar el éxito económico.

LA RESILIENCIA Y LA PERSEVERANCIA

Otro componente constantemente citado por las personas económicamente exitosas es la resiliencia. Para acumular riqueza, para crear tu propio negocio, para ignorar a los críticos, los medios y tus vecinos, debes tener la determinación de seguir yendo tras tus objetivos superando el rechazo y el dolor. Los millonarios y otros estadounidenses económica-

33. Cassuto, 2013.

mente exitosos que persiguen el autoempleo, deciden ascender por el escalafón o se esfuerzan por generar un estilo de vida con independencia económica desde un buen principio, lo hacen manteniéndose firmes perpetuamente. No es algo para timoratos. Vemos esta resiliencia ilustrada en aquellos que siguen el camino de la independencia económica/jubilación temprana (la IE/JT, tal y hemos comentado anteriormente). Aquellos que siguen esta senda hacia la libertad económica se encuentran con obstáculos a diario para conseguirlo gracias, en parte, a sus vecinos, su comunidad (tanto personal como virtual) y las empresas que los persiguen por sus recursos financieros y cognitivos.

Alan DeMarcus dispuso de la resiliencia para fundar una exitosa empresa de recuperación de refrigerantes, vender ese negocio y luego convertirse en millonario ocho veces. Ahora tiene un patrimonio neto de entre 8 y 10 millones de dólares.

Alan, que empezó trabajando en la empresa de calefacción, ventilación y aire acondicionado de su tío cuando tenía catorce años, aprendió el oficio y lo que significaba trabajar duro. Durante su época en la universidad, regresó al negocio de su tío, obtuvo un puesto en el departamento de ventas y acabó dejando los estudios después de dos años y medio. A partir de ese momento, el camino de Alan hacia el éxito dio algunos giros inesperados:

> *Después de dos años trabajando en mi empleo en ventas, mi tío vendió la empresa a una compañía que cotizaba en bolsa con la condición de un acuerdo de pago adicional basado en rendimientos futuros. Conseguí una oferta de trabajo, pero decidí no aceptarla. A principios de 2000, esa empresa se declaró en quiebra y mi tío lo perdió todo. Decidí fundar mi propio negocio, reuniendo dinero y asociándome con mi tío. Empezamos con 180 000 dólares que tuvimos que pedir prestados a amigos y familiares. Me prometí devolver cada préstamo. ¡Fue algo amedrentador! Crecimos mucho sobre el papel, pero nos escaseaba el dinero. Es un negocio rico en activos. Estábamos viviendo en un piso demasiado caro en San Francisco, mi mujer ganaba 26 000 dólares al año y yo no ganaba nada. Estábamos empezando con nada. Como el negocio creció rápidamente se quedaba sin dinero constantemente. Era necesario que tuviésemos esperanza. Soy creyente, y eso es algo que está integrado en mi empresa en la actuali-*

dad; pero para empezar era demasiado gallito, [...] *tuve que confiar en la oración para salir adelante. Me di cuenta, frecuentemente, de que todo lo que poseía podía perderlo al día siguiente. ¿Qué haces cuando careces de dinero y eres el propietario de tu propio negocio?: viertes tu propio dinero en él. Emplearíamos nuestro fondo personal para emergencias para financiar la empresa y pagar a los empleados.*

Mientras el mundo de los negocios se estaba desplomando en 2008-2009, las prudentes prácticas empresariales de Alan fueron exitosas a pesar de las tendencias en la industria:

Toda la industria (el sector de la calefacción, la ventilación y los aires acondicionados) sufrió una caída del 65 % en 2008. Nuestros ingresos netos totales se redujeron en un 18 %. Tuvimos que tomar prestado algo de dinero, pero teníamos unos buenos consultores, incluyendo una buena asesoría legal y unos buenos contables. Ahora estamos presentes en cuarenta y tres mercados y tenemos 165 empleados.

Sus prácticas prudentes también se vieron reflejadas en su hogar, y su mujer tuvo mucho que ver con la perseverancia y el éxito de Alan:

Mi esposa y yo éramos un equipo. Nunca podría haber hecho esto sin mi mujer. Es mi cordura, lo máximo... Tenemos una vida hogareña sólida. Creo que el caos en el hogar se refleja en forma de caos en el trabajo. Gastamos menos de lo que ganamos [...] *de forma constante; pero el flujo de dinero no siempre concuerda: por lo tanto, financiamos el negocio con nuestro propio fondo personal para emergencias. Hace tiempo empezamos con 150 000 dólares. Los problemas de flujo de caja de la empresa se convirtieron en nuestros problemas. Nunca tuvimos que vender activos ni nada, pero tuvimos que desprendernos de nuestros ahorros regularmente.*

Habiendo abandonado la facultad hace dos años y medio, la perspectiva de Alan con respecto a la educación y los comentarios de un director ejecutivo inteligente nos aportaron una perspectiva interesante sobre la importancia de acumular riqueza y el liderazgo:

Nuestra sociedad pone mucho énfasis en la educación; pero la gente sigue tan perdida cuando sale de la universidad como cuando entró en ella, pero ahora, además, tiene una deuda enorme. Esto está bien si quieres un empleo en el sector empresarial en EE. UU. Es un prerrequisito. Pero aprender más, los conocimientos... son necesarios para un negocio. Probar más cosas te ayuda a encontrar un punto óptimo en el mercado. No es necesario que poseas un título universitario. Se pone demasiado énfasis en el título. Lo único que necesitas es probar más cosas. A la gente que tiene dinero no le importa tu título. A los inversores no les importa: lo que les preocupa es si puedes hacerlo. Conozco a demasiada gente con un MBA de Harvard con coches de lujo y una deuda tremenda.

El trabajo duro en el ámbito académico: Mucha riqueza con mucha disciplina

Enseñar en una institución de alto nivel centrada en la investigación requiere producir constantemente artículos publicados en revistas arbitradas, y ésta es la razón de la frecuente frase «publica o perece». Mi padre pasó la primera mitad de su carrera profesional en este entorno y conocía bien las personalidades y la presión de este tipo de cultura. Escribió acerca de esto en 2013, después de que un antiguo profesor le escribiera para compartir sus experiencias:

Tal y como se afirma en *The Millionaire Mind,* un distinguido erudito me dijo, en una ocasión: «Si no publicas quizás no consigas una titularidad en una buena facultad, pero tendrás muchos amigos. Publica mucho y no serás realmente popular entre tus colegas».

Recibí un *e-mail* de un antiguo profesor y colega al que llamaremos «doctor F. O.». En él me explicaba que «unos pocos años después de que renunciara a mi puesto como profesor titular en la universidad para fundar mi propio [...] negocio [...] tenía cincuenta y un años y prácticamente todos mis colegas pensaron que había perdido la cabeza por renunciar a la seguridad de mi vida como profesor titular en la universidad, pero resultó ser la mejor cosa que he hecho nunca».

Nueve años después de haber fundado su propio negocio alcanzó un estado próximo al de decamillonario. Ahora está jubilado y ha tenido tiempo de releer *The Millionaire Mind* y ha compartido algunas de sus experiencias relacionadas con la disciplina en la búsqueda de la libertad económica. «Muchas cosas en el libro» –decía– «describen mis experiencias: desde vivir por debajo de nuestras posibilidades (mi patrimonio neto era de más de un millón de dólares antes de fundar el negocio) a asumir riesgos, la frustración de trabajar para otros (en este caso, administradores universitarios y colegas titulares), tener una mujer de cuarenta y dos años comprensiva, mis creencias religiosas, creer en mí mismo, encontrar un nicho de mercado...».

Algunos de sus «amigos» le dijeron al doctor F. O. que simplemente había tenido suerte. Y él les indicó que se sentía «muy insultado» por sus comentarios. En la encuesta a

733 multimillonarios que supuso la base de *The Millionaire Mind,* la suerte se valoró entre los factores para el éxito menos importantes, mientras que ser disciplinado se encontraba en los primeros puestos, junto con la integridad. La disciplina y la integridad siguen ocupando los primeros lugares de la lista de los factores cruciales para el éxito en nuestra última encuesta. El doctor F. O. explicó su camino hacia el éxito de la siguiente forma:

«Mis orígenes son muy humildes y procedo de instituciones educativas que se encuentran en la parte inferior de la cadena alimentaria universitaria. Al igual que sucede con los hallazgos que aparecen en el libro *[The Millionaire Mind],* fui rechazado por las instituciones de excelencia, aunque publiqué muchos más artículos que mis colegas. La idea de la suerte denigra el trabajo duro y la preparación que he puesto en todo lo que he hecho. Pese a que muchos de ellos [sus colegas] proceden de instituciones educativas de élite, ninguno de ellos había trabajado tan duro ni con tanta inteligencia como yo lo hice durante muchos años, y nunca hubieran aprovechado la oportunidad como lo hice yo, si hubiera aparecido por su camino. De hecho, nunca buscaron siquiera una oportunidad así. Yo he sido bendecido de muchas formas, pero la suerte tuvo muy poco que ver con mi éxito. [...] Quiero que sepa simplemente lo ciertos que son los resultados de su investigación. Conseguí este dinero en mi cincuentena. Puede seguir consiguiéndose en EE. UU. con las actitudes y convicciones correctas y con trabajo duro. Lamentablemente, éste no es el mensaje que la sociedad está transmitiendo a los jóvenes.

»Después de nueve años en el negocio por mi cuenta, tengo más dinero del que nunca hubiera soñado y me encantó la experiencia de dirigir mi propia empresa. Una jubilación sin preocupaciones me gusta todavía más. Desde mi jubilación, hace algunos años, he tenido tiempo para reflexionar sobre mis experiencias universitarias y empresariales, y esta reflexión incluyó releer *The Millionaire Mind* a lo largo de los últimos días. Ahora me veo reflejado en él más que nunca.

»No he tenido ni un céntimo de deudas durante quince años, y ahora tengo un patrimonio neto de entre 8 y 9 millones de dólares. Nunca antes le había revelado esta cifra a nadie. No creo que ninguno de nuestros amigos tenga ni idea de que tenemos todo este dinero. Aparte de considerables viajes al extranjero en los últimos años, no vivimos de forma notoriamente distinta a como lo hacíamos antes. Nuestras tiendas favoritas son Costco y Walmart».

El doctor F. O. empleó sus abundantes publicaciones en el ámbito académico para fundar su propio negocio. Al igual que acumular riqueza, la publicación de artículos en el ámbito académico o la fundación de un negocio tiene unas medidas mediante las cuales puedes valorar el éxito y en pro de las cuales trabajar. El trabajo duro le ayudó a cruzar la línea de llegada del éxito económico.

Alan había generado un margen en su negocio mediante la acumulación de metálico con el tiempo y no siguiendo cada idea «imprescindible». Se aseguró de que cada decisión se tomara con calma.

Cuanto más éxito económico consigas,
a más críticos atraerás.

¿Son las características personales de los millonarios de la puerta de al lado las mismas en la actualidad que hace más de dos décadas? ¿Han tenido los cambios importantes en la tecnología y los aumentos en los costes de la educación y los cuidados sanitarios un efecto significativo sobre lo que resulta necesario para que la gente acumule verdadera riqueza?

En nuestras dos principales muestras del 5 % de la gente más rica de Estados Unidos en 1998 (el estudio expuesto en *The Millionaire Mind*) y 2016, la integridad y la disciplina aparecieron, constantemente, en la parte superior de la tabla de los treinta factores del éxito que valoraron. Estos factores tienen un papel en multitud de áreas relacionadas con la gestión de las propias finanzas del hogar, desde la toma de decisiones relacionadas con las inversiones hasta, simplemente, pagar las facturas. Un millonario de la puerta de al lado aplica constantemente la disciplina para acumular riqueza, independientemente de las épocas, las condiciones económicas del día o las tecnologías disponibles.

Tal y como se describe en *The Millionaire Mind,* «Es difícil exagerar la importancia de la disciplina a la hora de explicar las variaciones en el éxito económico. Si careces de disciplina, las probabilidades de que llegues a acumular riqueza serán muy muy pequeñas. Sí, te puede tocar la lotería, pero en la mayoría de los casos tendrás una mayor probabilidad de contraer la lepra».[34]

Cabe destacar que los tres componentes del éxito que aparecen bajo el encabezado de la orientación intelectual están lejos de ser tan importantes como la disciplina para explicar el éxito socioeconómico de alguien. Tener un cociente intelectual o un intelecto superior, graduarse en una universidad prestigiosa y hacerlo estando entre los mejores de la clase o cerca de ellos se encontró, constantemente, en la parte inferior de la clasificación de los factores del éxito.

Lo que resulta congruente con estos hallazgos es un caso práctico reciente que recibimos de un abogado que se había beneficiado enormemente de su formación en el Cuerpo de Marines. Recuerda que la disciplina es un componente importante de la experiencia en el Cuerpo de Marines.

---

34. Stanley, 2000, pág. 85.

Doctor Stanley:

He leído MPA *y* The Millionaire Mind, *y me encantaron ambos. Acabo de finalizar la lectura de* The Millionaire Mind. *El libro me dijo algo, porque aunque no soy millonario* [...] *planeo serlo. Soy como su personaje principal, el millonario de la puerta de al lado* [...] . *Fui a la Escuela de Formación de Oficiales Militares del Cuerpo de Marines, fui a la universidad, fui a la facultad de derecho. No soy muy inteligente y no tengo el «don» de poseer un cociente intelectual alto. Soy disciplinado y trabajo duro. También resulta que tengo un hermano gemelo y somos idénticos en todos los aspectos. Ambos abrimos un despacho de abogados hace unos cinco años, y nos dedicamos al sector inmobiliario. Somos sociables, nos llevamos bien con la gente y tenemos un elevado grado de sentido común básico. Además, ejercemos en el sector inmobiliario, por lo que no competimos con la prototípica gente con un cociente intelectual alto. Nos va bien* [...] *el último año ambos ganamos más de 250 000 dólares.*

En cuanto al consumo personal, sigo el plan «Dave Ramsey» y mantengo un presupuesto con respecto al dinero en metálico. Conduzco un Honda Accord de 1998 que tiene casi 400 000 kilómetros. Cada vez que me pongo al volante sonrío mientras conduzco este genial coche como si se tratara una medalla de honor. Todos mis amigos se están comprando casas grandes que no pueden permitirse y coches de lujo que alquilan o compran pidiendo préstamos. Son gente rica en cuanto a su cuenta de resultados. Ganan unos salarios bastante elevados y se lo gastan todo. Uno de mis mejores amigos dice que pide préstamos para comprar cosas porque eso le somete a presión para así ganar más dinero. No puedo pensar en una lógica más errónea. Mi intención es la de hacer justo lo contrario. Tengo treinta y siete años y no tengo deudas. Mi objetivo es el de invertir tanto como sea posible en fondos de inversión mobiliarios y acumular propiedades inmobiliarias comerciales y residenciales a lo largo de mi vida. Haré esto sin ni siquiera tener que pedir una hipoteca.

Me encanta leer sus libros así que, si sigue escribiéndolos, seguiré leyéndolos.

Le deseo lo mejor. Semper fidelis.

Resiliencia en acción

Mi padre escribió este artículo en 2012 en respuesta a un artículo escrito por Clare O'Connor sobre Sara Blakely, la fundadora de Spanx, que apareció en Internet en la revista Forbes. *El artículo afirmaba que «Sara Blakely es la mujer hecha a sí misma más joven en unirse este año al club de los milmillonarios, convirtiendo 5 000 dólares en ahorros en una nueva categoría de las ventas al por menor: las prendas moldeadoras».*[35]

Blakely deseaba de todo corazón ir a la facultad de derecho, pero según el artículo de *Forbes*, obtuvo un mal resultado en la prueba de acceso a los estudios universitarios de derecho. ¿Y qué pasa porque careciera de un gran intelecto analítico? Sólo el 9 % de los decamillonarios, tanto hombres como mujeres, indicó que su elección de carrera universitaria se basó en los resultados de sus pruebas de aptitud.[36]

Al igual que la mayoría de la gente que está destinada a tener éxito, tomó otro camino. Antes de que Blakely fundara su propio negocio, pasó siete años como profesional de ventas de aparatos de fax a puerta fría. Decía: «Me rompían las tarjetas de presentación delante de mis narices porque era muy pesada».

Según mi base de datos, la profesión de las ventas es el primer empleo más mencionado por los millonarios hechos a sí mismos (14 %). Vender es una gran forma de potenciar y poner a prueba tu autodisciplina y tenacidad.

Como vendedora, Blakely comprendió que su aspecto era una parte muy importante de su profesión. Por ello, quería tener el mejor aspecto posible en todo momento. Sin embargo, se dio cuenta de que algunas de las piezas de ropa interior que había en el mercado carecían de estilo y funcionalidad. Después de muchas pruebas y errores inventó Spanx, una ropa interior moldeadora. Este producto, junto con su enorme intelecto creativo y su gran motivación, la ha convertido en milmillonaria.

Tras leer todo el artículo aprecié muchas similitudes entre Blakely y otras personas de éxito. Como parte de mi investigación para el libro *Millionaire women next door,* 313 mujeres de todo EE. UU. que tienen y gestionan negocios de éxito escribieron una redacción cuyo título era «Sugerencias sobre cómo los jóvenes pueden convertirse en adultos de éxito».

Es esencia, escribieron «Cómo me convertí en la propietaria de un negocio de éxito». Después de completar un análisis de contenidos exhaustivo de los asuntos centrales de estas redacciones, determiné que la perseverancia era el factor al que más frecuentemente se atribuía la razón del éxito (el 51 % de estas mujeres así lo afirmaron). En el libro escribí: «La mayoría de las encuestadas informaron de su éxito sólo tras el fracaso inicial y tras una intensa disuasión por parte de familiares y amigos. Existe la sensación de que estas personas parecen motivadas a superar los obstáculos y a demostrar a sus críticos que estaban equivocados. Muchas pensaban que un subcomponente clave de la perseverancia era tener unas grandes aspiraciones, un intenso deseo de ambición por avanzar, los honores, etc. Las encuestadas subrayaron que mantenerse concentradas en el resultado deseado (perseverar) a lo largo de períodos prolongados de tiempo es la clave del éxito».[37]

35. O'Connor, 2012.
36. Stanley, 1998.
37. Stanley, 2004.

La perseverancia es necesaria

El espíritu y las ideas abundan, pero convertirlas en realidad requiere de una dosis de resiliencia y confianza, que deben estar presentes no sólo en las etapas iniciales de cualquier tipo de cambio, sino, de forma más importante, cuando un sueño parece inalcanzable. Ten en cuenta esta anécdota que mi padre escribió en 2014 sobre cómo la resiliencia y la confianza son necesarias para los inevitables retos con los que nos enfrentaremos al crear un negocio:

Roy está pensando en hacer la transición entre ser un empleado a ser un empresario autónomo. Posee muchas de las características que son importantes para tener éxito en los negocios. Es un experto en su campo, es muy disciplinado y tiene una solvencia crediticia excelente. Él y su familia viven por debajo de sus posibilidades. Pese a ello, me pregunto si el proyecto de negocio propuesto por Roy arrancará en algún momento.

El entusiasmo de Roy se ha enfriado, ya que sus tres solicitudes de créditos para poder abrir su empresa han sido rechazadas. Tiene dificultades con aquellos que critican su propuesta de negocio. Se encontró con que los agentes de créditos eran condescendientes, distantes e incluso insultantes. Incluso sus suegros no mostraban ningunas ganas de prestarle dinero. Le dijeron que era algo demasiado arriesgado y que carecía de la aptitud necesaria para los negocios.

Le recomendé a Roy que se releyera el apartado «Lidiando con los críticos» de *The Millionaire Mind.* Aquí tenemos algunas citas que espero que aporten consuelo a Roy:

«Hay incontables ejemplos de críticos que intentan destruir los sueños de los hombres y mujeres ambiciosos; pero los críticos son parte necesaria de nuestro sistema social en EE. UU.: criban a aquellos que carecen de la valentía y la resolución para encajar las críticas y triunfar a pesar de ellas».

«Incluso el acero no puede endurecerse a no ser que se martillee, y esto no se diferencia de lo que pasa con la gente. Los millonarios hechos a sí mismos informan de que las evaluaciones y comentarios degradantes emitidos por algunas figuras de autoridad desempeñaron un papel en su éxito definitivo en la vida. El martilleo generó los anticuerpos que necesitaban para desviar las críticas y templar su resolución».

«La vida no es una carrera corta: es un maratón de maratones. Las etiquetas vienen y van. Si crees que puedes tener éxito en la vida a pesar de las etiquetas degradantes que predigan tu fracaso, es probable que ganes la mayoría de los maratones. Ésta es la experiencia normal entre la mayoría de los millonarios».[38]

Y Roy necesita comprender que la longitud de la fila formada por sus críticos aumentará a medida que vaya teniendo, progresivamente, más éxito.

38. Stanley, 2000, pág. 98.

OCUPANDO NUESTRA MENTE Y NUESTRO TIEMPO

La forma en la que empleemos uno de nuestros recursos no renovables más valioso, el tiempo, puede respaldar nuestras metas económicas o restarles valor. ¿Qué actividades ocupan el tiempo de los millonarios? ¿En qué se parecen estas actividades en el caso de los acumuladores prodigiosos de riqueza y los malos acumuladores de riqueza? Los acumuladores prodigiosos de riqueza, que son aquellas personas versadas en transformar sus ingresos en riqueza, pasan bastante más tiempo leyendo artículos sobre negocios y leyendo cosas en general que los malos acumuladores de riqueza, pero esto quizás se deba a que la gente que es mala acumuladora de riqueza trabaja más que los acumuladores prodigiosos de riqueza. Nuestra investigación ha mostrado que los malos acumuladores de riqueza deben mantener el motor de los ingresos en funcionamiento para que esté a la altura de su estilo de vida de consumo, dejando poco tiempo para la planificación, leer y pensar en sus inversiones. También vimos que la gente próspera mala acumuladora de riqueza de nuestro último estudio pasa más tiempo en las redes sociales (aproximadamente catorce horas) en comparación con los acumuladores prodigiosos de riqueza (nueve horas). ¿Podría ser que esas cinco horas extra pudieran dedicarse a otra cosa, quizás a la planificación de nuestro futuro económico?

TABLA 5.6.
HORAS EMPLEADAS AL MES EN ACTIVIDADES CONCRETAS EN EL CASO DE LOS MALOS ACUMULADORES DE RIQUEZA Y LOS ACUMULADORES PRODIGIOSOS DE RIQUEZA (1996 Y 2016)

	1996		2016	
Actividad	**MAR**	**APR**	**MAR**	**APR**
Estudiar/planear decisiones de inversiones futuras	5,5	10	8,7	11,3
Gestionar inversiones actuales	4,2	8,1	8,6	11,3
Hacer ejercicio	16,7	30	19,5	25,0

TABLA 5.7

HORAS EMPLEADAS AL MES EN ACTIVIDADES CONCRETAS EN EL CASO DE LOS MALOS ACUMULADORES DE RIQUEZA Y LOS ACUMULADORES PRODIGIOSOS DE RIQUEZA

Actividad	**MAR**	**APR**
Leer artículos de revistas de negocios	10,7	10,5
Leer artículos sobre negocios en revistas no de negocios	10,8	16,5
Leer por placer	17,0	22,8
Trabajar	184,6	140,9
Pasar tiempo en redes sociales (no relacionadas con el trabajo)	14,2	9,3
Hacer compras (en persona, en una tienda) de ropa, accesorios	3,7	3,6
Jugar a juegos en un dispositivo móvil u otro sistema basado en la tecnología	3,2	2,5

TABLA 5.8

HORAS EMPLEADAS AL MES EN ACTIVIDADES CONCRETAS: MILLONARIOS FRENTE A LA POBLACIÓN ESTADOUNIDENSE[39]

Actividad	**Millonarios (horas por semana)**	**Estadounidense medio (horas por semana)**
Trabajar	38,4	32,1
Leer por placer	5,5	2,0
Estar en las redes sociales	2,5	14,0
Hacer ejercicio	5,8	2,5
Cuidar de la familia	8,5	3,6
Jugar a videojuegos	0,8	1,7
Dormir	53,6	61,5

39. Oficina de Estadísticas Laborales de EE. UU., 2016h. (Todos los datos excepto el uso de redes sociales).

TIEMPO DEDICADO

Piensa en cualquiera de las distracciones tecnológicas actuales: desde las redes sociales a los videojuegos: ¿cuántas horas diarias pasas pegado a tus dispositivos electrónicos? Las distracciones suponen una razón importante por la cual a muchos les cuesta lograr su independencia económica o alcanzar otros objetivos. Sabemos que cuanto más podamos concentrarnos sin distracciones, mejor capacidad tendremos para acumular riqueza a largo plazo. ¿Cuánto tiempo dedican los millonarios actuales a la presunta «emoción» del día? Piensa en esto: la mayoría de los millonarios de nuestro último estudio dicen pasar sólo dos horas y media semanales en las redes sociales, frente al estadounidense medio, que pasa en ellas casi seis veces más tiempo (catorce horas semanales). ¿Cuántas horas has pasado pensando en las elecciones presidenciales más recientes y en su resultado? La mayoría de los millonarios pasan menos de una hora pensando en las elecciones políticas (y alrededor del 10% no emplea tiempo en absoluto en eso). Ese tiempo y esas preocupaciones pueden emplearse mejor en áreas que te permitan alcanzar tus metas financieras o las relacionadas con tu carrera profesional.

Podemos desplazar, fácilmente, nuestra atención al conflicto, los retos, el dolor y otras emociones al ver a los demás competir en la política, los deportes, los *reality shows* e incluso en nuestros eventos sociales. Quedando absorbidos en la competición constante estarás, necesariamente, quitándole tiempo y energía emocional a otra cosa: tu negocio, tu educación o cualquier otra actividad productiva. Si esa competición se retransmite por televisión, podrías estar dedicándole más de las dos horas de media que le dedican los estadounidenses a este medio.

TABLA 5.9
TIEMPO EMPLEADO LA ÚLTIMA SEMANA EN ACTIVIDADES CONCRETAS
POR PORCENTAJE DE MILLONARIOS

Actividad	**Nada de tiempo**	**Una hora o menos**	**Una hora o más**
Escuchar música	13,0	42,9	44,1
Ver deporte	32,2	24,5	43,0
Hacer deporte	52,2	8,2	37,6
Ver cadenas de televisión que hablan de política	42,8	32,6	24,5
Escuchar emisoras de radio que hablan de política	52,9	29,8	17,3
Jugar a videojuegos	77,4	16,4	9,3
Hacer compras por Internet	30,2	60,9	8,9
Escuchar emisoras de radio deportivas	68,4	22,9	8,7
Ver programas de televisión que hablan de deportes	72,7	23,6	3,8

TABLA 5.10
TIEMPO EMPLEADO PENSANDO EN TEMAS CONCRETOS
POR PORCENTAJE DE MILLONARIOS

	Porcentajes de millonarios				
Pérdida	**Nada de tiempo**	**Minutos**	**Horas**	**Días**	**Semanas, meses, años**
Candidato favorito pierde elecciones locales o estatales	17,9	56,6	13,7	6,8	5,0
Candidato favorito pierde elecciones nacionales	9,4	35,5	25,3	1,2	17,7
Equipo deportivo favorito pierde	22,7	46,8	18,6	8,2	4,6

Las personas exitosas son muy conscientes de cómo emplean sus recursos, incluyendo sus recursos emocionales y cognitivos. El tiempo que pasa entre cada «de vez en cuando» está reduciéndose... y cuantas más distracciones añadamos a esa lista, menos cosas importantes seremos capaces de conseguir. Si la distracción es un *hábito,* entonces nos veremos todavía más retados a evitarla. Modificar la conducta requiere de algo más que hacer una lista de nuestras determinaciones: la formación de un nuevo hábito puede llevar aproximadamente sesenta y seis días y además requiere de la reprogramación de nuestro cerebro.[40]

Hacer que las resoluciones funcionen implica un cambio de conductas, y para modificar una conducta debes cambiar tu forma de pensar (o «reprogramar» tu cerebro). Intentar modificar esa forma estándar de pensar mediante el «no intentar hacerlo» no hace, en efecto, sino reforzarla. El cambio requiere de la creación de nuevas redes neuronales procedentes de una nueva forma de pensar.[41]

Centrarse en metas está relacionado con la acumulación de riqueza, independientemente de la edad y los ingresos.[42] Pero, por supuesto, todos tenemos preocupaciones que pueden ocupar nuestro tiempo y nuestros recursos cognitivos. Observamos algunas diferencias en las preocupaciones de aquellos que son acumuladores prodigiosos de riqueza frente a aquellos que no lo son. En concreto, las preocupaciones de los malos acumuladores de riqueza tienden a incluir:

- Beneficios pobres de las ventas
- Ser despedido del trabajo
- No alcanzar nunca la independencia económica
- Tener que jubilarse
- Hijos con poca iniciativa para alcanzar su independencia económica
- No disponer de suficiente riqueza para jubilarse sin preocupaciones

40. University College of London, 2009; Farrell, 2015.
41. Farrell, 2015.
42. Fallaw, 2017.

TABLA 5.11

PORCENTAJE DE ACUMULADORES PRODIGIOSOS DE RIQUEZA Y DE MALOS ACUMULADORES DE RIQUEZA QUE HAN PERDIDO TIEMPO PREOCUPÁNDOSE POR ASUNTOS CONCRETOS EN LA ÚLTIMA SEMANA

	Porcentaje que pasó algo de tiempo en la última semana preocupándose por un asunto	
Miedo/Preocupación	**MAR**	**PAR**
No tener tiempo para ir de compras para aprovechar las rebajas	23,5	11,8
Que tu familia discuta por tu riqueza	22,0	15,3
Que pierdas tu empleo/categoría laboral	36,6	17,7
La reducción de la capa de ozono	29,5	24,1
No conseguir nunca la independencia económica	55,7	27,0
Tener un hijo con un cónyuge o pareja improductivo	25,8	28,6
Tener un hijo adulto indisciplinado	37,9	28,8
Tener que jubilarte	61,1	33,9
La extinción de ciertas especies salvajes	44,5	35,7
Obtener unos pobres beneficios de tu negocio/del negocio de tu empleador	58,3	37,8
No disponer de suficiente riqueza para jubilarse cómodamente	78,6	41,4
Tener hijos adultos que gastan más de lo que ganan	43,2	43,4
Tener hijos que muestran poca iniciativa para alcanzar la independencia económica	60,6	44,6
La creciente concentración de riqueza por parte de los ricos	52,3	51,4
Tener problemas visuales o auditivos	58,8	57,3
Un mayor cambio climático global adverso	62,8	58,0
La propagación de enfermedades procedentes de otros países	50,4	58,4
La pérdida de memoria	56,8	60,2
Tener cáncer y/o una cardiopatía	62,0	61,8
Incremento del control de los derechos de los ciudadanos por parte del gobierno	56,1	68,1
El creciente tamaño y alcance del gobierno federal	65,1	70,5
Una reducción de tu nivel de salud física	71,2	76,1
Una mayor regulación gubernamental de los negocios/la industria	64,9	76,6
Un mayor gasto gubernamental/déficit federal	70,5	77,7
Pagar unos impuestos sobre la renta federales cada vez mayores	80,9	80,5
El estado de la economía estadounidense	93,2	92,0

Las decisiones que tomamos, especialmente las relacionadas con la asignación de nuestro tiempo, energía y dinero, tienen un impacto sobre nuestra capacidad de alcanzar la independencia económica. En combinación con los patrones de conductas que mostramos, tenemos los asuntos que ocupan nuestros recursos cognitivos. Aquellos eficaces en la trasformación de sus ingresos en riqueza emplean esos recursos cognitivos de formas que son propicias para la acumulación de riqueza. Las actividades y los asuntos que provocan preocupación quizás no se puedan tuitear ni transformarse en una publicación en Instagram, pero con el tiempo, esas conductas te aportarán una mayor libertad para conducir tu vida como lo desees, frente a la forma en la que quieres que los demás crean que quieres.

Capítulo 6

PONIÉNDOSE A TRABAJAR

«Escogieron la ocupación adecuada».

de *El millonario de la puerta de al lado*

El tiempo que pasamos esforzándonos en un trabajo, tanto si disfrutamos con esa ocupación como si no, es un recurso valioso: un recurso que, al contrario que el dinero (en cierto grado) no es renovable. El tiempo empleado generando ingresos, ya sea trabajando para otra persona o para nosotros mismos, no puede recuperarse ni emplearse para otro empeño, lo que hace que la discusión sobre el trabajo y las carreras profesionales resulte crucial para cualquiera que quiera tener éxito económico, e incluso más para aquellos que quieran alcanzar la independencia financiera.

El mundo del trabajo, al igual que las tecnologías que nos permiten gestionar las inversiones por nuestra cuenta, ha cambiado en los últimos más de veinte años que han pasado desde la publicación de *MPA*. Pensemos, una vez más, en nuestros amigos de la IE/JT: puede que los marginháramos en la década de 1990 por ser excéntricos, pero ahora nos alegramos de su independencia; y esa independencia tiene más sentido en la actualidad, ya que trabajar para grandes organizaciones ya no es garantía de pensiones o de un respaldo económico a largo plazo.

Pese a ello, la mayoría de nosotros quiere saltarse las vocaciones pasadas y pasar directamente al excitante mundo de las inversiones (de las que nos ocuparemos en el siguiente capítulo). De hecho, si acudieras a Google y teclearas «consejos de inversión», la búsqueda arrojaría millones de páginas que te proporcionarían ideas sobre el mundo de la compra y la venta de acciones. Compara eso con los consejos para la búsqueda de una carrera profesional, que aportan una fracción de esos resultados. En comparación con el mercado de valores, la gestión del dinero o la discusión sobre la economía conductual, el «trabajo», las «carreras profesionales» y las «vocaciones» parecen inmensamente aburridos. No hay una película sobre el desarrollo, la exploración y la búsqueda de la carrera profesional equivalente a *Wall Street* o *La gran apuesta*. Quizás *Forrest Gump* cumpla los requisitos, pero sus experiencias a lo largo de su trayectoria y el éxito definitivo en su propio negocio están más cerca de los mitos que hemos abordado en el capítulo 2 que de la realidad. Mi padre escribió en 2013:

> *En una ocasión, el titular de un periódico proponía que «la mejor forma de enriquecerse es el marcado de valores».*[1] *Acumular riqueza a través de acciones u otras inversiones equivale a cultivar árboles. No puedes hacer crecer robles si no dispones de suficiente dinero para comparar bellotas. Por lo tanto, sugerir que el mercado de valores conduce a la riqueza equivale a poner el carro antes que los bueyes. No consiste únicamente en ser frugal. La frugalidad tiene sus límites. Algunas personas malinterpretan el material que aparece en* MPA. *En el libro menciono que la mayoría de los estadounidenses no son ricos. Esto resulta especialmente interesante entre aquellos que obtienen ingresos en las categorías que van de buena a excelente: «Mucha de esta gente vive al día. Éstas son las personas que más se beneficiarán de este libro». Así pues, en esencia, el libro está diseñado para ayudar a aquellos que se ganan la vida mejor que la media.*

En algún momento, sin dinero caído del cielo ni tíos ricos, sin ganar a la lotería o sin encontrarte una rara moneda de gran valor económico y numismático entre el cambio de una máquina expendedora, todos debemos trabajar para generar ingresos que nos permitan vivir (y consumir) y que, en último término nos aporten ahorros que, a su vez nos proporcionen ingresos adicionales con el paso del tiempo. Incluso en el caso de aquellos que se decidan por una jubilación temprana y deliberada, gene-

1. Neuharth, 2013.

rar ingresos es un requisito en las primeras fases de nuestra senda económica. Afortunadamente, disponemos de grandes libertades y oportunidades en Estados Unidos y en otras partes del mundo libre para decidir y escoger nuestra carrera profesional o nuestro empleo. En ese empeño, una buena estrategia (cómo tenemos en cuenta la gestión de los gastos y el consumo), un entorno estable y una infancia llena de cariño pueden hacernos llegar lejos. Reconocer nuestras fortalezas y generar metas no puede sino servirnos a modo de punto de inicio. Debemos emplear estas fortalezas de formas que nos permitan generar ingresos para disponer de las semillas de la riqueza, que entonces podremos plantar. ¿Cómo hacen esto las personas económicamente exitosas?

Cuando escuchamos a los lectores y críticos de *MPA, The Millionaire Mind* y otros libros, frecuentemente apreciamos una cierta confusión con respecto a los posibles caminos hacia la riqueza o la independencia económica. Muchos asumen que sólo hay tres vías: (1) el viaje frugal y mantener el rumbo; (2) el camino de la producción de unos ingresos elevados y un liderazgo de alto nivel; o (3) el enfoque del trabajador autónomo que asume riesgos e invierte en su negocio.

Tal y como se expone en *MPA,* las personas económicamente exitosas tienden a escoger (o generar o, con el tiempo, encontrar) una carrera profesional «adecuada», ya que les proporciona unos ingresos abundantes y, al mismo tiempo, satisfacción. En la actualidad, no obstante, ampliamos esto para incluir a aquellos que se retiran del mundo laboral relativamente pronto amasando ahorros al principio de su vida laboral. La carrera profesional «correcta» puede que sólo dure entre diez y quince años, mientras un estilo de vida frugal asegura una elevada tasa de ahorro que luego podrá generar ingresos a través de inversiones. Ésta puede parecer una idea que va contra la corriente, pero es posible, tal y como pone de manifiesto la comunidad de la IE/JT.

El éxito económico no requiere que poseas un intelecto extraordinariamente alto en EE. UU., tal y como hemos comentado en el capítulo 5. Si tienes una gran disciplina y haces uso de tu intelecto creativo, probablemente te convertirás en un triunfador. Bajo el encabezado del intelecto creativo tenemos dos factores que constituyen la base del perfil del millonario de la puerta de al lado. Éstos incluyen los factores principales relacionados con la vocación procedentes de *MPA:* el factor número 6: *son versados en captar oportunidades de mercado*, y el factor número 7: *escogen la ocupación adecuada*. Los estadounidenses económicamente exitosos eligen el enfoque adecuado para obtener ingresos y trabajar. Sienten el «trabajo» y, por lo tanto, encuentran y escogen una carrera profesional o un negocio conducente a la acumulación de riqueza. Determinan, desde un buen principio, si pueden amasar riqueza a lo largo de su vida, empezando pronto, y dan con formas de hacer crecer esa riqueza con el tiempo sin verse atados a una carrera profesional tradicional. Fundan negocios que sacan el mejor provecho posible de sus talentos.

Los millonarios que aparecen retratados en *MPA* parecían ser gente fuera de lo común porque, frecuentemente, eran pequeños empresarios en sectores mundanos (por ejemplo, compañías de alquiler de maquinaria pesada) o habían acumulado riqueza lentamente en carreras profesionales como la enseñanza o la contabilidad. También había médicos, abogados y otros profesionales. El típico millonario de la puerta de al lado recibe esta etiqueta porque no parece ser rico, pero lo es, independientemente de su vocación. Su estilo de vida sencillo le permite transformar los ingresos de su hogar (unos ingresos que suelen encontrarse por encima de la media nacional) en riqueza. La sencilla verdad es que:

Los puestos de trabajo son mejores indicadores de los ingresos que de la riqueza.

En nuestro estudio más reciente, vimos que los millonarios abarcan distintos sectores y tipos de empleos, al igual que hace veinte años (*véase* la tabla 6.1). Los millonarios (con una media de 5,5 millones de dólares de patrimonio neto) tenían una mayor concentración de empleos profesionales que la población de millonarios de la puerta de al lado de hace veinte años, pero también tenían puestos de trabajo que no imaginaríamos. Los cargos de los millonarios de nuestra muestra incluían a funcionarios y a pequeños empresarios, gerentes y vicepresidentes, contables y directores de tecnologías de la información. Algunos millonarios declararon tener varios negocios al mismo tiempo, mientras que otros eran consultores.

TABLA 6.1

CARGOS CONCRETOS OSTENTADOS POR MILLONARIOS

Abogado	Contable	Gerente de nivel superior
Agente federal	Contable público	Gerente intermedio
Agente inmobiliario	Corredor de seguros	Ingeniero
Analista de negocio	Dentista	Ingeniero de *software*
Analista financiero	Dietista	Ingeniero informático
Arquitecto	Director de operaciones	Médico
Artista gráfico	Director de producto	Miembro de un grupo de presión
Asesor de atención sanitaria	Director de recursos humanos	Oficial militar
Asesor de Defensa	Director de tecnología	Piloto
Asesor de inversiones	Director de tecnologías de la información	Piloto de aviones
Asesor de investigaciones de mercado	Director ejecutivo	Presidente
Asesor de tecnologías de la información	Director financiero	Profesor
Asesor financiero	Director general	Promotor inmobiliario
Banquero	Director médico	Propietario, múltiples negocios
Científico	Director regional de ventas	Representante de producción
Cirujano ortopédico	Economista	Restaurador
Consultor	Ejecutivo de ventas	Tasador inmobiliario
Consultor de gestión	Empresario	Técnico en prospecciones de gas y petróleo
Consultor de gestión de riesgos	Enfermero anestesista	Vendedor
Consultor de negocios	Físico	Ventas médicas
Consultor de seguridad	Formador/Asesor	Veterinario
Consultor de sistemas	Funcionario	Vicepresidente adjunto
Consultor educativo	Gerente	Vicepresidente ejecutivo

Los estudios sobre la gente acaudalada llevados a cabo a lo largo de las dos últimas décadas son, quizás, de enorme utilidad para aquellos que se ganan la vida por encima de la media. Sin embargo, tal y como vimos en el capítulo 5, las conductas financieras exitosas, que son aquellas que permiten la transformación de los ingresos en riqueza, están por encima de los niveles de ingresos.

Sin una fuente constante de ingresos habrá poco que invertir; y disponer de algo constante, o por lo menos relativamente estable, requiere dar con una carrera profesional en la que nuestros talentos, conocimientos y habilidades puedan ponerse en práctica, en la que podamos encontrar una pasión, o que nos proporcione suficientes ingresos para ahorrar de forma meticulosa y abandonar pronto el mundo tradicional del trabajo. Encontrar una carrera profesional que haga uso al máximo de tus competencias suele suponer una recompensa en sí mismo, y alcanzar la independencia económica quizás resulte ser incluso más gratificante.

Aun así, muchos millonarios siguen, en la actualidad, trabajando en su sesentena. Los millonarios pasan, de media, 38 horas a la semana trabajando (o 45 horas a la semana, si excluimos a los que se han jubilado). En comparación, alrededor de las dos terceras partes de los millonarios a los que encuestamos en 1996 pasaban entre 45 y 55 horas en el trabajo. En general, los millonarios no jubilados ganaban un 75 % o más de sus ingresos brutos con su salario.

En 1996, el 20 % de los hogares pudientes eran dirigidos por jubilados, y esta cifra no ha variado mucho (el 19 % de los hogares millonarios son gestionados por jubilados en la actualidad). Del 81 % restante, simplemente algo más del 42 % de estos millonarios son autónomos. En 1996, las dos terceras partes de los hogares acaudalados no dirigidos por un jubilado eran gestionados por un empresario autónomo. Esta diferencia: el 66 % en 1996 en comparación con el 42 % en 2016, es similar a los cambios en el autoempleo en general. En 1996, alrededor del 18 % de los cabezas de familia estadounidenses eran autónomos. En 2015,[2] esa cifra era del 10 %. Esa cifra ha ido reduciéndose, en parte debido al descenso en el autoempleo en el sector agrícola.

2. Oficina de Estadísticas Laborales de EE. UU., 2016g.

Tal y como hemos comentado antes, éste no es más que un camino hacia el éxito económico. Si te encanta tu trabajo y si te proporciona el estilo de vida y el nivel de libertad que deseas, entonces trabajar no te resultará tanto una tarea pesada y aburrida sino más bien un entretenimiento. Si esto no te describe, los millonarios de la puerta de al lado anteriores a ti y los actuales tienen alternativas que sugerirte.

LOS BENEFICIOS DE LAS PRIMERAS EXPERIENCIAS

El reto de las carreras profesionales (y para aquellos en el campo del desarrollo profesional) es que rara vez sabremos todo lo que será necesario para hacer la elección perfecta de una trayectoria laboral cuando empecemos a trabajar. Muchos millonarios compartieron con nosotros que sus progenitores les proporcionaron avances realistas tempranos y frecuentes sobre el mundo laboral. El énfasis de los padres en la exploración de carreras profesionales en el caso de las personas económicamente exitosas no ha cambiado desde la primera edición de *MPA*. Las primeras experiencias siguen permitiendo que los estadounidenses hechos a sí mismos perfeccionen su capacidad para captar oportunidades y para encontrar careras profesionales y trabajos que les proporcionen una gran satisfacción.

Imagina, por ejemplo, que siendo estudiante hubieras tenido la oportunidad de trabajar, un verano, en la ingeniería de minas, pasando tiempo con otras personas en ese campo, aprendiendo qué tal es dedicar sesenta horas semanales entre la tierra y la suciedad. Al final de esa experiencia, serías capaz de determinar: (a) si ese campo te resultó interesante, (b) si podrías «sobrevivir» en el tipo de entornos en el que los ingenieros de minas suelen encontrarse, y (c) si, en general, te gustó el trabajo que estabas llevando a cabo. Estas experiencias tempranas te permitirían tomar decisiones meditadas acerca de la forma en la que generarías ingresos en el futuro.

Vemos estas experiencias tempranas y su impacto sobre los millonarios, especialmente en el caso de las primeras experiencias en las ventas, cosa de la que hablaremos más adelante.

Algunos de nosotros fuimos lo suficientemente afortunados como para vivir experiencias tempranas que nos ayudaron a decidir lo que nos gustaba y lo que no acerca del trabajo, además de aquello en lo que estábamos interesados y lo que éramos capaces de hacer. Cuando le preguntamos a una de nuestras muestras de estadounidenses acaudalados acerca de sus experiencias en su carrera profesional y qué es lo que habían esperado en sus experiencias profesionales (es decir, qué es lo que les habría permitido ser más exitosos), aquí tenemos lo que compartieron con nosotros:

Me enseñaron a trabajar duro y que no había ningún trabajo indigno. Esto ha sido muy beneficioso para mí, especialmente en mi situación actual, en la que he tenido que dar un paso atrás en mi carrera profesional mientras abro un negocio y mientras trabajo en un empleo no especializado para ayudar a pagar las facturas.

Era responsable de ayudar a sustituir y reparar bocas de incendios. Este trabajo resultó esencial para enseñarme una ética de trabajo firme, el trabajo en equipo y a hacer un buen *trabajo. También fue más agradable que un empleo de tipo monótono, como el trabajo de oficina o de ventas al por menor.*

Tener una asignación fija y además trabajar. Mis padres sólo me respaldaron económicamente en términos de lo que necesitaba, y no de lo que deseaba. Tuve que planear cómo conseguir lo que deseaba. Una experiencia concreta consistió en averiguar cómo ahorrar lo suficiente para irme de viaje a esquiar con mis amigos.

Tuve múltiples trabajos y me pidieron que ahorrase e invirtiese mi dinero. En el instituto aprendí acerca de los fondos de inversión, etc., y me hicieron escoger aquellos en los que invertir mi dinero.

Mi padre me prohibió trabajar. Eso me dejó rezagado con respecto a mis compañeros en muchos sentidos, incluyendo la experiencia de trabajo y los asuntos económicos. Ojalá hubiese tenido un empleo como mis compañeros.

Los trabajos a tiempo parcial que tuve mientras iba al instituto no me aportaron un gran sueldo, y mis padres me pedían que me responsabilizase de muchos de mis propios gastos. Tuve que aprender a ahorrar y a presupuestar mi dinero para arreglármelas.

Tener empleos a tiempo parcial me enseñó lo duro que es ganar dinero.

Creía, cuando era adolescente, en el trabajo para conseguir un fin. Quería un coche, y en cuanto cumplí los dieciséis conseguí un empleo y trabajé durante seis meses para ahorrar mil dólares para comprarme un trozo de chatarra. No importaba que fuera un trozo de chatarra, ya que era mío. Me lo había ganado.

Las primeras experiencias laborales, los primeros fracasos y los primeros apuros sin contar con una red de seguridad proporcionan el combustible necesario para el éxito a largo plazo en la carrera profesional.

LOS ASPECTOS POSITIVOS DE LAS CARRERAS PROFESIONALES QUE ESTÁN LEJOS DE SER IDEALES

Sigue habiendo algunos progenitores que no hacen una buena tarea con respecto a la preparación de sus hijos para el mundo laboral, no sólo a través de un estilo de vida consumista, que requiere de unos niveles de ingresos constantes y elevados, sino también dorándoles la píldora con respecto a los problemas típicos que acompañan al trabajo para ganarse la vida o, quizás y peor, aislando a sus hijos de las experiencias profesionales tempranas en general.

¿Como sabrás si te gustará un trabajo como gran gerente de ventas a nivel nacional que requiera que viajes el 50 % del tiempo? ¿Qué hay de la enseñanza? Disfrutar con los niños y gestionar una clase son dos asuntos completamente distintos. Puede que una carrera tecnológica esté hecha para ti, pero lo cierto es que estos empleos requieren estar sentado y mirar un dispositivo electrónico o dos, o quizás tres, durante todo el día, lo que quizás no se adecúe a tus intereses o a tus inclinaciones.

El beneficio de disponer de múltiples experiencias profesionales es que se será capaz de discernir qué oportunidades que aparezcan en el mercado serán mejores. Para algunos, una única experiencia en una trayectoria laboral puede modificar enormemente el nivel de logros socioeconómicos de alguien. Y aquí tenemos simplemente un ejemplo:

Había abandonado la universidad y estaba trabajando sirviendo cócteles en un casino. Las secciones a las que servíamos rotaban diariamente, así que trabajaba con chicas distintas cada día. Una noche entré a la barra de bar que tenía asignada y vi que iba a trabajar con camareras que eran todas mayores. Mientras miraba alrededor del bar a las mujeres sexagenarias que llevaban minifaldas y que llevaban pesadas bandejas con bebidas, decidí que yo no iba a ser una de ellas. Regresé a la universidad el semestre siguiente, me gradué y ahora trabajo como asesora fiscal en un despacho contable local. Completaré el examen de contable público este otoño. Echo la vista atrás hacia ese momento en la barra del bar como el punto de inflexión en mi vida profesional.

Para esta joven, incluso los rigurosos requisitos propios de estudiar contabilidad le parecieron, de algún modo, menos exigentes en comparación con un trabajo que no encajaba con sus intereses o deseos de un empleo a largo plazo.

INFLUIDO PARA ABANDONAR EL VERDADERO TRABAJO

De forma constante a lo largo del tiempo, los millonarios tienden a ser un grupo satisfecho: todo un 90 % de los millonarios de nuestra muestra declararon estar extremadamente satisfechos con la vida, lo que suele correlacionarse en un cierto grado con la satisfacción en el trabajo. ¿Cuántos estadounidenses están satisfechos con su trabajo? La Conference Board[3] sugiere que menos de un 50 % de los estadounidenses están muy satisfe-

3. Levanon, Kan y Li, 2016.

chos con su trabajo, y el Pew Research Center[4] dice que la cifra es del 52 %. La Society for Human Resources Management (Asociación para la Gestión de los Recursos Humanos) informa de que el 86 % de los trabajadores están satisfechos, aunque esta cifra incluye a aquellos que indican que están «satisfechos de algún modo».[5] Podríamos argumentar que las diferencias prácticas entre alguien que está «muy satisfecho» y alguien que está «satisfecho de algún modo» con su trabajo son bastante significativas. Una encuesta realizada por la empresa Gallup en 2017 relativa al estado de la fuerza de trabajo estadounidense incluyó este hallazgo: «Aunque el 37 % de los empleados implicados están buscando trabajo o están atentos a oportunidades, hay cantidades superiores de empleados no comprometidos y activamente desinteresados que están haciendo lo mismo (un 56 % y un 73 %, respectivamente). Los empleados activamente desinteresados tienen el doble de probabilidades que los empleados implicados en buscar nuevos trabajos».[6]

Puede que nuestras expectativas relativas al trabajo sean demasiado elevadas, especialmente para aquellos de nosotros que nunca hemos experimentado el verdadero trabajo, o las dificultades, o nunca se nos ha exigido ser disciplinados para alcanzar una meta. Al igual que con los gastos, nos vemos orientados por lo que hace la gente de nuestro alrededor.

Muchos estadounidenses tienen el cerebro lavado por una versión informal o despreocupada del mundo laboral, siendo esto una cortesía de los medios. Como ejemplo de ello, mi padre preguntó en una ocasión a sus lectores que pensaran en cómo las comedias suelen retratar el mundo laboral. Entre 2003 y 2015, la serie televisiva *Dos hombres y medio* tuvo su ración de controversia (principalmente debida a su estrella original) y su ración de galardones y elogios por su reparto y su equipo de producción.

---

4. Centro de Investigaciones Pew, 2013.
5. Asociación para la Gestión de los Recursos Humanos (Society for Human Resource Management), 2015.
6. Gallup, 2017.

Vender algo es necesario para el éxito en la carrera profesional

La primera parte de la carrera profesional de mi padre estudiando a los pudientes implicó ayudar a instituciones financieras y a otras empresas relacionadas a captar a estadounidenses acaudalados para ofrecerles sus servicios y productos. Parte de esta investigación se centró en excelentes profesionales de las ventas: personas con una pasión y una asertividad resistentes y aparentemente inagotables, unidas al respeto por aquellos a quienes estaban ofreciendo sus servicios, especialmente a los pudientes. El pasaje que aparece a continuación combina material de dos ensayos (uno escrito en 2010 y el otro en 2013) que escribió sobre los beneficios de la experiencia en las ventas:

Recientemente les pregunté a casi 1 000 millonarios de todo el país «¿Cuál fue su primer trabajo a jornada completa?». De esos mil encuestados, 137 contestaron «Profesional de ventas/*marketing*». De hecho, esta proporción sitúa a la «vocación por las ventas/el *marketing*» como el primer trabajo a tiempo completo que ocupa el lugar número uno. ¿Significa esto que la gente que se dedica a esta profesión tiene unas probabilidades significativamente superiores de hacerse ricos que aquellos que trabajan en otras cosas? ¡No! Hay una menor proporción de millonarios que son profesionales de las ventas de lo que cabría esperar dado el enorme número de personas pertenecientes a la categoría de profesionales de las ventas entre los trabajadores estadounidenses.

Sólo alrededor de la mitad de aquellos millonarios que empezaron con una trayectoria en las ventas siguen en esa profesión en la actualidad. Aquellos que avanzaron se encuentran muy concentrados en dos áreas: son o empresarios/gerentes de negocios de éxito o son altos ejecutivos de corporaciones públicas.

Esto no debería, en modo alguno, desalentar a la gente de entrar en la profesión de las ventas, ya que esta vocación suele ser la incubadora de futuros líderes empresariales y emprendedores. Si ostentas el puesto adecuado en el campo de las ventas, puede que consigas la oportunidad de interaccionar con, posiblemente, miles de personas clave en otras corporaciones y empresas. Esto suele estimular el lado creativo para encontrar oportunidades que no se han explotado.

Una de esas oportunidades consiste en que te contrate una de las organizaciones que se encuentra entre tu cartera de clientes. Si tienes éxito vendiendo para otros, puede que algún día puedas vender tu propio producto a través de tu propia empresa. La mayoría de los millonarios son líderes, y la mayoría de los líderes deben vender sus ideas a sus tropas.

Cuando se esté pensando en trayectorias laborales, uno debería contemplar los términos medios entre los ingresos y otros factores como las responsabilidades y las OPORTUNIDADES PARA EL CRECIMIENTO; pero comprende que acumular riqueza está muy correlacionado con el volumen de los ingresos. Lo ideal es que encuentres un trabajo que te pague bien y te ofrezca grandes oportunidades.

[...] Mencioné que la profesión de las ventas era la citada con más frecuencia como «el primer trabajo después de la universidad» por los millonarios; y en la actualidad muchos son o altos ejecutivos o autónomos propietarios de negocios de éxito. De hecho, de acuerdo con mis cálculos, hay más profesionales de las ventas con unos ingresos anuales de 200 000 o más dólares que médicos y cirujanos que generen estos altos niveles de ingresos.

Demasiada gente huye de las oportunidades que proporcionan las ventas. Algunos temen no ser capaces de rendir al nivel requerido en la descripción del empleo: sin ventas no hay paga. Sin embargo, si puedes triunfar en las ventas, es probable que puedas tener éxito entre el grupo de los autónomos. Fíjate en la profesión de las ventas desde otro punto de vista. Algunos puestos de ventas te pagan, de hecho, por potenciar constantemente tu imagen. En esencia, la descripción de tu empleo consiste en contactar con personas que puede que, en último término, te ofrezcan un puesto de trabajo excelente o se conviertan en los patrocinadores del negocio que puede que fundes un día.

Los beneficios de experimentar y desarrollar habilidades en el campo de las ventas trascienden a un *empleo en ventas,* y prepara al pequeño empresario económicamente exitoso para vender sus propias ideas, servicios y productos en el futuro.

A lo largo de los últimos cuarenta años, ¿qué es lo que los millonarios han compartido con nosotros sobre los beneficios del campo de las ventas?

- Los empleos en el campo de las ventas son únicos en cuanto a la estructura de sus remuneraciones: no hay un límite superior con respecto a lo que puedes lograr.
- Los empleos en el campo de las ventas son lo máximo en cuanto a los pagos de acuerdo con el rendimiento. Hay pocas posturas políticas, y las cifras no mienten. El pago según el rendimiento permite juzgar la calidad el árbol según su fruto.
- Siempre hay demanda de profesionales de las ventas extraordinarios, ya que cubren sus propios costos repetidas veces.
- Las ventas te proporcionan una gran visibilidad. Te pagan por hacer entrevistas para trabajos que podrías tener en el futuro.
- Los empleos en el campo de las ventas proporcionan una gran libertad. En cierto modo, los empleos en el campo de las ventas son el trabajo más parecido al de un empresario.
- Unos grandes resultados en las ventas dejan en segundo plano la mayoría del resto de aspectos relacionados con las cifras y la demografía. Con unos rendimientos excelentes en las ventas, tu empleador dará poca importancia a tu promedio general de calificaciones en la universidad o a tu puntuación en la prueba de selectividad, o incluso al hecho de que hayas obtenido tu licenciatura.
- Los empleos en el campo de las ventas requieren menos educación de la necesaria para ser médico, abogado u otro tipo de profesional, pero pese a ello pueden proporcionar un nivel elevado de ingresos.
- En el campo de las ventas eres, en realidad, un agente de inteligencia que busca grandes oportunidades estratégicas.

La serie, que sigue emitiéndose en la televisión, retrataba a un personaje llamado Charlie cuyo estilo de vida sugería que podía permitirse consumir de forma exagerada sin trabajar muy duro o sin trabajar en absoluto. Era compositor de canciones publicitarias, pero rara vez se le veía sudando frente al piano durante horas para lograr componer las canciones. De algún modo, podía mantener una casa en Malibú que valía varios millones de dólares, a su hermano y su sobrino y a un ama de llaves. La mayoría del tiempo se le podía ver en casa recibiendo las visitas de invitados y haciendo comentarios ingeniosos.

Frecuentemente, los espectadores de *Dos hombres y medio,* además de otros medios de comunicación de masas, son condicionados, inadvertidamente, para creer que la gente más exitosa es como Charlie. De algún modo, esta gente es tan talentosa y está tan dotada que pueden darse la gran vida trabajando cinco minutos de vez en cuando. Resulta fácil desanimarse si piensas que la fórmula de Charlie es la fórmula del éxito en EE. UU. Está claro que no es así. La televisión, y ahora las redes sociales, que retratan la felicidad, están llenos de imágenes de personas que triunfan sin trabajar de verdad. Esto, por supuesto, es un mundo de fantasía.

Excluyendo a los herederos de fortunas, los ganadores de la lotería y otras personas que reciben dinero caído del cielo, acumular riqueza suele implicar comenzar con una fuente de ingresos generada por uno mismo. Nuestra investigación sobre la gente económicamente exitosa difiere enormemente de la fantasía histriónica. La mayoría de la gente en EE. UU. debe salir a cazar y recolectar a diario. Sin una forma alternativa de ingresos, que la mayoría de los estadounidenses no posee, dependen de su trabajo, un día sí y el otro también, para que les proporcione ingresos para sobrevivir, ya que el 78 % de los estadounidenses viven al día.[7] Incluso la mayoría de los millonarios a los que hemos entrevistado trabajan casi cuarenta horas por semana,

Más del 90 % están casados y suelen tener dos hijos a los que mantener. La mayoría no se hicieron ricos hasta finales de su cuarentena o principios de su cincuentena, y muy pocos de ellos recibían, alguna vez, visitas pausadamente a lo largo del día.

7. CareerBuilder, 2017.

TABLA 6.2

FUENTES DE INGRESOS DE LOS MILLONARIOS

Fuentes de ingresos	Porcentaje de la fuente de ingresos							
	0 %	1 %	5 %	10 %	20 %	30 %	50 %	75 % o más
	Porcentaje de millonarios							
Salario	24,1	1,9	2,5	3,3	4,5	5,8	16,3	41,6
Pensión/Jubilación/Ingresos por rentas	64,9	2,7	4,3	5,2	3,7	4,9	5,7	8,6
Beneficios del negocio	66,7	2,9	6,2	5,4	4,0	4,9	4,5	5,4
Salarios profesionales/Comisiones por ventas	79,5	2,5	4,4	3,4	2,7	2,4	1,5	3,7
Comisiones/Bonus/Participación en las ganancias	51,6	6,2	7,7	10,1	9,9	5,1	6,2	3,2
Dividendos	20,7	32,8	23,6	12,3	5,5	2,4	1,1	1,6
Ingresos procedentes del arrendamiento de bienes inmuebles	68,6	7,2	9,1	6,3	3,6	1,8	2,6	0,8
Ganancias de capital: Valores	45,1	18,5	19,4	10,2	3,7	1,8	0,6	0,8
Ingresos procedentes de fideicomisos o herencias	86,2	3,8	2,7	2,8	1,8	1,3	0,7	0,7
Ahorros/Depósitos a plazo fijo (intereses)	38,4	39,9	13,1	6,5	1,0	0,5	0,3	0,3
Ganancias de capital: Otros activos	75,6	9,5	6,2	5,1	1,3	1,5	0,7	0,2
Pensión conyugal o pensión alimenticia	99,2	0,0	0,3	0,2	0,2	0,0	0,0	0,2
Derechos de autor por propiedad intelectual	97,4	1,3	0,6	0,3	0,2	0,0	0,0	0,2
Regalos en forma de dinero, valores, propiedades, vehículos, etc. procedentes de familiares	90,3	6,8	1,9	0,8	0,2	0,0	0,0	0,0
Otras fuentes combinadas (no listadas anteriormente)	73,4	4,9	8,5	6,4	2,7	1,4	1,7	1,0

LOS MILLONARIOS Y EL TRABAJO EN LA ACTUALIDAD

Una marca distintiva de aquellos que han alcanzado el éxito económico es que son compatibles o encajan muy bien en sus carreras profesionales. En otras palabras, sus talentos, habilidades, conocimientos, intereses y otras características coinciden con las necesidades de su trabajo. Los ingresos procedentes de una carrera profesional no pueden durar si tú no duras en tu trayectoria laboral. Sin una compatibilidad o encaje con tu ocupación o la carrera profesional escogida, las perspectivas de unos ingresos a largo plazo serán pobres o estarán plagadas de estrés y conflictos.

El millonario de la puerta de al lado actual sigue encontrando oportunidades, a pesar de las condiciones gubernamentales, sociales y económicas de nuestra época. Siguen siendo necesarios la conciencia de los propios talentos y el mercado correspondiente para esos talentos. Los millonarios y aquellos que alcanzan la independencia económica y logran el éxito por su cuenta son capaces de (a) valorar sus propios talentos, habilidades y características *y* el entorno/mercado, y (b) escoger una ocupación que le saque el máximo rendimiento a ambos. A los 733 millonarios encuestados en 1998 a nivel de todo EE. UU. para *The Millionaire Mind* se les preguntó sobre sus factores de elección importantes con respecto a la selección de su vocación. Cuatro de cada cinco (o el 81 %) indicaron que escogieron su vocación porque «les permitía usar sus capacidades y aptitudes al máximo». El 70 % de los millonarios en 2016 afirmó que amar su carrera profesional o el negocio que habían escogido era importante para su éxito económico (en el caso de los pequeños empresarios, tres de cada cuatro dijeron que era importante). La experiencia de levantarse de la cama cada mañana y amar tu trabajo requiere tener sintonía con él.

¿MILLONARIOS EN UN TRABAJO «NORMAL»?

Al igual que en 1996, en la actualidad es posible, con unos ingresos entre medios y superiores a la media, convertirse en millonario mediante una gestión económica firme, prudente y disciplinada y unos ingresos regulares (regulares no significa unas comisiones extraordinarias procedentes de un trabajo en ventas o unos sueldos extremadamente elevados como los de los abogados, médicos y directores ejecutivos).

¿Cómo puede ser esto? Ésta es la cuestión más apremiante para aquellos que no pueden imaginarse o no quieren enfrentarse a la idea de acumular riqueza mediante una trayectoria laboral lenta y firme. A partir de las investigaciones llevadas a cabo para *Stop Acting Rich,* sabemos que el típico millonario próspero en cuanto al estado de su situación patrimonial tenía unos ingresos anuales medios en su hogar de 89 167 dólares cuando se convirtió en millonario. En otras palabras, la mitad de los ricos en cuanto al estado de su situación patrimonial tenían ingresos inferiores a esta cifra. ¿Que nos dice esto acerca de la acumulación de riqueza y el alcanzar la seguridad financiera? Para la mayoría de los estadounidenses, el propio deseo, disciplina e intelecto son factores más importantes para la acumulación de riqueza que el ganar un salario alto. El problema actual entre mucha gente que gana un sueldo elevado es que se cree que el dinero (los ingresos) es el recurso más fácilmente renovable. Como consecuencia de ello, actúa de acuerdo con los principios que se encuentran en el «Manual para hiperconsumidores».

Pero no todos los estadounidenses siguen estos principios o el camino tomado por la multitud modal (es decir, el grupo de gente que vemos a nuestro alrededor más frecuentemente) en EE. UU. Piensan por sí mismos. Además, la mayoría de la gente rica de EE. UU. se hace rica y sigue siéndolo porque obtiene mucha más satisfacción acumulando riqueza y consiguiendo una seguridad económica que mostrando trofeos caros comprados en las tiendas. Así sucede en el caso de la señora C. C., que tuvo la amabilidad de compartir algunos de sus pensamientos en una carta a mi padre que trataba sobre alcanzar la independencia económica sin haber ganado nunca un salario alto:

Apreciado doctor Stanley:

Cuando mis amigos leen sus libros sobre los millonarios, siempre dicen: «C. C., está escribiendo acerca de ti». Fui a escuelas públicas en las que los profesores eran modelos a seguir y mentores. He tenido la suerte de conocer a muchas mujeres fuertes, y a algunas de ellas les fue bien económicamente hablando. Aprendí de ellas a confiar en mí misma y a no esperar a «don

Perfecto» para que me mantuviese. Fui una estudiante con beca en una facultad de humanidades. He tenido muchos mentores cuyos ejemplos moldearon mi vida.

Aunque mi patrimonio neto puede atribuirse a la frugalidad y a las inversiones astutas, mi estilo de vida está moldeado por una excelente educación. Siempre me he alejado del rebaño en cuanto a mi forma de pensar, pero mi educación me enseñó autodisciplina y a tener un pensamiento independiente y unos principios éticos arraigados.

Soy hija de una madre soltera trabajadora, y mis primeros años se vieron plagados de incertidumbre económica. He aprendido, observando a mi madre, que las mujeres tienen que trabajar más duro y durante más tiempo para alcanzar el éxito económico.

Aunque no soy tan rica como la mayoría de los participantes en su estudio, mi patrimonio neto está por encima del millón de dólares, y al igual que la mayoría de los participantes en su estudio, empecé con, simplemente, una beca universitaria y una buena madre. Lo que puede que encuentre interesante sobre mí es que nunca he ganado más de 60 000 dólares. He trabajado como gerente intermedia para el Gobierno estatal durante la mayor parte de mi vida laboral. He acumulado la mayoría de mi patrimonio neto viviendo por debajo de mis posibilidades. Tengo todo lo que deseo, pero he aprendido a no desear demasiado. Además, evito las deudas. Mediada mi trayectoria laboral, el Gobierno estatal estaba reduciendo su plantilla y corría el peligro de perder mi trabajo. Me dije a mí misma que quería verme en una posición en la que nunca más me enfrentara a esa incertidumbre. En primer lugar, dejé de aumentarme mi propio presupuesto. Todo el dinero nuevo lo dediqué a inversiones. Luego amorticé el préstamo de mi casa, y así pude dedicar los pagos de la hipoteca a inversiones. Soy bastante conservadora en mis inversiones, pero no me asusta el riesgo. La mayoría de los años ahorré el 30 %, por no decir más, de mis ingresos.

Mi patrimonio neto es mío, independiente del de mi marido, y lo gestiono yo misma. Recientemente me «semijubilé». Fue agradable saber que pude permitirme el recorte de salario. Aunque no tengo hijos biológicos, he tenido a muchos hijos de acogida. Me doy cuenta de que han aprendido de mí la habilidad de gestionar bien el dinero, tal y como aprendí yo de mi madre.

Atentamente,

Señora C. C.

El relato de la señora C. C. pone de relieve cómo alguien puede tener éxito en la creación de riqueza a pesar de tener un sueldo que no alcance las seis cifras. Su fuente regular de ingresos fue transformada en riqueza a través de un ahorro e inversión disciplinado y viviendo por debajo de sus posibilidades. Si éste es el camino que estás siguiendo, una senda en conexión con un empleador, entonces transformar tus ingresos (que son relativamente constantes, excepto en algunos casos) en riqueza requerirá de altas dosis de disciplina y contención.

DISFRUTA DE LA SEGURIDAD... Y MANTENTE SIEMPRE ATENTO

Trabajar para otra persona te proporciona beneficios más allá de las experiencias durante tu trayectoria laboral y tus ingresos. Te aporta un cierto grado de seguridad: una oficina, quizás unos colegas universitarios y un plan de ahorros para la jubilación 401(k). Esta seguridad también puede incluir unos líderes que te guíen, material pagado con el dinero de otra persona y fiestas navideñas de la oficina repletas de tarjetas de regalo. La seguridad consiste en mesas de pimpón, asistencia sanitaria, beneficios de bienestar y gimnasios *in situ*. Pese a ello, lo que pagamos por esos beneficios es nuestro tiempo, y tal como algunos han llegado a darse cuenta, quizás demasiado tarde, la mayor parte de nuestra vida, y dichos beneficios no siempre son seguros. Obtén y ahorra no sólo ingresos procedentes de tu empleador, sino también los talentos, las oportunidades y las experiencias que te aportarán flexibilidad y recursos en el futuro.

Las habilidades y las experiencias siguen una buena defensa contra la pérdida de tu empleo, las calamidades económicas e incluso las revueltas geopolíticas.

Cuando la catástrofe golpea, los conocimientos, los talentos, las habilidades y otras características que se poseen pueden transferirse a nuevos sectores, países y oportunidades. Aunque puede que los millonarios de hace algunas décadas lo supieran bien, ya que muchos pasaron por las turbulencias y los horrores de la segunda guerra mundial, incluso las personas económicamente exitosas en la actualidad reconocen la necesidad de prepararse independientemente de la época.

En el caso de aquellos que experimentaron la pérdida de su empleo, esos recuerdos perduran, pero las experiencias pueden emplearse para empujarnos a la acción. Piensa en la experiencia de este millonario de la puerta de al lado de Minnesota durante su época en la universidad y su actitud al respecto:

Me echaron de mi trabajo a media jornada como repartidor de cartas en el juego del blackjack mientras iba a la universidad. Se trataba de una gran compañía que cotizaba en bolsa allá por 1989. Necesitaba el empleo para pagar el alquiler, mi educación, etc. Le pregunté a mi supervisor por qué me despedían, ya que siempre me ofrecía voluntario para trabajar horas extra, recibía reseñas excelentes por parte de los clientes y era considerado un buen empleado de acuerdo con las valoraciones en el trabajo. Básicamente me dijo que el resto de la gente tenía familia y que yo era joven y que podría encontrar otra cosa. Esto es lo mejor que me ha sucedido nunca. *Como resultado de mi despido, pese a ser considerado un buen empleado, aprendí a una edad temprana que no puedes confiar en que una empresa cuide de ti, independientemente de lo duro que trabajes en tu empleo. A partir de esa experiencia he estructurado mi vida de modo que nunca más tuviera que depender de un empleador. Siempre he sido autónomo, y me podría jubilar hoy (con cuarenta y nueve años) si no me lo pasara tan bien trabajando en mi negocio.*

Las personas económicamente exitosas emplean los retos y los reveses en el trabajo como trampolines para unas experiencias mejores en el futuro. Pasan poco tiempo echando la culpa a los demás. Ese valioso recurso (el tiempo) se emplea para pensar en, planificar y ejecutar el próximo movimiento en su carrera profesional, ya consista en el autoempleo o en un trabajo que desarrolle otras habilidades (o, tal y como hemos visto, una jubilación precoz junto con un estilo de vida menos centrado en el consumo).

TRES COMPONENTES PARA ESCAPAR DE LA TRAMPA

Después de años de educación y quizás de años trabajando en una carrera profesional, ¿qué sucede si te ves atrapado por el tiempo y el esfuerzo que has empleado trabajando, tejiendo redes de contactos y ascendiendo en una organización para la que ya no quieres trabajar? Particularmente, si dependes de tu salario, ésta será una fuente de insatisfacción y estrés que puede inundar el resto de tu vida. ¿Y qué sucede si decides que quieres unirte al grupo de los trabajadores autónomos?

Al trabajar en el campo de estudiar a los ricos, hablamos con muchas personas que nos preguntan por nuestras investigaciones y datos, sobre los libros, los relatos y las respuestas a las encuestas. Muchas veces, la primera parte de la conversación suena un poco parecido a esto: «Me encantó leer *MPA*. Me gusta leer estos relatos, especialmente las historias sobre empresarios… que lo hacen todo por su cuenta. ¿Sabes? He pensado mucho en trabajar por mi cuenta». Pero el final de la conversación suele sonar así: «No quiero toda esa responsabilidad de ser el dueño de mi propio negocio» o «Necesito la seguridad y los beneficios de un trabajo a jornada completa».

Los millonarios han compartido tres temas relacionados con apartarte de la trampa de trabajar para vivir: la generación de margen en su estilo de vida que les permita cambios de trayectoria profesional, especialmente los importantes (p. ej., vivir de los ahorros mientras fundas un negocio); estudiar salidas profesionales mientras se generan ingresos con un empleo tradicional (es decir, el pluriempleo); y dar el paso hacia el autoempleo.

EL MARGEN NECESARIO

La mayoría de los millonarios a los que entrevistamos destacaron la gran libertad procedente de gastar por debajo de sus posibilidades. La libertad se traduce en forma de oportunidades para realizar cambios en la trayectoria profesional que proporcionen (a) más tiempo y flexibilidad para dedicarse a logros fuera del trabajo, o (b) el potencial de un aumento en los ingresos. Por supuesto que es difícil ver el futuro, especialmente cuando estás empezando y tu estilo de vida y tus decisiones con respecto a los gastos se han visto afectados por unos ingresos elevados. Un millonario que era profesor de Biología en California nos dijo: «Cuando obtuve mi primer empleo como profesor en el instituto de secundaria de la comunidad, me contrataron a media jornada. Un profesor mayor y veterano me dijo que tenía que aprender a ahorrar y a invertir mi dinero porque podía ser que un día "decidas que ya no quieres enseñar más. Ese dinero te proporcionará la independencia y, más importante, opciones entre las que escoger, en lugar de seguir trabajando. El dinero no tiene que ver con ser rico. El dinero consiste en que dispongas de opciones. Eres joven y quizás no puedas verlo ahora, pero algún día lo verás". Han pasado veinticinco años desde aquel día, y puedo decir que me tomé su consejo muy en serio y que dispongo tanto del dinero como de las opciones».

Otros se dan cuenta de esto más tarde..., pero si es más tarde y no queda ningún margen, ¿qué sucede entonces?

La falta de margen del señor Lionel

Al igual que en el caso del lugar en el que vives, la vocación de alguien puede tener un impacto importante sobre el estilo de vida y la libertad o flexibilidad que tú y tu hogar podáis tener para llevar a cabo cambios significativos centrados en la carrera profesional. Piensa por un momento en el estilo de vida de un antiguo alto ejecutivo de ventas en una empresa mediana, Barry Lionel. Sus progenitores eran funcionarios, pero en general tuvo una vida hogareña cariñosa y acogedora. Armado con una excelente educación universitaria y unas primeras experiencias pobres en su carrera, Lionel empezó a ascender en el escalafón.

A medida que la empresa para la que trabajaba tuvo éxito y sus ingresos aumentaron, lo mismo hizo el consumo de su familia. Vivían en una pequeña casa de tres habitaciones en un vecindario de clase media, pero la señora Lionel decidió que la familia necesitaba un hogar que reflejase el éxito de su marido. Una vez que sus ingresos alcanzaron las seis cifras de forma firme (180 000 dólares anuales) la familia Lionel se mudó a una casa de 935 000 dólares en un vecindario lujoso: una casa que adquirieron con lo que suponía más de cinco veces el salario de Lionel en esa época, pero que era parecida al hogar de otros jefes de su empresa. El nuevo vecindario en el que vivía la familia Lionel requería de unas cuotas de la asociación de propietarios de casi 1 500 dólares anuales, pero además de eso, la mayoría de los vecinos de Lionel eran miembros del club de campo cercano, que tenía una cuota inicial de membresía de 80 000 dólares y unas cuotas mensuales de 650 dólares. Todo parecía de color de rosa para los Lionel.

Pero los Lionel estaban viviendo al día, siguiéndole el ritmo a sus colegas y a los vecinos de su nueva comunidad. Y entonces, la empresa de Lionel fue absorbida. ¿Viva? Sí, obtuvo casi 1,4 millones de dólares con la venta. Pero con poco dinero ahorrado, esta cantidad supuso, en esencia, el patrimonio neto del hogar. Además, Lionel no fue incluido en la nueva etapa de la compañía. Lo más importante y significativo quizás fuera que los hábitos de consumo de los Lionel se asentaron firmemente, estando basados en su nivel de ingresos pasado.

Ahora las cosas han vuelto a su cauce, y después de algunos intentos fallidos por arreglárselas por su cuenta, los talentos de Lionel se han atrofiado, mientras que los hábitos de consumo de su familia, incluyendo los de sus hijos adultos, que están creando unos hogares con un consumo elevado, no han hecho sino aumentar. A pesar de la enorme cantidad de trabajo duro durante esos primeros años en la compañía, no puede disfrutar de los frutos de su trabajo porque se consumieron tan pronto como se produjeron. Se encuentra, firmemente, en el campo de la gente rica en cuanto a su cuenta de resultados, y está condenando a sus hijos a ser así.

¿Qué tipo de trayectoria profesional es ésta? Se trata, claramente, de una senda dirigida por el estilo de vida. Piensa en cómo el estilo de vida de Lionel cambió, inevitablemente, a cada nivel: el coche que conducía, dónde iba a comer, los amigos que conservó y las vacaciones estaban dictadas, de algún modo, por la combinación entre sus ingresos y la comunidad de gente con su misma carrera profesional.

Por lo tanto, si no te gusta privarte de cualquier bien de consumo disponible, eso es cosa tuya, pero las sencillas e inmutables *matemáticas* dictan el resultado. Gastar por encima de tus posibilidades, gastar en lugar de ahorrar para tu jubilación y gastar antes de ser rico, te convierten en un esclavo de tu salario, incluso aunque tengas un nivel de ingresos fabuloso y una oportunidad que sólo se presenta una vez en la vida, como la venta de una empresa.

El estilo de vida hiperconsumista de este antaño joven ejecutivo no fue detectado hasta que se quedó sin opciones y sin tiempo. Incrementar los gastos por el camino no se percibe o se desestima fácilmente debido al tiempo ahorrado o a la «necesidad» de tener «eso». ¿Puedes durar interpretando este papel? ¿Qué más necesitarás para sobrevivir? ¿Quieres esta senda para ti? ¿Eres lo suficientemente fuerte como para crear un camino allá donde no lo hay hoy? ¿O puedes seguir trabajando para otra persona *y* conservar tu sentido de la identidad y tus objetivos? Aprender las respuestas a estas preguntas *al principio* de nuestra trayectoria profesional puede ayudarnos a asegurarnos la satisfacción más adelante en la vida.

Parte de esto se remonta a comprender nuestras propias fortalezas y debilidades, pero la mayor parte se basa en ser disciplinados a lo largo de nuestra vida, independientemente de nuestro nivel de ingresos o nuestro éxito en nuestras carreras profesionales o de lo que hagan nuestros vecinos, familiares y colegas. Ciertamente, el margen económico es necesario para disponer de libertad en cuanto a la elección de nuestra trayectoria profesional.

Cambiar el equilibrio entre el trabajo y tu familia

Disponer de margen o generarlo mediante el ahorro prudente suele resultar necesario cuando nuestra vida laboral empieza a interferir con aspectos más cruciales de nuestra vida, incluyendo a nuestra familia. Piensa en el siguiente ejemplo procedente de esta millonaria de la puerta de al lado de Carolina del Norte con un patrimonio neto de entre un millón y un millón y medio de dólares que compartió su experiencia de liberarse de la trampa de un estilo de vida con unos ingresos elevados y aparentemente necesaria:

> *Estaba trabajando para una gran empresa de ámbito mundial, gestionando a un gran equipo humano en siete países y tres continentes. Mis hijos y mi marido eran mis [principales] prioridades, pero no dejaba de oírme a*

mí misma decirme: «Tengo *que trabajar» los fines de semana, temprano por la mañana, hasta tarde. Un día me di cuenta de que la compañía se estaba volviendo demasiado exigente cuando me encontraba en una videoconferencia a las 07:00 h organizada por mi equipo de ejecutivos. Una videoconferencia que* «debía *atender». Mi hijo de tres años estaba llorando sobre mi regazo, mi hijo de cinco años estaba llamando a la puerta, y mi marido estaba saliendo de casa para ir al trabajo, para asistir a una reunión. Esa mañana me di cuenta de que hay algo más en la vida que el trabajo. Después de eso nos planteamos en serio la idea de que me quedara en casa con nuestros hijos a jornada completa. Esto significó renunciar al programa de formación de ejecutivos en el que me encontraba y a la seguridad económica de la que siempre habíamos dispuesto. Vendimos acciones para amortizar la hipoteca de nuestra casa, así que, oficialmente, estamos 100 % libres de deudas. Y entonces dejé el trabajo. La vida es diferente ahora: vivimos con un presupuesto y no podemos hacer lo que queramos cuando queramos; pero nuestras prioridades por el ahorro no han cambiado. Nuestros hijos son más felices, nosotros somos más felices y estamos mucho menos estresados. Sólo se vive una vez, y no iba a permitir que mi trabajo me dictara cómo vivir mi vida.*

El pluriempleo y los millonarios de la puerta de al lado

Hay una forma de estudiar las opciones mientras permaneces empleado a jornada completa: el pluriempleo. Casi una tercera parte de los estadounidenses con empleo practican el pluriempleo de una forma u otra: algunos porque deben complementar sus ingresos, pero otros porque siempre están buscando oportunidades para incrementar la generación de ingresos y una base para un futuro cambio de trayectoria laboral. Estos ajetreos extra pueden ser pequeños o grandes, pero al igual que sucede con la mayoría de los esfuerzos emprendidos por los estadounidenses económicamente exitosos, generar uno que sea exitoso (o incluso uno moderadamente exitoso) requiere de recursos, tanto en forma de tiempo como de dinero, para su desarrollo y mantenimiento. Las horas dedicadas semanalmente que podías emplear mirando publicaciones en Instagram o a jugando a videojuegos te podrían permitir dedicarte a otros intereses que podrían, en último término, conducirte hacia una nueva carrera profesional o hacia tu propio negocio.

Generar múltiples fuentes de ingresos ha formado parte de la estrategia de muchos millonarios de la puerta de al lado a lo largo de los años. Aquellos que sean capaces de generar múltiples oportunidades para obtener ingresos, que puedan transformar sus aficiones en actividades que proporcionen ganancias, tendrán éxito a la hora de convertirse en millonarios de la puerta de al lado en el futuro. La tecnología permite que esto se dé más, pero requiere de más factores propios de la riqueza, como la disciplina, la perseverancia y la resiliencia, de lo que la mayoría de la gente está dispuesta a dar. Requiere más disciplina que, simplemente, aferrarse a un empleo y vivir por debajo de tus posibilidades. Requiere una perseverancia que va más allá de ser rechazado mientras trabajas en el sector de las ventas, pero también disponer de una compañía detrás de ti para que te respalde. Para aquellos que pueden hacer que funcione, aporta una oportunidad para experimentar un empleo y todo lo que le acompaña antes de abandonar el actual, con el beneficio añadido de aportar una fuente adicional de ingresos.

Los millonarios económicamente exitosos que han compartido sus historias tienen algunos puntos en común acerca de lo que hace que el pluriempleo funcione:

- Son valientes: Reconocieron la necesidad de una trayectoria laboral en el pluriempleo y arriesgaron el tiempo libre y el capital del que disponían para ir tras ello fuera de su trabajo «seguro».
- Consiguieron acceso a la información sobre el mercado. Casi todos ellos interaccionaron o por lo menos dispusieron de acceso a muestras *ad hoc* de clientes potenciales para sus posibles productos o servicios. Incluso antes de inaugurar sus negocios, muchos pluriempleados mostraron una considerable empatía por las necesidades de sus futuros clientes. Lo hicieron preguntándoles constantemente: «¿Qué necesitáis y cuáles son vuestros problemas con los productos actuales?».
- Están orgullosos de su negocio y tienen confianza en él. Desde pintar casas a ser asistentes virtuales, anunciar sus servicios en páginas web para autónomos (como Upwork) o contactar con anti-

guos compañeros de clase, a los pluriempleados exitosos les preocupa poco lo que los demás piensen de su profesión adicional.

Los beneficios del pluriempleo: El acceso a los datos del mercado

Un buen ejemplo de la importancia del acceso a los clientes se ha subrayado en un perfil de Paula Kent Meehan, que cofundó la compañía Redken de productos para el cuidado del cabello.[8] Meehan fue aspirante a actriz a finales de la década de 1950 «encasillada principalmente en anuncios y en pequeños papeles».

Pero algo más desanimó también a esta ganadora de concursos de belleza de ir tras una carrera en el mundo de la actuación: «Todos los cosméticos y los productos para el cuidado del cabello a los que se veían sometidos los actores irritaban intensamente su piel». La aventura en el pluriempleo de Meehan empezó poco después de que le hablara a su peluquero de Beverly Hills, Jheri Redding, de sus graves reacciones alérgicas a los champús. Muchos de los clientes de Redding (su muestra para el estudio del mercado) dijeron que sufrían los mismos problemas. Además, resultó que tenía otro empleo como farmacéutico, aparte de su trabajo principal.

Redding y Meehan se convirtieron en socios de lo que hoy se conoce como los Laboratorios Redken. Redding acabó vendiendo sus acciones de Redken a Meehan.

Desde el principio, Meehan y Redding fueron muy conscientes de las reacciones alérgicas que muchas mujeres experimentaban con los champús tradicionales y los productos de belleza relacionados. Muchas otras personas también se dieron cuenta de esto, pero sólo Meehan y Redding vieron una oportunidad de mercado importante en ello. Ambos tenían, obviamente, una visión empresarial o, como alternativa, lo que algunos llaman inteligencia creativa. Además, tuvieron la valentía de lanzar una línea de productos que se ocupaba de los problemas relacionados con las alergias de las mujeres en treinta y cinco países.

---

8. Martin, 2014.

La distribución de los productos Redken exclusivamente en salones de belleza fue una estrategia brillante y novedosa en esa época. En esencia, Meehan tenía un equipo de ventas de decenas de miles de peluqueros y peluqueras de lujo que recomendaban los productos Redken a sus clientes, que eran un público cautivo «mientras estaban sentados en el sillón de la peluquería».

Meehan fue la fuerza de ventas que había detrás de Redken. Disponía de la enorme energía necesaria para la fundación agresiva de una empresa, la venta de productos y el trabajo como actriz. Además, asistió a «cursos nocturnos sobre gestión, contabilidad y leyes» para aprender a crear y administrar una empresa comercial.

Su energía ilimitada procedía de la convicción de que los productos Redken tenían un enorme potencial. Creía, plenamente, que su línea de productos de belleza con un pH equilibrado aportaba beneficios. Meehan predijo que muchos millones de mujeres sufrían de la misma sensibilidad que ella. Al igual que la mayoría de los emprendedores de éxito, Meehan «sentía un gran aprecio por sus productos, además de por su cargo. Tal y como se afirma en *The Millionaire Mind:* «Elige una vocación que no sólo sea única y rentable, sino que ames».[9]

La confianza necesaria para el pluriempleo

Un profesor de instituto llamado Murray supone un ejemplo del tener confianza a la hora de elegir cómo generar ingresos.

Murray dio clases durante muchos años en un distrito escolar que no mostraba un verdadero compromiso con los logros académicos. Por lo tanto, cuando le dieron la oportunidad de enseñar en un distrito en el que los alumnos se encontraban en la parte superior de la escala con respecto a las calificaciones en las pruebas de acceso a la universidad, con graduados destinados a seguir estudios universitarios, etc., aprovechó la oportunidad. Al realizar este cambio, Murray también se encontró con un aumento significativo en su salario. Encandilado por la euforia de dar clases en una escuela tan prestigiosa y por el incremento en su flujo de

9. Stanley, 2000, pág. 393.

ingresos, Murray cometió un error. Se compró una casa en el encantador pueblo en que se encontraba su escuela, pero se trataba de una vivienda que a duras penas podía permitirse. Normalmente, los profesores son un grupo de gente frugal, pero cuando vives en una localidad próspera, todo cuesta más. No importaba que Murray se llevase al trabajo bocadillos de mantequilla de cacahuete cada día para comer o que él mismo se ocupara de todo el mantenimiento y las reparaciones de su hogar. Las grandes justificaciones no eran suficientes. Y cuando nació el tercer hijo de Murray, su mujer dejó de trabajar para ser un ama de casa a jornada completa.

Dadas estas circunstancias, la familia no fue capaz de hacer aportaciones a un fondo para los estudios universitarios de sus hijos o de ahorrar cantidades importantes de dinero. Éstos son algunos de los mismos problemas a los que se enfrentan millones de personas en la actualidad.

Un día de verano, mientras Murray estaba pintando su casa, su vecino de la casa de al lado se acercó para charlar. «Ojalá pudiera pintar mi casa igual que lo estás haciendo tú, pero no dispongo del tiempo. Mi trabajo me hace viajar mucho. Los presupuestos que me han dado tres pintores me han dejado helado». Cuando Murray escuchó cuánto cobraban esos pintores, casi le dio un pasmo.

A la mañana siguiente, Murray tuvo una revelación. La genialidad suele definirse como el ver oportunidades que son tan obvias que pasan desapercibidas para el 99 % de la gente. Murray se dio cuenta de que podía pintar la casa de su vecino por una fracción del precio que habían propuesto los otros pintores profesionales y, pese a ello, obtener un buen beneficio. Ya disponía de los conocimientos y el material para llevar a cabo el trabajo, y era muy buen pintor para ser un aficionado. Pero, pensó, ¿debería un profesor en una comunidad próspera pintar casas durante las vacaciones de verano? ¿Qué dirá la gente? Al final, Murray decidió que el bienestar económico de su familia era más importante que lo que los vecinos pudiesen pensar sobre su aventura en el pluriempleo.

Fue a casa de su vecino y le propuso pintarle la casa por dos terceras partes del presupuesto más bajo que le habían dado los pintores profesionales. El vecino corrió el riesgo y contrató los servicios de Murray. En esa época nunca había imaginado iniciar un negocio para pintar casas: sólo estaba intentado ganar algo de dinero extra: pero mientras estaba pintando la casa de su vecino de al lado, otro vecino se acercó y le pidió un presupuesto. Pintó esa casa, y luego otra y otra más. Al poco tiempo, quedó abrumado por los encargos. El verano siguiente contrató a varios de sus colegas para que le ayudaran a pintar. También contrató a sus mejores y más sensatos alumnos para que se ganaran un dinero extra, y siguieron trabajando durante sus vacaciones estivales mientras estudiaban en la universidad.

Murray conservó su «trabajo principal», junto con todos sus beneficios, Disfruta enseñando, pero en la actualidad gana mucho más dinero con su trabajo estival. Tiene éxito porque no permitió que su estatus percibido como de clase media evitara que se ganara la vida en lo que algunas personas considerarían una vocación propia de un obrero.

Acumula riqueza para controlar tu destino

La idea de un «fondo para irse al infierno», una cantidad ahorrada que te permitiera vivir durante diez o más años sin tener que trabajar, suena como una fantasía, especialmente para aquellos que están iniciando su carrera profesional; pero, tal y como hemos comentado en el capítulo 1, hay toda una comunidad que se está desarrollando entorno a esa idea. Ciertamente, la independencia económica aportada por un «fondo para irse al infierno» les dura toda una vida, una vez que se ha invertido en ello. En 2012, mi padre escribió acerca de los beneficios de un fondo de este tipo tras recibir el e-mail *de un lector al respecto de encontrarse atrapado en una carrera profesional:*

En *MPA,* retraté a un millonario que era un profesional de las ventas en una empresa. Él, al igual que otros millonarios hechos a sí mismos, dijo que disponía de un «fondo para irse al infierno... simplemente por si acaso mi empleador sugiere (insiste en) que abandone Austin para ir a la sede central de la empresa, en "Ciudad Podredumbre"». Nunca tuvo que irse de Austin, añadiendo «demos gracias al Señor». En otras palabras, los millonarios de la puerta de al lado han acumulado suficiente riqueza como para vivir sin trabajar durante diez o más años.

Esas palabras siguen siendo ciertas en la actualidad, tal y como se nos hizo recordar acerca de esta perla de sabiduría tras revisar un *e-mail* de la señora F., que actualmente vive en una encantadora comunidad en el sur de Estados Unidos:

> Fui a la biblioteca de mi localidad esta mañana, esperando tomar prestado *MPA*. Sin embargo, el único ejemplar disponible estaba escrito en español, así que tomé prestado *Millionaire Women Next Door.* Para cuando acabé de leer el segundo párrafo de la octava página, me dio un ataque de risa y lágrimas al mismo tiempo ante mi triste verdad. El último encargo de mi trabajo se encuentra a trece mil kilómetros, a dieciocho horas de viaje en avión y a doce husos horarios de donde se encuentran las personas que más me importan en este mundo. En resumidas cuentas, la situación apesta, pero me había convencido de que era necesaria para

> pagar las facturas. Baste decir que he renovado mis esfuerzos coordinados para convertirme en una cultivadora de riqueza y que planeo compartir mi transformación con usted muy pronto. Gracias por crear esta recopilación de estímulos basados en las pruebas.

¿Qué es lo que provocó el «ataque de risas y lágrimas» de la señora F.? Piensa en las palabras que escribí en *Millionaire Women Next Door:*

> ¿No te estás cansando de encontrarte entre las filas de los cazadores y recolectores? ¿Disfrutas tanto de tu consumo excesivo que debes irte, cada semana, del lugar en el que vives, para conseguir un salario con el que pagar tus facturas?... Inicia la transformación para convertirte en un cultivador de riqueza. Piensa en eso la próxima vez que te encuentres a dieciséis mil kilómetros de tu casa, rodeado de desconocidos y viajando pese a una climatología terrible. Es tu decisión. Aquellas personas económicamente independientes [...] toman sus propias decisiones acerca de su siguiente destino. En este preciso momento, tú y tu carrera profesional sois, en esencia, propiedad de una empresa. Ninguno de los dos dispone del lujo de la autodeterminación.

También escribí que «Las mujeres [en negocios millonarios] retratadas aquí no tolerarán una vida así. Son libres. Son cultivadoras de riqueza y están satisfechas con la vida. Ostentan el control de su propio destino».[10]

Casos prácticos sobre el pluriempleo

Los beneficios del pluriempleo incluyen la capacidad de transferir un conjunto de experiencias y conocimientos obtenidos en un empleo «normal» a tiempo completo a una nueva forma en la que abordar los problemas en tu mismo campo o sector. El apéndice C incluye algunos de los puestos de trabajo de los pluriempleados de nuestra investigación entre las muestras de gente enormemente próspera/con un patrimonio neto elevado. Mientras recibes tu salario en tu empleo actual, puedes catalogar el conocimiento en tu sector y tu campo, empleándolo para aplicarlo a un empeño nuevo y potencialmente más provechoso. Ten en cuenta los ejemplos que mi padre compartió hace algunos años:

Viendo oportunidades en la consulta dental

El periódico *The Atlanta Journal-Constitution* describió, en una ocasión, a una mujer llamada Tonya Lanthier que estudió para convertirse en higienista dental (una de las 192 330 en EE. UU.) y que creó una empresa multimillonaria basada en lo que creo que es su extraordinario intelecto creativo.[11] Los higienistas dentales ganan aproximadamente 71 530 dólares al año (ingresos medianos), pero ella contactó con cientos de clientes potenciales, además de con personas que buscaban trabajo.

---

10. Stanley, 2005, pág. 8.
11. *Atlanta Journal-Constitution*, 2014.

Los dentistas con trabajos que cubrir constantemente le pidieron [a ella] que le recomendaran buenos trabajadores. Sabían que la higienista dental hacía turnos como trabajadora eventual en muchas consultas y que tenía muchos amigos en la profesión.

Como recibía tantas solicitudes, decidió «crear una página web de empleo a nivel nacional para el sector dental». El portal web tiene ahora más de 40 000 usuarios registrados.

¿Cómo crea alguien sin una experiencia previa en el mundo de los negocios, sin un título universitario en empresariales, ningún historial en *marketing* ni ninguna experiencia previa con ordenadores, un negocio exitoso en Internet? La gente con estas habilidades puede ser contratada, pero fue el intelecto creativo de Tonya (o su visón) la que se refleja en la oferta de su empresa. Además, tal y como se subraya en el artículo, Tonya ha demostrado una enorme perseverancia y cualidades de liderazgo.

El pluriempleo: De ser enfermera a las ventas y al autoempleo

Una enfermera titulada me preguntó el lugar que ocupaba la gente en su profesión en cuanto a su capacidad de transformar sus ingresos en riqueza. Las enfermeras tituladas y con grandes compensaciones se encuentran en el rango medio en cuanto a productividad, ocupando el puesto número 88 entre las 200 ocupaciones estudiadas.

Pero su pregunta me recordó varios casos prácticos de enfermeras tituladas que aprovecharon su rigurosa formación, extraordinaria ética de trabajo y considerable experiencia para generar diversos negocios lucrativos. Además, todas ellas obtuvieron una alta clasificación en el factor número 6: una característica clave de los millonarios de la puerta de al lado: son diestros en detectar oportunidades de mercado.

Kay, por ejemplo, fue enfermera quirúrgica durante nueve años. Luego aceptó un empleo como vendedora de equipos quirúrgicos. Mientras se encontraba en el sector de las ventas, Kay se encontró con que dedicaba mucho tiempo a una actividad concreta que no formaba parte de la descripción tradicional de su puesto de trabajo. Se convirtió en una cazatalentos profesional para hospitales y consultas médicas que necesitaban médicos, enfermeras y técnicos médicos. Este «beneficio complementario» que proporcionaba gratis a sus muchos clientes tuvo mucho que ver con el nombramiento de Kay como excelente proveedora. Al final reconoció una oportunidad para satisfacer una ocasión de mercado. Además, tenía muy buena voluntad y muchos contactos en el campo médico. Por consiguiente, tal y como escribí en *MPA*, «Los empresarios más exitosos tenían algunos conocimientos o experiencia en el sector que habían escogido antes de fundar su propio negocio».

Kay abandonó su empleo en el campo de las ventas y fundó su propia agencia de empleo especializada en el sector médico.

Gran parte de su motivación para independizarse fue su necesidad de ser autónoma. Anteriormente había obtenido una gran satisfacción de su trabajo como enfermera, pero vio que ser autónoma no requería de más trabajo duro o responsabilidad que el trabajo como enfermera titulada.

Otras antiguas enfermeras tituladas han optado también por el autoempleo. Entre los tipos de negocios que escogieron tenemos la asesoría empresarial/administración médica; los servicios sanitarios domésticos; y las agencias de empleo para los profesionales de la salud domésticos, los propietarios/administradores de instituciones de salud mental, centros de día y guarderías.

DANDO EL PASO HACIA EL AUTOEMPLEO

El millonario de la puerta de al lado de mañana puede ir sobre seguro mientras desarrolla una buena defensa. El millonario autónomo de la puerta de al lado asumirá unos riesgos considerables, trabajando para generar algo de valor a partir de los extraordinarios recursos que se le han proporcionado. Casi el 30 % de los millonarios autónomos dicen que la mayoría de las decisiones durante de su carrera profesional a lo largo de su vida fueron «arriesgadas» o «muy arriesgadas». En contraste con el resto de los millonarios, sólo un 15 % dijo lo mismo. Tal y como compartió con nosotros la esposa de un millonario de Austin: «Mi marido decidió fundar su propio negocio. Yo estaba nerviosa, pero trazamos un plan. Redujimos nuestro ritmo de vida, hicimos recortes y ahorramos y nos sacrificamos durante varios años para prepararnos para que él abandonase su empleo pagado y se estableciese como autónomo. Vivíamos de mis ingresos y ahorrábamos todos los suyos. Nos dio buenos resultados».

Aunque no todos los millonarios son empresarios autónomos (el 42 % de los millonarios de nuestra muestra lo son), lo que sí sucede es que el éxito extraordinario en términos de ingresos y el reinvertir en la propia empresa es algo que se ve entre los empresarios. Tal y como escribió mi padre en *MPA*, «El miedo abunda en EE. UU., pero según nuestra investigación, ¿quién tiene menos miedo y preocupaciones? ¿Quién dirías que es: la persona con una cuenta fiduciaria con 5 millones de dólares o el emprendedor hecho a sí mismo con un patrimonio neto de varios millones de dólares? Normalmente es el emprendedor, la persona que se enfrenta al riesgo cada día, que se pone a prueba a sí mismo o a su coraje a diario. De esta forma aprende a vencer al miedo».[12]

El beneficio potencial de esos riesgos en la carrera profesional, y en concreto del riesgo relacionado con iniciar nuestro propio negocio, es la capacidad de generar ingresos: frecuentemente más ingresos que los que se podrían generar trabajando por cuenta ajena. Los millonarios autónomos de nuestra última encuesta tenían más de 1,5 veces los ingresos medianos de aquellos que trabajaban para otros. De media, la diferencia

12. Stanley y Danko, 1996, pág. 241.

entre su patrimonio neto real y su patrimonio neto previsto es de más del doble que el de aquellos que trabajan para otros.

Cuando se trata de sus finanzas, la gente autoempleada suele ser extremadamente disciplinada, al igual que sucede con la mayoría de la gente económicamente exitosa en general, tal y como se comenta en el capítulo 5. Tienen una rutina diaria que maximiza los resultados para cada momento de trabajo. Ellos redactan su propio cargo. El 81 % dijo que el trabajo que habían diseñado permitía el uso completo de sus capacidades y aptitudes.

TABLA 6.3

ESTRATEGIAS Y ELECCIONES PROFESIONALES DE LOS MILLONARIOS AUTÓNOMOS FRENTE A OTROS MILLONARIOS

	Estrategia actual con respecto a su carrera profesional (%)			**Mayoría de elecciones a lo largo de la vida con respecto a la carrera profesional (%)**		
Grupo de millonarios	**Muy arriesgada/ arriesgada**	**Equilibrada**	**Conservadora/ muy conservadora**	**Muy arriesgada/ arriesgada**	**Equilibrada**	**Conservadora/ muy conservadora**
Autónomos	20,8	45,9	33,3	28,9	42,3	28,8
El resto	5,7	48,1	45,2	15,2	46,7	38,1

La probabilidad de convertirse en millonario es muy baja para aquellos que generan unos niveles bajos de ingresos. Los ingresos medianos de los hogares en EE. UU. fueron de unos 60 000 dólares en 2016, de acuerdo con el Instituto Nacional de Estadística de EE. UU.[13] Con este nivel de ingresos, una pareja casada con tres hijos tendría dificultades para convertirse en millonaria. De los miles de entrevistas que mi padre leyó atentamente durante su carrera profesional, una de las más interesantes implica a un multidecamillonario que expresó cómo se siente la mayoría de los millonarios de la puerta de al lado. Describía la ganancia de dinero con acciones, bienes inmuebles comerciales, ganado vacuno, campos de petróleo, e incluso con antigüedades de excelente calidad y metales preciosos. Pese a ello, resumía aquello en lo que cree la mayoría de los millo-

13. Semega, Fontenot y Kollar, 2017.

narios de la puerta de al lado: «Es difícil tener conocimientos sobre muchos asuntos relativos a las inversiones. Lo mejor que he hecho ha sido mi propio negocio y ser lo mejor posible en él. Ése es el filón principal que alimenta a todo lo demás».

En otras palabras, los abundantes ingresos generados a partir de su negocio financiaban el resto de sus inversiones, al igual que en la analogía de las bellotas mencionada anteriormente. Pero el autoempleo no se traduce automáticamente en forma de unos grandes ingresos y riqueza. Piensa en lo siguiente: entre los más de 23 millones de personas propietarias de pequeños negocios que eran autónomas y propietarias únicas en 2015, sus ingresos netos anuales medios fueron de sólo 11 637 dólares.

Invertir en su propio negocio ha sido uno de los sellos distintivos de aquellos que han alcanzado el éxito económico, siempre que dispusieran de las fortalezas, incluyendo la perseverancia, la resiliencia y la disciplina, para superar los inevitables altibajos de su negocio. La facilidad con la que puedas iniciar un negocio en la actualidad resulta inmensa para aquellos que crecieron hace veinte años o más. Fundar negocios invirtiendo tan sólo algunas horas con un ordenador portátil no era posible en 1996, y ciertamente no en 1976, cuando el millonario medio de nuestra muestra tenía diecisiete años. A ninguna de estas personas les estaban diciendo sus padres, mentores, *coaches*, profesores o asesores que la forma en la que podían generar ingresos y dejar su huella en este mundo dependía completamente de ellos y que disponían de recursos literalmente al alcance de su mano. Pero en la actualidad, en tan sólo algunas horas (o minutos), puedes crear una empresa *online* y dirigirla con pocos gastos de estructura. Internet y sus tecnologías relacionadas para dirigir pequeños negocios han nivelado el campo de juego en muchos aspectos, permitiendo que aquellos con problemas con el empleo regular generen sus propias oportunidades, independientemente de qué les estuviera reteniendo antes. Por ejemplo, entre los autónomos hay un mayor porcentaje de estadounidenses discapacitados (un 11 %) que entre la población general (un 6 %),[14] debido esto en parte a la accesibilidad que aporta la tecnología.

14. Oficina de Estadísticas Laborales de EE. UU., 2016b.

VER Y GENERAR VALOR

Por supuesto, los ingresos de los pequeños negocios varían considerablemente entre los distintos sectores y con el tiempo. No todos los tipos de empresas son igual de rentables (para obtener un ejemplo, *véase* el apéndice C), y no todos los negocios con ingresos netos pueden cubrir los gastos básicos de sus propietarios. Tomemos, por ejemplo, los consultorios de dentistas (el 89 % de estos consultorios son rentables) y los restaurantes (el 66 % son rentables). De los 69 364 consultorios de dentistas que fueron rentables en 2015, sus ingresos fueron, de media, de 118 676 dólares. Compara esto con las más de 400 000 personas que son propietarias de restaurantes o bares. Sus ingresos netos simplemente superaban los 7 000 dólares partiendo de unos ingresos brutos de 129 304 dólares. Escoger el negocio adecuado es un factor importante para explicar la rentabilidad y, en último término, la riqueza.

Independientemente de las herramientas, la tecnología y la inteligencia, el éxito en los negocios requiere de concentración y creatividad, trabajo duro y disciplina, y análisis y previsión. Hay muchísimos negocios que *empiezan* y pocos que, de hecho, tengan éxito. Mi padre solía citar a pilotos de cazas y generales, mencionando la concentración y el conocimiento que necesitan para alcanzar el éxito en su profesión. Escribió:

> *Un gran piloto de cazas dijo en una ocasión sobre los combatientes inexpertos: «Ven pero no ven». En otras palabras, pese a tener una vista perfecta (al igual que haber nacido con un gran intelecto analítico), esto será de poca utilidad para un piloto si nunca mira en la dirección adecuada. Lo mismo se aplica a la captación de oportunidades de mercado y a la selección de la ocupación adecuada. Aquellos que son autónomos suelen ir contracorriente, ya que piensan de forma distinta con respecto a los negocios, la generación de ingresos y el uso de la inteligencia creativa para resolver una necesidad del mercado. Esto ayuda a explicar por qué muchos de ellos se encuentran en negocios especializados, rurales y de estatus bajo en los que hay poca o ninguna competencia, lo que les aporta unas mayores oportunidades de tener éxito. Además, tal y como vimos en* The Millionaire Mind, *cuatro de cada cinco (o un 79 %) de los empresarios*

millonarios indicaron que escogieron su tipo concreto de negocio porque les proporcionaba una gran probabilidad de alcanzar la independencia económica.[15]

Tanto en *MPA* como en *The Millionaire Mind,* mi padre lista los tipos de negocios que tiene los millonarios encuestados. Estos negocios iban desde lo «normal y aburrido» hasta lo único. Por ejemplo, en *MPA,* bajo el encabezado «Los negocios de los millonarios autónomos», encontrarás «distribuidor de semen bovino».[16]

Curiosamente, un artículo publicado en *The Wall Street Journal* en 2013 mencionaba: «Julio Moreno, de Oakdale (California), tiene un congelador lleno del semen del toro que vende a por lo menos tres mil dólares la dosis».[17] Si se le preguntara cómo se hizo rico, ¿qué diría el señor Moreno: acciones o semen de toro?

Por supuesto, la tasa de fracaso de los pequeños negocios es de aproximadamente el 80 %,[18] y, tal y como también se menciona en *MPA,* hay ciertos tipos de negocios de propiedad única y pequeñas empresas que tienen un índice de éxito extremadamente bajo.

Tener tu propio negocio, que es algo que no está hecho para los timoratos o para aquellos que no estén dispuestos a subirse las mangas de la camisa, puede llevarte a la autonomía y la independencia. Los diferenciadores clave de aquellos que pueden alcanzar el éxito en estos empeños incluyen una combinación de creatividad, trabajo duro y perseverancia. En el caso de la última, entre los millonarios autónomos de nuestro último estudio, casi el 93 % de ellos citó la perseverancia o la resiliencia con su principal factor del éxito (valorándolo como muy importante o importante), seguido del tener una buena disciplina (90 %) y ser honesto con toda la gente (87 %).

15. Stanley, 2014; Stanley, 2011.
16. Stanley y Danko, 1996, pág. 256.
17. Phillips, 2013.
18. Speights, 2017.

LA PERSEVERANCIA ES NECESARIA

Suele decirse que un negocio exitoso consigue serlo porque su propietario dispuso de dos ingredientes importantes: tiempo y dinero. Frecuentemente, una persona debe disponer de los recursos económicos para sobrevivir sin un salario fijo durante muchos meses e incluso años antes de que su negocio despegue.

¿Para quién trabajas?

¿Quién está realmente al mando cuando gran parte de tu patrimonio neto es propiedad de otros? ¿Realmente lo posees tú? El glamour *y la ostentación de las empresas de capital de riesgo y de empresas emergentes como las retratadas en la serie de televisión de telerrealidad* Negociando con tiburones *son intrigantes. Y puede que esas luces te estén llamando. Pero financiarte a base de deuda sigue funcionando, de algún modo, en el caso de otros. Piensa en esta historia relativa a la financiación que mi padre escribió en relación con los pequeños empresarios y la propiedad en 2014:*

Davis es un empresario millonario. Al principio de su carrera profesional le preguntaron: «¿Dónde lleva a cabo las actividades bancarias de su negocio?». Respondió: «Trabajo con una banca abusiva». Parece que Davis se encontraba con un cambio continuo de agentes de créditos que eran constantemente condescendientes y distantes. Y no importaba la frecuencia con la que devolviese los préstamos de su negocio: se le exigía que actualizase su información financiera frecuentemente. Durante esa época, Davis dependía del crédito para hacer que su negocio funcionase. Pero más recientemente hizo sacrificios e hizo un mejor trabajo empleando los beneficios de la compañía para promover su crecimiento. Davis hizo esto poco después de oír una conferencia dada por Gene, un extraordinario millonario de la puerta de al lado que describí en *The Millionaire Mind.*

Las revelaciones y contribuciones de Gene a mi investigación le situaron entre los diez mejores millonarios a los que he entrevistado. Su principal vocación era la de ser «propietario de un negocio de rescate». Se hizo inmensamente rico adquiriendo o rescatando propiedades inmobiliarias en dificultades de diversas instituciones financieras.

Pero Gene también era mentor de aspirantes a emprendedores. Su discurso lleno de referencias apocalípticas advertía contra el uso exagerado del crédito. Parte de su discurso, que comprendo que era muy persuasivo, detalla una experiencia de Gene mientras estaba haciendo un trato con un gran banco comercial. Inmediatamente después de cerrarse el trato, «[...] el director del departamento de créditos de la institución le hizo una señal a Gene y le acompañó hacia el gran ventanal de la oficina del último piso del director. Tenían unas vistas que se extendían varios kilómetros, [...] miles de edificios comerciales a todo su alrededor, [...] el director señaló todos los edificios y pronunció las palabras que dejaron una duradera impresión en Gene: "Nosotros [los prestamistas] lo poseemos todo... todo. ¿Ese negocio que hay ahí?... Vosotros [los prestatarios] simplemente dirigís esos negocios para nosotros. Vosotros los gestionáis por nosotros, las instituciones financieras"».

Gene me explicó lo enfadado que estaba y que «no pudo pensar con claridad» después de escuchar esas palabras. Empleó este escenario en su discurso para hacer hincapié en que si uno es adicto al crédito, tendrá poco o ningún control sobre su negocio: «Los banqueros no te respetan. ¿Por qué deberían hacerlo? Te tienen adiestrado como una foca en un circo».

Una de las principales razones por las cuales la gente se hace autónoma y emprendedora es que quiere alcanzar la independencia, dirigir su propio barco. Trabajar por tu cuenta requiere de mucha valentía e iniciativa. Pese a ello, y de acuerdo con el director ejecutivo del banco que acabamos de conocer, los empresarios no son, en realidad, propietarios de sus negocios. Son controlados por los prestamistas. Ciertamente, el crédito tiene su lugar en el mundo de la propiedad de los negocios; pero con el tiempo, los empresarios deberían esforzarse por ser cada vez menos dependientes de las instituciones financieras para su existencia.

Creemos, tal y como han mostrado las investigaciones y como han aconsejado los empresarios millonarios de nuestros estudios, que la perseverancia es el tercer ingrediente necesario. El éxito en cualquier empeño importante, pero especialmente en la creación de un negocio, se parece más a un viaje a largo plazo que a una entretenida salida nocturna. Ese largo viaje requiere de tiempo, recursos y la capacidad de gestionar los inevitables pozos de desesperación y las alegrías de la administración de una empresa y presentar tus ideas en el mercado. De hecho, para muchos, el éxito sólo surgió después de que fueran capaces de encontrar su camino a través de una serie de retos adversos.

Un artículo publicado en 2014 en *The Wall Street Journal* bosquejó cómo la adversidad puede superarse para crear un negocio exitoso.[19] El artículo exponía las pruebas y tribulaciones de Kevin Hartford. Después de que su antaño exitoso negocio de consultoría se fuera al traste, Hartford empezó a buscar un empleo administrativo en una empresa. Durante sus años de búsqueda nunca lo encontró. Mantenía que los posibles empleadores quedaban desencantados por su «problema de tartamudez». El artículo informaba de que «durante muchos años desempeñó pequeños empleos, como [...] repartir paquetes, encolar y pegar piezas de suministros médicos [...] clasificar correo [...] y cortar el césped».

Él y un socio se quedaron al cargo de un pequeño negocio dedicado a la producción de piezas metálicas que estaba atravesando dificultades.

19. Hagerty, 2014.

En la actualidad, ese negocio está medrando: las ventas en 2013 fueron de 6 millones de dólares. Hartford superó la adversidad, incluyendo un antiguo fracaso en un negocio y sus dificultades del habla. Además, según el artículo (que cita datos del Ministerio de Trabajo), los trabajadores con una discapacidad tienen el doble de probabilidades de ser autónomos que aquellos sin discapacidades. Muchos millonarios hechos a sí mismos que poseen negocios informan de que escogieron el autoempleo porque les permitía sacar todo el jugo a sus habilidades y aptitudes (es decir, el 83 % de los millonarios que aparecen en *The Millionaire Mind*). Warren, un decamillonario hecho a sí mismo y que aparece en *The Millionaire Mind,* afirmaba elocuentemente: «Francamente, si hubiera conseguido un empleo decente nunca me hubiera hecho autónomo [...] Me vi forzado al autoempleo. No escogí el autoempleo. Si hubiera tenido las credenciales (para ser un ejecutivo/empleado), habría aceptado la mediocridad».

CREANDO TU PROPIO DESTINO

Piensa en este caso práctico, presentado por primera vez en *The Millionaire Mind.* Dados sus poco brillantes antecedentes académicos, las perspectivas de empleo para W. K. eran limitadas. Como consecuencia de ello, fue consciente de que tendría que convertirse en su propio empleador. De esa forma, evaluaría su propia solicitud de empleo.

En la actualidad tiene bastante éxito como corredor de hipotecas autónomo. De acuerdo con W. K., que tiene cuarenta y tres años, ninguno de sus clientes con un patrimonio neto de 1,7 millones de dólares le pidió nunca los resultados de su prueba de acceso a la universidad ni le preguntó por su clase social. En otras palabras, su buena reputación por su trabajo fue la razón de que le buscaran, en lugar de unas calificaciones o datos relativos a su familia. La gente que busca hipotecas quiere hipotecas. No está interesada por el hecho de que fuera criado por una madre soltera que emigró a EE. UU. a los dieciséis años con nada más que una bolsa de plástico. Trabajó ochenta horas a la semana mientras criaba a cinco hijos. Tal y como expone: «Hizo un gran trabajo criando a sus hijos. Las mayores lecciones que he aprendido de ella [...] trabajo duro, vive de acuerdo con tus posibilidades y trata bien a la gente.[...] Con mis puntuaciones en la prueba de acceso a la universidad en torno a los ochocientos puntos, puedo decirte que cualquiera puede conseguirlo. Mi teoría es que la mayoría de la gente no lo comprende. Viven por las razones equivocadas, una gran casa, los coches más lujosos y consumen tanto como sea posible. Mi objetivo número uno es ser el mejor padre».

W. K. es otro miembro más de lo que mi padre llamaba «El club de los novecientos». Tal y como se describe en *The Millionaire Mind*:[20]

> *Sólo esos millonarios que obtuvieron menos de mil puntos en su prueba de selectividad son admitidos. La vida es un maratón. Lo bien que lo hagas en esta carrera implica mucho más que tus promedios de notas [...] Las pruebas estandarizadas no pueden reemplazar el hecho de correr la carrera. [La gente como W. K.] nunca permitieron que los «analistas de probabilidades» académicos dictaran su desempeño en la vida. Reconocen que la creatividad, el trabajo duro, la disciplina y ciertas habilidades sociales entre las que se incluye en liderazgo eran más importantes que las calificaciones y los resultados en las pruebas de aptitud. Se trata de gente que confunde a sus profesores y a otros defensores de las pruebas de aptitud e inteligencia.*

Así pues, ¿qué pasa si tu currículum, tus credenciales académicas o lo que aparece en tu solicitud de empleo no son sobresalientes? Ten la determinación de desplazarte al otro lado de la mesa de negociación. Cambia los papeles. Conviértete en el actor de la obra de los recursos humanos que evalúa las credenciales de los candidatos.

SIGUE SIENDO NECESARIO: SACRIFICIO Y TRABAJO DURO

Las investigaciones de la Universidad Tufts y del Estudio sobre los Jóvenes Emprendedores de la Universidad de Stanford, encontraron cuatro características comunes en los fundadores: pensamiento innovador, im-

20. Stanley, 2000, págs. 120-121.

pulso y control, concentración en los negocios, y tener unos mentores centrados en los negocios en sus vidas.[21] Los autores del estudio subrayan que los emprendedores «no nacen, sino que se hacen», y que los progenitores, los mentores y los profesores pueden respaldar estos rasgos, pero que como país, EE. UU. suele perderse la oportunidad de hacerlo. Cada vez que, como padres, completamos el farragoso proyecto trimestral de nuestros hijos, satisfacemos sus pedidos de galletas o palomitas o les llevamos a la escuela los objetos que se han dejado olvidados en casa, estamos mostrando a nuestros hijos que disponen de seguridad, pero también que habrá algo o alguien que les cogerá y levantará cuando se caigan para así evitar su fracaso. Esto les niega la oportunidad de aprender a confiar en sí mismos y la perseverancia frente a la adversidad.

Lecciones empresariales de los Rolling Stones

Mi padre, que alcanzó la mayoría de edad en la década de 1960, era un enorme aficionado a la música rock que surgió en esa época, ya se tratara de Led Zeppelin, los Rolling Stones o Derek and the Dominos. Aunque le encantaba la música, frecuentemente eran las historias que había detrás de los artistas lo que encontraba incluso más cautivador. Le gustaban especialmente los Rolling Stones, y frecuentemente hacía observaciones sobre la historia de Mick Jagger y Keith Richards mientras se abrían camino para convertirse, en esencia, en pequeños empresarios, cosa que mi padre describió en 2011:

¿Estás pensando en una carrera profesional como pequeño empresario? Si es así, quizás quieras leer el libro *Vida*, de Keith Richards.[22] Creo que el grupo musical Rolling Stones es el pequeño negocio más productivo del mundo libre. Frecuentemente, las sociedades anónimas alardean de sus ingresos medios por empleado (en el ámbito de los cientos de miles de dólares). En el caso de los cuatro empleados a jornada completa de los Rolling Stones estamos hablando de cientos de millones de dólares.

Obviemos la imagen pública de «chicos malos», incluyendo sus feos peinados, sus malas formas, su horrible atuendo... Estos personajes venden discos y entradas de conciertos. Pese a ello hay una explicación sobre cómo este grupo ha producido gran éxito tras gran éxito y ha generado miles de millones de dólares en ingresos: una explicación que va más allá de tener un extraordinario intelecto y talento creativo.

Piensa en esto: tras completar su primera y extenuante gira de mil conciertos, Mick Jagger y Keith Richards tomaron una de las mejores decisiones posibles en el mundo de los negocios de su corta carrera. Contrataron a un manager, Andrew Oldham, para los Rolling Stones. Oldham les informó de que músicos, independientemente de lo talentosos que fuesen, los hay a patadas, y que a no ser que empezasen a componer sus propias

21. Geldhof y Lerner, 2015.
22. Richards y Fox, 2010.

canciones, pronto cerrarían el negocio. Incluso les encerró en una cocina y les dijo que no salieran sin una canción. Jagger y Richards se convirtieron en cultivadores de riqueza componiendo sus propias canciones, empezando a hacerlo a principios de su veintena. Estas nuevas canciones actuaron como la base generadora del resto de los ingresos, incluyendo las giras de los Rolling Stones. Los derechos de autor ganados con estas canciones son una fuente perpetua de ingresos para los compositores y, con el tiempo, para sus herederos.

Por supuesto, no todos poseen el talento creativo de los Rolling Stones, pero la mayoría de la gente dispone de la capacidad de empezar a desarrollar sus propios «derechos de autor» para el futuro. Piensa en algunos de los casos sobre los que he escrito en el pasado, como el de J. T., el silvicultor de Texas. Empezó con «simplemente algunas hectáreas» y luego siguió añadiendo superficie a su inventario. En la actualidad planta 3,5 millones de árboles al año y su patrimonio neto es de más de 30 millones de dólares. Tomemos a Brian, que fue retratado en thomasjstanley.com. Suspendió varias veces el examen de su título equivalente a un título de secundaria. Tal y como dijo: «Si yo puedo convertirme en multimillonario, cualquiera puede, vendí todos mis juguetes... y me compré mi primera vivienda de cuatro habitaciones». En la actualidad posee siete. Y por último, tenemos a Malcolm, el bombero pluriempleado, que se dio cuenta, al principio de su carrera profesional, que extinguir incendios es algo que no puede inventariarse. Empezó con una propiedad para arreglar y la alquiló a estudiantes. Y la constante demanda de alojamiento por parte de los estudiantes es una fuente prácticamente garantizada de riqueza procedente de sus conglomerados de propiedad inmobiliaria.

Dos citas del libro *Vida* de Keith Richards ilustran la cantidad de trabajo necesaria para lograr el éxito, una cantidad de trabajo que no todos están dispuestos a dedicar:

«Cada hora de vigilia de cada día... te desplomabas sobre el suelo con una guitarra en la mano. Eso era. Nunca dejas de aprender a tocar un instrumento».[23]

«El trabajo siempre era intensamente duro. La actuación nunca acababa simplemente porque te marchases del escenario. Teníamos que regresar al hotel y empezar a pulir esas canciones. Era un trabajo constante con una gran presión, que probablemente fue bueno para nosotros».[24]

Para mí resulta obvio, después de leer sus memorias, que Keith Richards también posee un gran talento analítico, Richards pasó miles de horas estudiando a todos los grandes artistas del blues y virtuosos del rock e integró estos conocimientos en sus composiciones musicales. Incluso llevaba un diario sobre la respuesta del público ante cada improvisación musical introducida por los Rolling Stones para hacer ajustes futuros. En otras palabras, estaba recopilando y analizando información de investigación de mercados. Su pasión era la de provocar la misma respuesta emocional profunda que sentía con la música de los Rolling Stones en su público.

Al igual que los Rolling Stones, casi toda la gente autoempleada es puesta a prueba. Los múltiples reveses iniciales y la aparente falta de respuesta por parte del mercado deben ser superados. Richards especialmente, tenía una gran tenacidad, concentración, pasión, fortaleza física y resistencia. Escribe: «Durante tres años tocamos [...] cada día [...] más de mil conciertos, [...] apenas una pausa [...] diez días libres en todo ese período».

23. Ibíd., pág. 103.
24. Ibíd., pág. 173.

En la mitad de esos mil conciertos en los que los Rolling Stones actuaron antes de ir a EE. UU., no ganaron nada. ¿Cómo te sentirías si «aparecieran sólo dos personas [de público]»? Pese a ello siguieron con su misión musical a pesar de su precaria situación económica, sus condiciones de vida inhumanas y los asesores y managers depredadores. Richards explica por qué: «[...] mi idea nunca ha sido la de ganar dinero. Originalmente era: ¿ganamos lo suficiente para pagar las cuerdas de las guitarras?, [...] más adelante fue: ¿ganamos lo suficiente para ofrecer el tipo de espectáculo que queremos? Inicialmente [...] el dinero era [...] la mayoría se reinvertía en lo que queríamos hacer».

Sin duda, Richards ayudó a vender millones de guitarras a chicos que pensaban que podrían igualar su éxito fácilmente; pero pronto se encontraron con que es mucho más fácil comprarse una guitarra y tocar la pieza mediante las pistas visuales que practicar durante miles y miles de horas mientras trabajas por nada.

LA DETERMINACIÓN PARA LAS CARRERAS PROFESIONALES

Al igual que en el caso de la gestión de nuestra vida económica, la forma en la que afrontemos el trabajo se ve influida por nuestras primeras experiencias. Los millonarios suelen compartir que tener unos cuidadores o mentores alentadores supuso la diferencia en la forma en la que lograron el éxito en su trayectoria laboral o crearon sus negocios. Y las primeras experiencias, especialmente las desafiantes o los fracasos, pueden pulir la forma en la que enfoquemos la próxima oportunidad y la siguiente.

¿Y qué sucede si te encuentras atrapado en la actualidad? ¿Qué hace falta para comenzar de nuevo, para poder dejar un empleo por otro o crear tu propio negocio? ¿Cuánta gente ha hecho la transición de una carrera profesional a la siguiente o de un empleo por cuenta ajena al autoempleo?

De la misma forma en la que enfocamos la gestión de nuestras finanzas personales, es crucial crear recursos relacionados con el trabajo en forma de experiencia y reputación. Seguir buscando oportunidades independientemente del estatus en cuanto al empleo, incluyendo el pluriempleo, hace que se acumulen conocimientos y experiencia que pueden entonces emplearse para dar el paso o generar tus propias oportunidades; pero puede que lo más importante sea asegurarse un margen económico continuo para llevar a cabo cambios en la trayectoria profesional cuando se necesite o se desee.

En los últimos más de veinte años, el mundo del trabajo ha cambiado, y más de lo que mi padre sospechaba cuando empezó a trabajar en su libro hace varios años. Es cierto: la idea del trabajo para toda la vida y de las pensiones que se ocupasen de nosotros cuando nos jubilemos había desaparecido hace mucho tiempo. Y los tipos de sectores en los que los millonarios están presentes se están expandiendo. Seguir considerando a los empleadores como garantía de seguridad es ingenuo y puede disminuir tu capacidad de acumular riqueza por tu cuenta.

Las ideas tradicionales sobre el trabajo están desapareciendo lentamente, y los millonarios de la puerta de al lado de mañana están adoptando nuevas ideas para la generación de ingresos, tanto en términos de cómo abordan el empleo como de cómo generan experiencia y conocimiento para realizar el siguiente movimiento.

Capítulo 7

INVIRTIENDO RECURSOS

«El riesgo procede de no saber lo que estás haciendo».

WARREN BUFFETT

El éxito económico depende de la gestión eficaz de los recursos. Aquellos que pueden transformar sus ingresos en riqueza dedican su tiempo, energía y dinero de formas que son conducentes al éxito financiero a largo plazo. Este hallazgo no ha variado en los últimos veinte años, y sospechamos que no cambiará pronto.

Los estadounidenses económicamente exitosos *no consiguen esto* siguiendo al rebaño, y con esto nos referimos a las multitudes que salen de compras en persona el Black Friday, las muchedumbres que pasan su tiempo libre tragando y echando pestes de la política, o el gentío que pasa más de dos horas diarias en las redes sociales. Tal y como hemos visto a lo largo de los años, y todavía en la actualidad, la mayoría de los millonarios de la puerta de al lado van contracorriente. Piensan y actúan de forma diferente a los demás cuando se trata de cómo hacen adquisiciones o cómo permiten que otros influyan en sus hábitos de gastos y de vida y, ciertamente, en cómo invierten. Son ahorradores e inversores entre una población de hiperconsumidores. Estudian sus inversiones, incluyendo sus propios negocios y sectores, y toman decisiones informadas e inteligentes sobre cómo usar los recursos de los que disponen para invertir y crecer.

Los factores del éxito listados en el capítulo 5 no sólo tienen un impacto sobre nuestra capacidad de determinar formas de generar ingresos, crear trabajos y encontrar trayectorias profesionales, sino que también incluyen la forma en la que gestionamos los ingresos que obtenemos. Generar ingresos a través de una carrera profesional que nos apasione, tal y como hemos visto en el capítulo 6, proporciona recursos. Más allá de las áreas de consumo del capítulo 4, ¿cómo crecen y emplean la riqueza que obtienen y que acumulan con el tiempo las personas económicamente exitosas? ¿Qué, en los últimos veinte años, ha influido en cómo invierten?

En el momento de la redacción de estas líneas, había más de mil compañías tecnológicas que proporcionaban servicios tanto a profesionales de las finanzas como a particulares.[1] Muchas de estas empresas ofrecen a los consumidores formas de gestionar su vida económica de forma eficiente, con poco o nada de ayuda de un asesor financiero o un gestor económico (o, en la jerga de *MPA*, corredores de bolsa). Para bien o para mal, podemos ahorrar, comprar acciones e invertir en valores extranjeros raros, y todo ello desde la comodidad de nuestros *smartphones*. No tenemos que llamar a nuestro corredor de bolsa para hacer transacciones (aunque algunos siguen haciéndolo, ya que hay unos 631 000 corredores de bolsa en EE. UU.).[2] Las acciones más sofisticadas (como la «obtención de ventajas impositivas por las pérdidas») también están siendo automatizadas gracias a los asesores robóticos, los algoritmos y tecnologías similares.

Pero frente a estos avances en la tecnología y una corriente de cambios con respecto a cómo se proporciona la asesoría (por ejemplo, el aumento de las normas fiduciarias), los sellos distintivos de los inversores prudentes no han cambiado mucho en veinte años. Las actitudes relativas a las inversiones cambian con el tiempo,[3] pero aquellos con un enfoque disciplinado con respecto a las inversiones tienden a mantenerse firmes frente a la adversidad económica y las fluctuaciones del mercado. Tanto si la conducta prudente es algo natural como si es algo que los inversores aprenden de sus cuidadores, mentores o asesores, las decisiones de inversión que tomamos pueden tener un impacto sobre nuestra capacidad para acumular riqueza a largo plazo.

---

1. Su, 2016.
2. Autoridad Reguladora de la Industria Financiera (Financial Industry Regulatory Authority), 2017. Nótese que esta cifra es distinta que la de la Oficina de Estadísticas Laborales de EE. UU. (2016).
3. Grable, Lytton, O'Neill, Joo y Klock, 2006.

DÓNDE SE INVIERTE

Puede que, debido a su confianza en el autoaprendizaje y tras un examen detallado de los mercados y las oportunidades de inversión, los millonarios suelan invertir en tipos de inversiones más convencionales (*véase* la tabla 7.1). Más del 60 % de los millonarios tienen el 30 % o más invertido en cuentas de jubilación. Casi el 33 % de los millonarios tienen alguna inversión en bienes inmobiliarios. Los millonarios de nuestro último estudio rara vez invertían en productos de inversión raros o inusuales. Aproximadamente el 6 % de los millonarios tiene parte de sus activos invertida en derechos de uso de tierras, por ejemplo, y muy pocos millonarios (un 4 %) poseen intangibles (por ejemplo, derechos de autor u otros tipos de propiedad intelectual) como parte de su cartera.

Aquí tenemos algunos aspectos interesantes en estos datos que comparan la composición de los patrimonios brutos de diversos tamaños en 2016 frente a 1996:

- Parece que, con un patrimonio bruto de 20 millones de dólares o mayor, tanto los fondos de cobertura como las obras de arte se vuelven mucho más atractivos como inversiones. En 2016, los fondos de cobertura ascienden hasta el 3,7 % si se poseen más de 20 millones de dólares en comparación con tan sólo un 0,69 % con patrimonios de entre 10 y 20 millones de dólares (e incluso menos en el caso de los patrimonios de menor cuantía). (No disponemos, para 1996, de los datos sobre los fondos de cobertura/el capital privado). De forma similar, el arte como categoría de activos comprende entre el 1,83 % y el 2,56 % de valor del patrimonio bruto para patrimonios superiores a los 20 millones de dólares en 2016 y 1996, respectivamente, y es prácticamente inexistente en los patrimonios más pequeños. Estos puntos de referencia parecen respaldar la idea de que en un cierto punto de un patrimonio neto extremadamente alto (es decir, 20 o más millones de dólares), las inversiones raras y complejas se vuelven inevitablemente atractivas.

TABLA 7.1

PORCENTAJES DE LOS ACTIVOS POSEÍDOS POR LOS MILLONARIOS

Tipo de activo	**Porcentaje de distribución de los activos**							
	0 %	**1 %**	**5 %**	**10 %**	**20 %**	**30 %**	**50 %**	**75 % o más**
	Porcentaje de millonarios							
Cuentas de jubilación	2,0	3,2	7,1	12,1	13,5	23,4	28,2	10,5
Metálico	3,5	19,6	35,7	25,2	9,8	4,5	1,2	0,7
Valores de rescate: seguro de vida	49,6	22,8	13,0	6,9	4,9	1,0	0,8	0,8
Empresa privada o sociedad de gestión directa	58,8	5,6	6,9	8,1	5,4	5,4	4,6	5,1
Valores	16,7	7,5	12,5	15,2	15,9	15,9	9,4	7,0
Acciones	80,6	5,4	5,7	3,2	2,7	1,8	0,2	0,4
Propiedades inmobiliarias (personal, patrimonio neto únicamente)	3,6	2,4	8,2	19,8	27,3	21,3	15,0	2,4
Propiedades inmobiliarias (comercial/inversión)	67,7	2,7	7,1	7,3	6,0	3,9	4,3	1,1
Vehículos a motor	13,1	54,0	26,8	4,0	1,9	0,3	0,0	0,0
Bienes tangibles/coleccionables	37,9	39,5	16,8	4,4	1,0	2,0	0,0	0,2
Derechos de uso de tierras	94,4	3,7	0,9	0,7	0,2	0,0	0,0	0,2
Bienes intangibles	96,2	2,7	1,0	0,0	0,0	0,0	0,0	0,0

TABLA 7.2

DATOS DE LA AGENCIA TRIBUTARIA DE EE. UU. ACERCA DE LOS DATOS DE LOS IMPUESTOS SOBRE EL PATRIMONIO COMPARANDO LAS DECLARACIONES DE IMPUESTOS SOBRE EL PATRIMONIO DE 2016 Y 1996

	Tamaño del patrimonio bruto (declaraciones de la renta presentadas en 2016)				**Tamaño del patrimonio bruto (declaraciones de la renta presentadas en 1996)**			
	< 5 millones de dólares	**5-10 millones de dólares**	**10-20 millones de dólares**	**> 20 millones de dólares**	**< 5 millones de dólares**	**5-10 millones de dólares**	**10-20 millones de dólares**	**> 20 millones de dólares**
Tipo de activo	**% del valor del patrimonio bruto***							
Residencia personal	8,70	7,93	6,43	2,77	8,68	4,66	3,58	1,16
Otros bienes inmobiliarios	11,67	14,84	14,24	12,43	13,34	12,49	11,44	6,42
Activos gestionados directamente	2,87	4,61	7,33	19,25	3,03	8,70	11,99	20,27
Acciones que cotizan en bolsa	24,16	22,85	25,81	24,43	21,87	28,96	30,94	35,12
Bonos estatales y locales	10,39	7,89	9,35	6,47	12,04	14,98	16,01	10,29
Bonos federales	0,91	0,77	0,75	1,17	0,89	3,76	3,26	5,91
Bonos empresariales y extranjeros	1,60	1,48	1,52	1,31	0,71	0,68	0,56	0,42
Fondos de bonos	0,94	0,48	0,52	0,37	4,03	0,30	0,15	0,08
Fondos de inversión no clasificados	1,34	0,90	0,66	0,39	4,03	1,05	0,64	0,29
Activos en metálico	11,81	9,60	9,43	6,06	13,66	6,84	6,38	4,72
Primas netas de vida	1,30	2,61	1,61	0,51	0,09	0,10	0,07	0,02
Activos en forma de explotaciones ganaderas	3,72	5,79	3,95	1,63	0,49	0,28	0,18	0,23
Capital privado/fondos de cobertura	0,37	0,32	0,69	3,70	n/d	n/d	n/d	n/d
Activos para la jubilación	9,62	11,59	7,58	2,14	n/d	n/d	n/d	n/d
Intangibles	0,49	0,47	0,40	0,12	0,31	0,56	0,55	0,46
Arte	0,37	0,28	0,52	1,83	0,11	0,36	0,47	2,56

*No suma un 100 % porque hay ciertos tipos de activos excluidos de la tabla.
n/d = no declarado por separado en los datos de 1996.

- Tanto en los datos de 2016 como de 1996, los datos marcan que la composición en forma de «activos gestionados directamente» del patrimonio aumenta enormemente con un tamaño del patrimonio de 20 o más millones de dólares. Los negocios familiares pertenecerían a esta categoría.

Ciertamente, son las inversiones extravagantes, los fondos de cobertura y el capital privado, los que se encuentran en la parte inferior de la lista, por así decirlo. Uno de los mitos sobre los ricos, un mito perpetuado por los medios y la falta de conocimientos, es que aquellos con cualquier nivel de riqueza disponen de inversiones raras. Basándonos en los datos de la Agencia Tributaria de EE. UU. acerca de los datos de los impuestos sobre el patrimonio resaltados anteriormente, parece que este fenómeno de las inversiones extravagantes se asienta alrededor de un patrimonio neto de 20 o más millones de dólares..., es decir, después de haber obtenido tu fortuna te puedes permitir pagar más en tasas por menor retorno. La mayoría de la gente perteneciente al grupo de los millonarios de la puerta de al lado no dedica dinero a este tipo de inversiones inusuales.

En esta carta escrita en 2016 a los accionistas de Berkshire Hathaway, Warren Buffett explicaba este fenómeno comportamental a la perfección:[4]

A lo largo de los años me han preguntado frecuentemente por consejos para invertir, y en el proceso de dar una respuesta, he aprendido mucho sobre el comportamiento humano. Mi recomendación regular ha sido un fondo del índice S&P 500 de bajo coste. Como punto a su favor, mis amigos con recursos limitados generalmente han seguido mi recomendación. Creo, no obstante, que ninguna de las personas megarricas, las instituciones o los fondos de pensiones han seguido ese mismo consejo cuando se lo he dado. En lugar de ello, esos inversores me dan las gracias amablemente por mis pensamientos y parten para oír los cantos de sirena de un gestor que cobra unas tarifas elevadas o, en el caso de muchas instituciones, busca otro tipo de hiperasistente llamado consultor.

Ese profesional, no obstante, se enfrenta a un problema. ¿Puedes imaginarte a un consultor financiero diciéndoles a sus clientes, año tras año,

4. Buffett, 2017.

que sigan invirtiendo dinero en un fondo que replique el índice S&P 500? Eso supondría el suicido de su carrera profesional. Sin embargo, esos hiperasistentes reciben sustanciosas tarifas si recomiendan pequeños cambios de gestión cada año, más o menos. Ese consejo se proporciona en forma de una jerigonza esotérica que explica por qué los «estilos» de inversiones a la moda o las tendencias económicas actuales hacen que ese cambio resulte adecuado.

Los ricos están acostumbrados a sentir que su destino en la vida es conseguir la mejor comida, educación, entretenimiento, alojamiento, cirugía estética, entradas para eventos deportivos y todo lo que se te ocurra. Creen que su dinero debería comprarles algo superior en comparación con lo que reciben las masas.

En muchos aspectos de la vida, ciertamente, la riqueza atrae productos o servicios de máximo nivel. Debido a ellos, las «élites» económicas (personas ricas, fondos de pensiones, legados para los estudios universitarios, etc.) tienen dificultades para apuntarse con resignación a un producto o servicio financiero disponible también para gente que invierta sólo unos miles de dólares. Esta reticencia de los ricos suele prevalecer, incluso aunque el producto que se ponga sobre el tapete (basándose en unas expectativas) sea claramente la mejor opción. Mi cálculo, cierto es que muy aproximado, es que la búsqueda, por parte de la élite, de una asesoría superior para sus inversiones ha provocado, en su conjunto, el despilfarro de más de 100 000 millones de dólares en la última década…

El comportamiento humano no va a cambiar. La gente rica, los fondos de pensiones, las dotaciones y similares seguirán pensando que merecen algo «extra» en cuanto a asesoramiento para sus inversiones. Aquellos asesores que actúen inteligentemente de acuerdo con esta expectativa se harán muy ricos. Puede que este año la poción mágica sean los fondos de cobertura, y al año siguiente algo distinto. El resultado probable de este desfile de promesas se predice en un proverbio: «Cuando una persona con dinero conoce a una persona con experiencia, el que tiene experiencia acaba con el dinero, y el que tiene el dinero marcha con experiencia».

Compara esta mentalidad de las inversiones raras que describe Buffett con el enfoque empleado por Peter Lynch, el afamado seleccionador de acciones de la empresa Fidelity. Los axiomas de Lynch acerca de las compañías cuyas acciones compró son congruentes con las filosofías sostenidas por muchos de los empresarios millonarios que hemos estudiado a lo largo de los años. Gran parte del éxito de Lynch a la hora de elegir acciones se basó en el enorme número de entrevistas personales que hizo a actores clave y a las visitas que hizo a las sedes de las empresas. Algunas de sus conclusiones más originales (o «lynchismos») incluían:[5]

> *«Una forma de valorar el compromiso de una empresa con la frugalidad consiste en visitar su sede. La extravagancia de cualquier oficina de la compañía es directamente proporcional a la reticencia de la gerencia a recompensar a los accionistas».*

> *«Si pudieses predecir el futuro [el desempeño de unas acciones] a partir de un balance de situación, entonces los matemáticos y los contables serían las personas más ricas del mundo».*

> *«El inversor aficionado [...] puede vencer al mercado ignorando al rebaño».*

> *«Siendo todo lo demás igual, invierte en la compañía con menos fotografías en color en su informe anual».*

Vale la pena tener en cuenta algunas de las observaciones de Lynch sobre varias empresas que predijo, correctamente, que se convertirían en ganadoras:

> *«En la sede de la empresa [...] ningún comedor para los ejecutivos* [...] *ninguna limusina en el aparcamiento [...] ningún avión a reacción de la empresa en el aeropuerto».*

> *«Evita gastar dinero en un templo griego como oficina principal, en muebles lujosos para el vestíbulo, en dirigibles, vallas publicitarias, patrocinadores famosos y obras de arte originales para las paredes. Con unos carteles de viajes [...] es suficiente».*

---

5. Lynch, 2012, págs. 86, 140, 185, 190, 191, 227-228 y 305.

«Los ejecutivos no obtienen primas a no ser que a la compañía le vaya bien un año concreto. El éxito, y no el estatus [profesional] es la base de las recompensas».

Este último «lynchismo» está muy en sintonía con el factor número 3 de *MPA,* que forma la base del estilo de vida de los millonarios de la puerta de al lado: creen que la independencia económica es más importante que mostrar un estatus social alto.

No obstante, la mayoría de las veces, los prósperos en cuanto a su cuenta de resultados equiparan «extravagante» o «caro» con «mejor» (quizás consciente o inconscientemente), ya que dedicar dinero a este tipo de inversiones implica un cierto estatus. Los prósperos en cuanto al estado de sus cuentas quizás supongan que necesitan estas inversiones raras y costosas porque son congruentes con sus niveles de ingresos, sus otras adquisiciones que marcan su posición social (casa y coches caros) y su estatus económico. Pero los datos objetivos muestran que a la mayoría de ellos les iría mejor mediante la implementación de un plan de inversiones sencillo y sólido que estuviera diversificado, cubriera el mercado y mantuviese los costes bajos. Pero eso podría parecerse demasiado a comprarse un Toyota en lugar de un Lexus.

Un reciente ejemplo destacado de la trampa de la filosofía de las inversiones extravagantes es el rendimiento de las dotaciones financieras para los estudios universitarios. Los traspiés de la dotación financiera de la Universidad de Harvard (el mayor de su tipo) se han divulgado ampliamente. En el año fiscal de 2016, esta dotación financiera tuvo unas pérdidas del 2 % durante un período en el que el índice S&P 500 fue plano (no tuvo ni ganancias ni pérdidas). Y aunque puede que el de Harvard sea la dotación financiera más famosa que cayó víctima de lo que Ben Carlson, en su blog «A wealth of common sense» («Abundancia de sentido común») ha apodado como «la prima del ego», no es, ciertamente, el único. En 2017, Carlson escribió un artículo que comparaba los rendimientos anualizados de una sencilla cartera de tres fondos de los fondos Vanguard (lo que él llama el «modelo Bogle») con los rendimientos anualizados de las dotaciones financieras para los estudios universitarios de EE. UU. Los rendimientos, a lo largo de diez años, de la cartera del modelo Bogle (6,0 %) se situaron entre el 10 % superior de los rendimientos de legados (un rendimiento anual del 5,4 % se situaba en el decil superior). Así pues, traduciendo estos datos: si te hubieses sentado frente a tu ordenador y hubieses invertido, en tu cartera, en tres de los fondos Vanguard más populares (o fondos negociables en bolsa), con un coste combinado de alrededor de un 0,10 % por año, te habría ido mejor que al 90 % o más de las dotaciones financieras para los estudios universitarios que había en el mercado. Y comprende cómo funcionan estas dotaciones financieras: tal y como escribió Carlson: «Estos fondos se invierten en capital de riesgo, capital privado, infraestructuras, bienes inmobiliarios privados, industrias madereras, los mejores fondos de cobertura que pueda comprar el dinero; tienen acceso a los mejores gestores de acciones y fondos de bonos; emplean el apalancamiento; invierten en productos derivados complicados; emplean a los consultores más grandes y mejor conectados; y la amplia mayoría de estas dotaciones financieras sigue fracasando frente a una cartera de fondos Vanguard de bajo coste».[6]

En resumen, estos tipos prósperos en cuanto a su cuenta de resultados que buscan un estatus y que hacen inversiones raras acaban pagando más… por menos. Pero ¿por qué? Se trata de gente inteligente, y pese a ello está dispuesta a pagar una «prima por su ego», incluso frente a las pruebas de que estas inversiones suelen proporcionar menos en términos de valor que una alternativa más económica. La parte psicoanalítica de nuestro equipo se pregunta si es posible que se esté dando aquí alguna señal compleja (potencialmente subconsciente), enviando la gente próspera en cuanto a su cuenta de resultados un mensaje: «Tengo suficiente dinero que quemar».

La mayoría de los millonarios no posee obras de arte

Mucha gente en EE. UU. es ambiciosa y quiere imitar a aquellos económicamente exitosos. Las personas que trabajan en *marketing* gastan miles de millones de dólares intentando convencer a la gente de que la mayoría de las personas triunfadoras y ricas poseen una amplia cartera de los

6. Carlson, 2017.

llamados artículos (obras de arte) de lujo. Esto es tanto un mito hoy como lo ha sido a lo largo de toda la historia de nuestra economía. Los hogares con unos ingresos elevados puede que consideren que el arte supone una forma de mostrar a los demás que son ricos; sin embargo, sólo sus niveles de ingresos se encuentran por encima de la media. Su patrimonio neto suele explicarnos una historia distinta.

El arte está categorizado bajo el amplio encabezado de los tangibles o coleccionables. Mi padre escribió en una ocasión un artículo acerca de esto para la revista *American Demographics*. En él decía: «Sorprendentemente, menos del 6 % de los activos de los millonarios son en forma de bienes tangibles o coleccionables como las antigüedades, las colecciones de monedas y sellos, las piedras preciosas o las *obras de arte*».[7]

Pero escribió este artículo hace más de treinta años. ¿Han cambiado las cosas desde entonces? No en nuestra encuesta más reciente, en la que la mayoría de los millonarios (el 87 %) tienen un 1 % o menos de su riqueza en forma de coleccionables tangibles. Y según los datos recientes de la Agencia Tributaria de EE. UU. acerca de los datos de los impuestos sobre el patrimonio, las cosas no han cambiado mucho.[8]

En general, entre estos millonarios con una riqueza de dos o más millones de dólares, sólo el 1,3 % de dicha riqueza se posee en forma de obras de arte tangibles. Incluso puede que este pequeño porcentaje esté exagerado, dado que algunas obras de arte muy caras es posible que sean falsas.

El arte no es más que una categoría más de activos acerca del cual un gran número de millonarios a los que hemos entrevistado han dicho: «No tengo. Nunca he tenido». Lo mismo aplica en el caso de varios otros activos comentados en detalle en *Stop Acting Rich*. Sólo una minoría de los millonarios ha poseído alguna vez una segunda residencia, un barco, un avión, una colección de vinos, un coche de una marca prestigiosa o un traje caro.

7. Stanley y Moschis, 1984.
8. Agencia Tributaria de EE. UU., 2017.

LAS CARACTERÍSTICAS DE LOS INVERSORES EXITOSOS

Piensa en la siguiente descripción de inversores particulares:

> *Los inversores que viven en el mundo real y aquellos que habitan en los modelos académicos son primos lejanos. En teoría, los inversores poseen unas carteras bien diversificadas y compran y venden infrecuentemente, para así minimizar los impuestos y otros costes de inversión. En la práctica, los inversores se comportan de forma diferente. Compran y venden frecuentemente y tienen una capacidad enfermiza a la hora de escoger acciones bursátiles, incurriendo en unos gastos de inversión y unas pérdidas innecesarios. Tienden a vender sus acciones ganadoras y a conservar las perdedoras, generando unas responsabilidades fiscales innecesarias. Muchos poseen carteras con una mala diversificación, lo que da como resultado unos niveles elevados de riesgo sistemático, y muchos se ven excesivamente influidos por los medios y las experiencias pasadas. Los inversores particulares que ignoran el consejo preceptivo de comprar y mantener unas carteras con unas tasas bajas y bien diversificadas lo hacen en su propio perjuicio.*[9]

El sesgo de la acción, o la propensión a actuar en oposición a no emprender acciones, puede hacer que los inversores con cualquier nivel de experiencia emprendan acciones cuando no son necesarias. Estos «ejecutores» extremadamente inversores acaban comprando y vendiendo cuando no toca porque tiene propensión a actuar. La otra cara de la moneda, por supuesto, incluye a aquellos que son reacios a actuar, tomándose, en lugar de ello, su tiempo para crear estrategias de inversión que pueden ser obsoletas incluso antes de su implementación.

¿Qué es lo que hace que un inversor sea *exitoso?* ¿Que sea capaz de invertir cuando el mercado va a la baja y sentirse cómodo con las inversiones que llevan asociadas unos mayores riesgos? Al igual que las conductas que distinguen a los directores de finanzas domésticos con un alto potencial de aquellos con una menor capacidad para acumular riqueza,

9. Barber y Odean, 2011, págs. 36-37.

hay algunas características y conductas que diferencian a los inversores de éxito de los demás, independientemente de las épocas económicas o los factores gubernamentales. Sabemos que la valentía y la voluntad de asumir riesgos están muy relacionadas con el patrimonio neto.[10] Los millonarios de las últimas décadas han compartido que el coraje les permitió capear los temporales no sólo en su carrera profesional o sus negocios, sino también en sus inversiones. La *valentía* para invertir conlleva algún tipo de confianza para tomar una decisión relacionada con las inversiones, además de, para empezar, la personalidad necesaria para querer implicarse en las inversiones. Además, también sabemos que los conocimientos financieros y la tolerancia al riesgo están relacionados.[11] Los conocimientos, en concreto, pueden adquirirse mediante el autoaprendizaje y la investigación, y tal y como ha sucedido a lo largo del tiempo, los acumuladores prodigiosos de riqueza tienden a pasar más tiempo investigando y planificando sus inversiones que los malos acumuladores de riqueza. Los datos también nos dicen que aquellos que se muestran ansiosos y preocupados tienden a implicarse en conductas de inversión más a corto plazo y potencialmente perniciosas.[12]

En nuestra investigación para la creación de una prueba psicológica basada en la experiencia y el comportamiento de la tolerancia al riesgo, encontramos cinco componentes distintivos de la «buena forma de invertir», definiéndose *buena* como encontrarse generalmente cómodo con las inversiones en el mercado de valores y comprar (frente a vender) cuando el mercado va a la baja.[13]

LA PERSONALIDAD NECESARIA PARA EL RIESGO

Los inversores de éxito suelen ser capaces de tomar decisiones relativas a las inversiones incluso cuando todavía se desconoce el resultado exacto. Suelen sentirse cómodos haciendo inversiones incluso sin una certeza total acerca de lo que tiene reservado el futuro.

10. Finke y Huston, 2003.
11. Grable, 2000; Grable y Joo, 2004; Wang, 2009.
12. Mayfield, Perdue y Wooten, 2008.
13. Fallaw, 2018a.

PREFERENCIA POR EL RIESGO ELEVADO

Aquellos que prefieren las inversiones con un riesgo más elevado (por ejemplo, las acciones) que ofrecen unas mejores oportunidades de proporcionar ganancias y que suelen tomar mejores decisiones relacionadas con las inversiones.

CONFIANZA EN LAS INVERSIONES

Aunque la confianza excesiva puede confundir a los inversores y hacerles tomar malas decisiones, un cierto nivel de confianza en uno mismo y de autoeficacia diferencia a los inversores exitosos de los que no lo son. Sin una dosis eficaz de confianza, las decisiones relativas a las inversiones pueden ser cuestionadas y, en último término, modificarse, frecuentemente con unos efectos financieros desfavorables.

DECISIÓN/CONOCIMIENTOS RELATIVOS A LAS INVERSIONES Y AL INVERTIR

Tal y como citaba Warren Buffett: «El riesgo procede de no saber lo que estás haciendo».

Aquellos que acumulan conocimientos sobre cómo funcionan las inversiones, sus posibles ventajas e inconvenientes y la naturaleza cíclica del mercado de valores, es más probable que, en general, tomen mejores decisiones con respecto a las inversiones.

Sabemos que los acumuladores prodigiosos de riqueza pasan más tiempo estudiando las inversiones que los malos acumuladores de riqueza, y que invertir en conocimiento se relaciona con unas mejores decisiones relativas a las inversiones.[14]

14. Ibíd.

AUTOCONTROL

El autocontrol suele hacer referencia a la capacidad de soportar los cambios (generalmente las recesiones, pero también los momentos de esplendor) en el mercado. Aquellos inversores que puedan conservar la calma y la valentía frente a una caída de la bolsa suelen a tomar mejores decisiones que sus homólogos ansiosos.

LAS CARACTERÍSTICAS DE LOS INVERSORES MILLONARIOS

El perfil del inversor de éxito mostrado anteriormente pertenece a un amplio abanico de inversores, incluyendo a aquellos pertenecientes al grupo de los enormemente prósperos; y al igual que sucede con la acumulación de riqueza en general, se trata de una combinación de estas características y comportamientos la que puede tener un impacto sobre nuestra capacidad para conseguir el éxito en el campo de las inversiones. ¿Cuáles son, entonces, las características de los inversores *millonarios?* ¿Son similares a lo que hemos encontrado en muestras más amplias de estadounidenses? Los inversores millonarios suelen ser un grupo de gente con confianza en sí misma. En nuestro último estudio, poco más del 70 % de ellos cree que saben más de inversiones que los demás. Sabemos que la confianza en cuanto a las inversiones puede ser un arma de doble filo, ya que la *confianza excesiva* en las inversiones puede tener efectos negativos sobre la toma de decisiones relacionada con las inversiones (por ejemplo, creer que puedes controlar los tiempos del mercado).[15]

Pese a ello, y de alguna forma, las decisiones relativas a las inversiones y las decisiones sobre cómo emplear los recursos en general tienen que ver con uno de los factores del éxito: la *disciplina.* Casi el 60 % de los millonarios (o tres de cada cinco) tiene unas metas claras a corto y a largo plazo, y casi el 55 % rara vez se distrae cuando está trabajando en un proyecto. Un poco más del 60 % dice que dedica tiempo a planificar su

15. Barber y Odean, 2001.

futura situación financiera. Cuando se trata de la forma en la que invierten, casi el 55 % de los millonarios cree que el éxito con las inversiones se debe más a sus propios esfuerzos a la hora de estudiar y adquirir conocimientos que a los consejos que reciben de profesionales. De forma similar, poco menos de la tercera parte de los millonarios declara confiar en un profesional de las finanzas para la toma de decisiones relacionadas con las inversiones. También vemos, en las investigaciones llevadas a cabo con los inversores que son inmensamente prósperos, que aquellos con las mejores conductas relacionadas con las inversiones también es más probable que despidan a un asesor o a algún otro profesional que crean que es poco valioso.[16] La moraleja para los profesionales de las finanzas cuyo objetivo sean los inversores millonarios es que deberían ser los mejores de entre los mejores y transmitir eso claramente a su público objetivo.

Los inversores millonarios pasan tiempo acumulando conocimientos y experiencia en la gestión de las inversiones. Pasan unas diez horas y media al mes estudiando y planificando sus futuras inversiones, y vemos diferencias entre los acumuladores prodigiosos de riqueza y los malos acumuladores de riqueza en cuanto al tiempo dedicado: en concreto 11,3 horas mensuales en el caso de los acumuladores prodigiosos de riqueza en comparación con las 8,7 horas mensuales en el caso de los malos acumuladores de riqueza. Pasan tiempo estudiando las inversiones y dónde colocar su dinero, incluso aunque eso signifique invertirlo en sus propios negocios. Sabemos que su formación en asuntos financieros significa que son más tolerantes con la toma de riesgos relacionados con las inversiones.[17] La previsión futura y los conocimientos financieros suelen estar relacionados con asumir unos mayores riesgos financieros,[18] por lo que el tiempo que dedican a la gestión y al estudio de las inversiones les ayuda a tomar decisiones.

16. Fallaw, 2018a.

17. Sages y Grable, 2010.

18. Grable, 2000.

TABLA 7.3

AFIRMACIONES SOBRE LAS INVERSIONES Y SU GRADO DE ACUERDO POR PARTE DE LOS MILLONARIOS

Afirmación	**Porcentaje que está muy de acuerdo/de acuerdo**
Sé más de inversiones que la mayoría de la gente	70,4
Paso mucho tiempo planeando mi futuro económico	61,8
La valorización de mis inversiones es más una función del autoaprendizaje que del consejo profesional	54,8
Para tomar decisiones relativas a inversiones, confío enormemente en un asesor de inversiones	33,2

Los inversores con un sesgo por el pasar a la acción, sea la acción que sea, frente a información nueva y aparentemente relevante, suelen tener un peor desempeño a largo plazo. Los inversores millonarios emprenden *algunas acciones* para la gestión de sus inversiones. De media, en 2016, los millonarios realizaron diecisiete transacciones relacionadas con sus inversiones a lo largo del año. Alrededor de uno de cada cinco millonarios conserva sus inversiones durante menos de tres años. Aquí, la importancia consiste en si la decisión de emprender acciones era prudente y estaba bien pensada o si era impulsiva (y resultado del sesgo en favor de la acción). La toma de decisiones financieras adecuadas es una mezcla compleja de conocimientos (incluyendo la cultura financiera), la orientación futura y permanecer tranquilo frente al torbellino de los factores ambientales. Solemos tomar mejores decisiones sobre nuestras finanzas cuando tenemos unas perspectivas a largo plazo y orientadas al futuro, cuando disponemos de los conocimientos necesarios para tomar decisiones económicas adecuadas y cuando estamos tranquilos. Estos factores se han visto en el laboratorio y sobre el terreno[19]

19. Howlett, Keesby Kemp, 2008.

TABLA 7.4

PERÍODO MEDIO DE TENENCIA DE LAS INVERSIONES

Período típico de tenencia de acciones/ fondos mutuos de acciones	Porcentaje de inversores		
	Millonarios	Grupos de acumulación de riqueza	
		APR	MAR
Días-meses	6,3	6,0	9,4
1-2 años	16,3	17,9	16,1
3-5 años	30,7	30,6	30,2
6-10 años	18,6	19,4	11,4
Más de 10 años	28,2	26,1	32,9

LOS RIESGOS SON NECESARIOS

¿Qué otras características definen a los inversores millonarios? Están dispuestos a asumir riesgos y se ven orientados por el futuro. Piensa en lo contrario: tal y como nos explicó un millonario de la puerta de al lado de Florida: «Mi cónyuge tiene miedo de invertir, [...] sólo quiere una cuenta de ahorros que le da un interés bajo. Mi inversión en fondos mutuos de acciones ha sido criticada, durante dos décadas, por "temeraria", pero pese a ello constituye una buena parte de nuestra riqueza». Muchos millonarios son emprendedores, y los emprendedores suelen mostrar menos aversión por el riesgo.[20] Los funcionarios asumen menos riesgos que los que trabajan en el sector privado. Los que evitan los riesgos tienen, además, una menor satisfacción.[21]

Independientemente de los errores cometidos, o que se percibe que se han cometido, los inversores de éxito y los estadounidenses económicamente exitosos asumen riesgos al invertir. Generalmente, los hogares con un patrimonio neto elevado y prósperos declaran implicarse en distintos tipos de conductas relacionadas con las inversiones de sus homólogos enormemente acaudalados o del público general. Los hogares pudientes co-

20. Hartog, Ferrer i Carbonell, y Jonker, 2002.

21. Sages y Grable, 2010.

mentan asumir unos riesgos por encima de la media en sus inversiones, comprendiendo la naturaleza de las inversiones en general y entendiendo el nivel adecuado de riesgo en el que implicarse en su cartera de valores más frecuentemente que sus homólogos no prósperos.[22] Aunque esto no es necesariamente fortuito, sí que destaca la importancia y quizás la necesidad de un mayor nivel de conocimiento y de toma de riesgos requerido para los hogares prósperos. Los millonarios de nuestro estudio actual declararon asumir más riesgos en sus inversiones al principio de su carrera profesional que hoy en día, quizás reflejando así la edad de los individuos de nuestra muestra, cuya edad media es de sesenta y un años.

TABLA 7.5

ESTRATEGIAS DE INVERSIÓN DE LOS MILLONARIOS EN PORCENTAJE

¿Cómo valorarías...	Arriesgada/ muy arriesgada	Equilibrada	Conservadora/ muy conservadora
Tu estrategia de inversión cuando empezaste a trabajar a jornada completa?	55,6	28,6	15,7
Tu estrategia/cartera de inversiones actual?	17,5	56,0	26,5

Cada dólar que ahorras pierde parte de su poder adquisitivo cada año por culpa de la inflación. Los acumuladores prodigiosos de riqueza comprenden que el dinero debe invertirse de forma productiva para evitar esta pérdida de poder adquisitivo debida a la inflación y *hacer crecer* el dinero para satisfacer futuras necesidades y deseos. Los datos que aparecen aquí indican que los acumuladores prodigiosos de riqueza suelen, muy frecuentemente, asumir un enfoque «arriesgado» o «muy arriesgado» ante las inversiones al principio de su trayectoria profesional, y que luego equilibran ese enfoque asumiendo un estilo de inversión más moderado o conservador mientras van acumulando más activos y su horizonte temporal con respecto a necesitar el dinero se acorta. Uno de nuestros lectores comparte una historia que supone una fábula sobre dos ahorradores y cómo invirtieron:

22. Kruger, Grable y Fallaw, 2017.

Mis padres jugaron excelentemente a la defensiva y gestionaron y ahorraron fielmente sus duramente ganados salarios a lo largo de los años; pero sus sueldos duramente ganados los metían, cada mes y cada año en una lata de café (en sentido literal o figurado). El padre de mi esposa, por otro lado, no ahorraba tanto, ni mucho menos, cada año, pero era un inversor más espabilado (o quizás afortunado) e invertía todos estos dólares ahorrados en el Fondo Magellan de Fidelidad cada año. Mi suegro acabó llegando mucho más lejos que mis padres, que no alcanzaron los rendimientos de inversión que obtuvo mi suegro.

Los acumuladores prodigiosos de riqueza se ayudan regularmente a sí mismos en estos dos frentes: se comprometen a ahorrar parte de sus ganancias y tienen éxito invirtiendo esos ahorros en activos productivos que permiten un crecimiento a largo plazo. Imagina el poder de unos ahorros anuales incrementados en un 143 % (nuestro «valor de los ahorros conductuales» calculado), y luego calculando un 3 % adicional de valor de la inversión para los rendimientos anuales de la cartera (ya sea mediante unos costes de inversión reducidos, el llamado «valor del asesor», unas conductas de inversión mejoradas [comprar cuando el mercado está bajo, vender cuando está alto... y no al revés], o todo lo anterior). Los acumuladores prodigiosos de riqueza encuentran una forma de emplear la mayoría (o todas) estas ventajas para su beneficio a largo plazo.

ERRORES AL INVERTIR: APRENDIENDO EN EL LUGAR DE TRABAJO

En la predicción del patrimonio neto y en el llevar a cabo decisiones sólidas con respecto a las inversiones (por ejemplo, comprar barato y vender caro), la confianza desempeña un papel importante, pero frecuentemente se trata de confianza con un toque de humildad y realismo sobre las propias capacidades y talentos en relación con las inversiones y la gestión de las finanzas en general. Tal y como dijo Warren Buffett en una ocasión: «Los inversores deberían recordar que la emoción y los gastos son sus enemigos. Y si insisten en intentar controlar el momento de su participación en las acciones, deberían intentar mostrarse temerosos cuando los demás sean avariciosos y avariciosos cuando los demás se muestren temerosos». Un patrón constante de conductas y experiencias vitales que muestre un nivel moderado de confianza sobre nuestra capacidad y talentos relativos a las inversiones está relacionado con el patrimonio neto, independientemente de nuestra edad, ingresos y porcentaje de *riqueza* heredada.[23]

En el campo de las inversiones, la confianza excesiva puede ser perjudicial. Se ha visto que la confianza excesiva con respecto a las inversiones está relacionada con decisiones fracasadas relativas a nuestras inversiones, incluyendo la compra y venta frecuentes, la sobreestimación del valor de unas acciones y una mala selección de fondos mutuos. De hecho, en un estudio a gran escala relativo a la excesiva confianza de los inversores, los investigadores llegaron a la siguiente conclusión: «Creemos que existe una explicación sencilla y poderosa de los elevados niveles de compras y ventas contraproducentes en los mercados financieros: la confianza excesiva».[24]

Desde 1996, una de las tendencias en la psicología de las inversiones es el énfasis puesto en el ámbito académico y en otros lugares, incluyendo los vestíbulos de las principales agencias de corredores de bolsa, en las *finanzas conductuales:* un término que describe los sesgos psicológicos y cognitivos subyacentes que pueden tener un impacto en la forma en la que inversores concretos toman decisiones sobre la compra y la venta de títulos de la bolsa, entre otras cosas. Richard Thaler, que ganó el Premio Nobel en 2017 por su trabajo en la economía conductual, demostró empíricamente lo que los inversores espabilados ya sabían: que los sesgos en las inversiones y el basarse en las emociones puede afectar negativamente a la capacidad de tomar buenas decisiones relacionadas con las finanzas. La aplicación práctica de las finanzas conductuales es que, si los inversores son conscientes de estos sesgos, o si su asesor es consciente, entonces se podrá evitar que esa persona tome decisiones desventajosas relacionadas con las inversiones basadas en convicciones irracionales o sesgos acerca de mercado.

Los inversores exitosos se vuelven más tolerantes al riesgo y muestran una mejor actitud hacia los riesgos financieros porque disponen de experiencias (buenas y malas) con las inversiones.[25] E indudablemente han co

23. Fallaw, 2018a.
24. Barber y Odean, 2001.
25. Corter y Chen, 2006.

metido algunos errores. Normalmente, lo que hace que un inversor sea *mejor* es la dedicación al aprendizaje a lo largo del tiempo.

Los errores típicos de los inversores millonarios reportados por más de la mitad de nuestra muestra de millonarios incluyeron errores como la elección de los *momentos adecuados para entrar o salir del mercado,* en concreto el vender demasiado tarde o demasiado pronto, o esperar a las alzas y las bajas del mercado para vender o comprar. Esos errores son, por supuesto, fáciles de ver a toro pasado. Los millonarios han compartido que parte de sus errores más tremendos en las inversiones dieron lugar a su perspectiva y conductas actuales sobre cómo hacer que el dinero crezca. La confianza excesiva fue frecuentemente la culpable.

Otros tipos de errores relacionados con las inversiones incluían el intentar equilibrar una cartera de valores con inversiones más fiables o seguras e inversiones más extravagantes o especulativas. Mejorar estas conductas conlleva autoaprendizaje y disciplina o la asesoría de consejeros que se preocupen por lo que resulte más conveniente para su cliente (en lugar de a lo que más les convenga a ellos).

TABLA 7.6

CONDUCTAS DE INVERSIÓN DECLARADAS POR LOS MILLONARIOS[26]

Conductas de inversión	Porcentaje que declara esa conducta
Vender unas acciones malas demasiado tarde	73,6
Vender unas grandes acciones demasiado pronto	60,3
Esperar demasiado a vender unas acciones cuando el mercado está al alza	58,1
Esperar demasiado a vender unas acciones cuando el mercado va a la baja	55,3
Intentar equilibrar una cartera «segura» con una cartera «especulativa»	53,5
Comprar/conservar acciones de tu empleador	44,4
Preocuparse más por las pérdidas que por las ganancias	41,6
Invertir basándote en la recomendación de un familiar o amigo	41,5
Intentar controlar las alzas y las bajas del mercado	37,5
Invertir en participaciones accionarias/acciones demasiado especulativas	36,9
Permitir que otra persona controle mis finanzas	34,8
Vender unas acciones basándose en bajas recientes	34,2

26. La lista completa de conductas de inversión se puede encontrar en DataPoints.

Los errores con tipos concretos de inversiones o con ciertas compañías están normalmente en los ojos de quien mira. No hay unas acciones secretas ni un conjunto de inversiones que los millonarios listaran como los «mejores» o «peores».

Como nos han preguntado muchas veces a lo largo de los años por una lista de acciones bursátiles «mejores» y «peores» según su valoración o clasificación por parte de los inversores millonarios, decidimos formular esta pregunta en nuestra última encuesta. Tal y como la mayoría de los inversores y millonarios inteligentes han compartido con nosotros, ciertamente las mejores y las peores acciones dependen del cristal con las que las mire el accionista. Aunque puede que una discusión sobre valores bursátiles concretos sea merecedora de un titular, no vale la pena, con la excepción de algunos temas obtenidos de las listas:

- Las acciones de moda relacionadas con Internet frecuentemente se enumeraron como los peores valores en los que se había invertido.

- Las acciones dignas de titulares que se hundieron también se listaron como los peores valores en los que se hubiera invertido nunca (por ejemplo, WorldCom, Enron).

- Las acciones sólidas de primera categoría (valores seguros) solían citarse como las mejores (por ejemplo, 3M, IBM).

- En las acciones relacionadas con el empleador había de todo.

- Algunas de las mejores «inversiones» incluían (algunas en broma): «Mi esposa», «Mi negocio» y «Mi educación».

PAGANDO POR LOS «CONSEJOS»

Los millonarios seleccionan a sus asesores (y tecnologías) sabiamente. Aunque muchos confían en sus propias capacidades, una importante proporción de millonarios sigue trabajando con asesores financieros. En 1996 había 246 000 asesores financieros y corredores de bolsa en Estados

Unidos.[27] En 2014, ese número era de 341 500.[28] Más del 70 % de los millonarios de nuestra muestra declararon poseer cuentas con compañías de inversiones que ofrecen todos los servicios, y sólo el 15 % mencionó tener una cuenta en un departamento fiduciario. Pero pagan poco, relativamente, por el servicio que están recibiendo: una tercera parte de los millonarios destinaban un 0 % de sus ingresos a tarifas relacionadas con la asesoría de inversiones, y el 56 % de los millonarios destinaban un 1 %.

Pero independientemente de cuántos millonarios empleen instituciones o asesores financieros en un cierto grado, la mayoría no se basa en sus consejos. Tal y como hemos mencionado anteriormente, menos de una tercera parte de los inversores millonarios *confían* considerablemente en un asesor de inversiones, y el 70 % dice que sabe más de inversiones que la mayoría de los asesores. Más de la mitad de los millonarios dijeron que la valorización de sus carteras de inversiones se debía más al autoaprendizaje que a la asesoría profesional. Este sentimiento es congruente con las investigaciones que muestran que incluso los expertos no suelen «conseguir mejores resultados» cuando se trata de la creación de una cartera de valores y los rendimientos.[29]

Como poco, los profesionales de las finanzas que trabajan con millonarios deberían centrarse en evitar los mayores errores relacionados con las inversiones. Los estudios del «Valor del Asesor» de Vanguard, que muestran el valor de trabajar con un profesional de las finanzas, atribuyen la mitad de las ganancias del trabajo con un asesor (es decir, la mitad del 3 % de incremento en el rendimiento de la cartera de valores gracias al trabajo con un asesor) a la modificación o la mejora de las *conductas* relacionadas con el inversor.[30]

---

27. Oficina de Estadísticas Laborales de EE. UU., 1996.
28. Oficina de Estadísticas Laborales de EE. UU., 2016f. Nótese que esta cifra difiere de la estimación de la Autoridad Reguladora de la Industria Financiera (2017) del número de representantes o corredores de bolsa registrados en EE. UU.
29. Bodnaruk y Simonov, 2015.
30. Vanguard, 2016.

SERVICIOS DE ASESORÍA FINANCIERA Y ASESORES FIDUCIARIOS

Jack, un gestor de patrimonios que ofrece todos los servicios y trabaja a comisión, me dijo recientemente que se está frustrando con su trabajo. Escucha, cada vez más, que el mundo, tal y como él lo conoce, lo que incluye la venta de servicios financieros basada en las comisiones a poblaciones pudientes, está adquiriendo un estatus propio del de un videoclub con la proliferación de la tecnología para las inversiones en las que uno puede operar por sí mismo y el nuevo énfasis puesto en los asesores fiduciarios que quedan excluidos de la aceptación de comisiones por los productos de inversión que ofrecen a sus clientes. Está buscando formas de ganar dinero, a través de cualquier medio posible, en un nuevo mundo de «asesores robóticos» y tarifas reducidas por su «experiencia en las inversiones». Así pues, calcula que reducirá sus «mínimos» para incluir a millonarios de la puerta de al lado emergentes, esperando que se queden con él mientras hace aumentar su riqueza con el tiempo.

Jack quiere un mapa que le lleve directamente a estas personas. En esta conversación, me ha preguntado, en concreto, cómo puedo ayudarle a encontrarlos. Seguro, piensa él, que debido a las investigaciones de mi padre y ahora a las mías, podré proporcionarle ese mapa. Sí, ese mapa está disponible. Examinar los patrones conductuales y las experiencias financieras de los clientes potenciales le ayudará a comprender si está tratando con un posible millonario de la puerta de al lado.

Pese a ello, lo que Jack no alcanza a comprender es que incluso aunque pueda encontrarlos, lo más probable es que los millonarios emergentes no estén interesados en lo que está vendiendo. La tecnología les ha permitido convertirse en consumidores espabilados de servicios financieros, y normalmente exigen una alta calidad a un precio bajo, ya se trate de gente que hace las cosas por sí misma como si busca asesoría profesional. Y aquellos que deseen trabajar con un profesional de las finanzas disponen ahora de multitud de opciones, incluyendo una nueva generación de planificadores financieros que sólo cobra honorarios (no comisiones) que trabajan bajo un juramento fiduciario que anteriormente sólo se había dado en los departamentos de fideicomisos. En este entorno, Jack tendrá que montar un espectáculo para demostrar su valor a las personas hechas a sí mismas, a los millonarios de la puerta de al lado.

El problema del negocio de Jack es que no incluye el valor clave de trabajar directamente con un profesional de las finanzas: la orientación con respecto a las conductas relacionadas con todo lo financiero. Jack no está interesado en ningún tipo de compromiso profundo para ayudar a sus clientes a adquirir más confianza en sus decisiones relacionadas con las finanzas o las inversiones.

Pero el verdadero valor que proporcionan por los asesores financieros en la actualidad es el de ayudar a sus clientes a evolucionar desde ser malos acumuladores de riqueza a ser acumuladores prodigiosos de riqueza. Eso procede del cambio de las conductas financieras más que de cambiar la composición de las carteras de valores.

Por lo tanto, y desafortunadamente para Jack, tanto si lo sabe, como si no, lo que realmente está buscando es un cliente que crea que es el millonario de la puerta de al lado pero que se comporte como lo hacen la mayoría de las personas pseudopudientes, pagando excesivamente por cada bien de consumo, equiparando los ingresos a la riqueza, y gastando *a la expectativa* de hacerse rico. Los clientes que mejor le encajarían no están interesados en oír nada relacionado con el cambio conductual ni en emplear nada de autorreflexión. Quieren que Jack venza al mercado. Éstos son los clientes ideales para Jack, y le pagarán, gustosos, tarifas adicionales por transacciones relacionadas con las inversiones por el privilegio de trabajar con él.

EL MILLONARIO DE LA PUERTA DE AL LADO TE ENCUENTRA

Comparemos el enfoque de Jack con la búsqueda de potenciales millonarios de la puerta de al lado con el de Jenkins, una asesora financiera que sólo cobra honorarios (no comisiones) y que trabaja bajo un estándar fiduciario. Sus consejos y su asesoría deben buscar lo más conveniente para sus clientes, y no puede verse en un conflicto como resultado de una comisión potencial por un producto concreto. A fin de cuentas, mientras Jack está vendiendo productos, Jenkins está mostrando a su mercado objetivo que está centrada en trabajar con personas para incrementar sus probabilidades de tener éxito a largo plazo. En lugar de *vender* al millonario de la puerta de al lado, para ella el éxito se mide por ser una asesora de confianza y por orientar a sus clientes hacia mejores decisiones y conductas en relación con las inversiones. Especifica, claramente, lo que puede hacer y lo que no por sus clientes, y a aquellos a los que puede ayudar y a los que no.

Su transparencia le ayuda a encontrar y atraer a aquellas personas que quieren hacer lo que a veces supone el trabajo duro de volverse más consciente y disciplinado con respecto a la riqueza.

Educa a sus clientes potenciales y a sus visitantes mediante sus escritos en blogs y sus artículos, mostrando su experiencia y su enfoque. Enseña a sus clientes a convertirse en inversores espabilados. Debido a este valorado servicio, *los millonarios de la puerta de al lado la buscan.*

Todo, desde la diferenciación de su servicio («No puedo ayudarte si quieres vencer al mercado») hasta la forma en la que cobra a sus clientes por su asesoría, subraya las *conductas* que quiere que adopten sus clientes. Jenkins basa su éxito en cómo puede ayudar a sus clientes a mejorar la trayectoria de su riqueza. En comparación, Jack considera que su éxito es el próximo cheque de sus comisiones procedente del fondo mutuo de alto rendimiento que acaba de venderle a un objetivo sin que lo sepa.

Los profesionales de las finanzas que atraen a los millonarios de la puerta de al lado son conscientes de que son necesarias ciertas conductas, y no coches, accesorios o incluso empleos, para acumular riqueza. Aquellos que quieran triunfar en el juego a largo plazo de la acumulación de riqueza buscarán asesores que se consideren más bien *coaches* en el juego a largo plazo del éxito económico.

LA VENTA DE PRODUCTOS FINANCIEROS

En 1996, un foco clave de cualquier profesional de las finanzas era el de un asesor financiero, como Jack: alguien que pudiera comprar y vender valores por ti, mientras se llevaba una buena comisión por hacerlo. Presumiblemente, el asesor financiero también estaría sugiriendo el reequilibrio, aprovechar las pérdidas para reducir impuestos y tomar otras decisiones estratégicas que beneficiaran a su cliente o inversor. Los millonarios de la década de 1980 y 1990 necesitaban a *alguien* que invirtiera en su nombre.

Revisando la acumulación de riqueza

Con todos los avances tecnológicos, la tendencia en los servicios financieros no ha sido un abandono a gran escala (o incluso a una escala moderadamente alta) de los profesionales de las finanzas por parte de los acaudalados o incluso los pudientes emergentes. Lo que ha resultado interesante a lo largo del tiempo es la tendencia de algunos a permitirse bienes de consumo, pero dejar olvidados la asesoría y los servicios relacionados con las inversiones y los planes de jubilación. Esto lo destacó mi padre en 2014:

Para aumentar la riqueza, [...] una vez que te encuentres en una horquilla de ingresos elevados [100 000 dólares o más], importa menos cuánto ganes que lo que hagas con lo que ya tienes.

Los prósperos en cuanto al estado de su situación patrimonial se encuentran, por definición, en el 25 % superior de la distribución del patrimonio neto. Los ricos en cuanto al estado de su situación patrimonial tienden a dedicar cada dólar que pueden a las inversiones, y no al consumo. Los prósperos en cuanto al estado de su situación patrimonial dedican una media de cien horas al año estudiando y planificando sus inversiones. Sus homólogos, los «ricos en cuanto a su cuenta de resultados», que se encuentran en el 25 % inferior de la distribución de la riqueza, dedican unas cincuenta horas anuales a estas actividades. Lo que resulta interesante es la correlación significativa entre el tiempo empleado estudiando/planificando y el patrimonio neto. *Mis estudios muestran que los ricos en cuanto al estado de su situación patrimonial tienen entre seis y diez veces más patrimonio neto que los prósperos en cuanto a su cuenta de resultados.*

Los ricos en cuanto al estado de su situación patrimonial también emplean ese tiempo de forma más eficaz buscando consejo profesional para que les ayude a tomar decisiones importantes, Suelen reunir a un grupo de asesores que van desde abogados a contables, corredores de bolsa y banqueros (administradores fiduciarios) y están dispuestos a pagar generosamente por los buenos consejos.

Es una ironía sorprendente que exista una relación inversa entre la voluntad de pagar por bienes de lujo y la voluntad de comprar asesoría para invertir. La gente rica en cuanto a su cuenta de resultados gasta mucho en coches, barcos y casas y tiende a racanear en asesoría financiera. La gente próspera en cuanto al estado de su situación patrimonial escatima en lujos y suele estar más dispuesta a pagar un precio alto por una buena asesoría legal y financiera.

Poco después de la publicación de *MPA,* la compra y venta de acciones *online* abrió un nuevo mundo para las transacciones en la bolsa para los inversores. Todos, para mejor o peor, tenían acceso directo a comprar y vender a su antojo. Los inversores ya ni siquiera tenían que interaccionar con los corredores de bolsa si no lo deseaban.

Pero al igual que sucede con cualquier empleo o profesión, los asesores financieros exitosos disponen de ciertos conocimientos, talentos, habilidades y otras competencias que les permiten tener éxito en este empeño. Muy a menudo, es función del tiempo y el esfuerzo dedicado al estudio de las inversiones (por ejemplo, el intenso estudio de la propia compañía, del sector y del mercado). Al igual que los asesores financieros de la década de 1990, la típica visión del éxito en la «selección de valores» es que sólo el 7 % pueden realizarla con eficacia.

¿Qué significa eso para el millonario de la puerta de al lado, para el estadounidense hecho a sí mismo y autosuficiente? En 1996, el consejo consistía en acudir a un departamento fiduciario para obtener ayuda para gestionar la riqueza. En esa época era la fuente para la gente que operaba bajo un estándar fiduciario (en oposición a un estándar de idoneidad, relacionado principalmente con aquellos que ganan comisiones con las ventas). En la actualidad hay todo un subsector que obedece un estándar fiduciario de asesoría en el mundo de los servicios financieros que resulta más accesible para un mayor abanico de niveles de ingresos y de riqueza que antes. Éstas son las personas que actuarán de acuerdo con lo que resulte más conveniente para ti.

LA CONCIENCIA DEL ESPACIO DE LOS SERVICIOS FINANCIEROS

En 2002, los investigadores de la American University y de la Universidad Estatal de Washington concluyeron su artículo de investigación con recomendaciones para las personas que esperaban invertir de una forma que evitara los típicos errores con las inversiones.[31] Éstas incluían conductas que ya eran evidentes para aquellos que buscaban la independencia económica:

- Comprender los sesgos en las inversiones. Muchos de los sesgos y conductas reportados por los millonarios encajan en categorías de sesgos comunes con respecto a las inversiones.

31. Baker y Nofsinger, 2002.

- Identificar los objetivos de las inversiones y las restricciones a la hora de invertir: ¿cuáles son las metas y cómo pueden alcanzarse dados los riesgos?

- Desarrollar directrices cuantitativas en cuanto a la toma de decisiones... directrices que eviten las emociones.

- Diversificar las inversiones.

- Revisar las inversiones y redistribuirlas según resulte necesario.

En la actualidad, muchas de las recomendaciones pueden cumplirse mediante las tecnologías: en otras palabras, marcar las inversiones y olvidarse de ellas mediante un sistema automatizado de inversiones (es decir, asesores robóticos), eliminando así buena parte del componente emocional del proceso relacionado con las inversiones. Esto permite la diversificación y la redistribución basada en objetivos relacionados con las inversiones y emplea algoritmos que eliminan las emociones de muchos tipos de tomas de decisiones.

Teniendo eso presente, ¿por qué deberían los inversores particulares necesitar asesores? Seguimos viendo un cambio desde lo que pensaríamos tradicionalmente que son los «corredores de bolsa» (personas que venden inversiones) hacia aquellos que se implican concretamente en la gestión de las inversiones o en la planificación financiera.

En congruencia con los datos y los hallazgos reportados aquí y en los anteriores libros de mi padre, él sospechaba que la asesoría financiera se movería más en la dirección de la *gestión conductual* y que se alejaría de la gestión de las carteras de valores. Debido al «efecto Vanguard», la gestión de activos está en proceso de mercantilizarse. Después de todo, si tu cartera de valores puede conseguir unas ganancias que sean mejores que el 90 % de las dotaciones financieras para los estudios universitarios enormemente provistas y que manejan mucho dinero por el coste de un par de horas frente a tu ordenador y diez puntos básicos anuales, ¿por qué pagar más por menos? Pero lo que nuestros datos muestran también es que las personas pueden obtener grandes beneficios en el campo de la gestión conductual. A lo largo de las décadas nos hemos encontrado, ciertamente, con un gran número de personas para las que nuestros datos conductuales dieron lugar a una reacción de «Bien, bueno» (incluso para este grupo, nuestro trabajo resultó valioso porque todos tenían a alguien cercano que *no lo captó,* y los datos sirvieron a modo de tercera parte no sesgada que les recordaba sus argumentos en apoyo de un estilo de vida frugal). Pero la mayoría del *feedback* que recibimos de los lectores cayó en el campo para el cual estos conocimientos conductuales supusieron un verdadero momento «¡eureka!». Algunas de estas personas compartieron historias sobre el ser capaces de cambiar su comportamiento en un instante y pasar hacia la dirección de los acumuladores prodigiosos de riqueza prácticamente de inmediato. Pero la mayoría describieron el proceso como difícil, no natural y que requería de mucho trabajo para superar los años de programación contraria. Ciertamente, en muchos casos estaban buscando respaldo y orientación en este viaje.

Nuestros datos indican que los asesores financieros están dedicando cada vez más tiempo a discutir asuntos «no financieros» con sus clientes. A medida que las plataformas técnicas (los asesores robóticos) siguen invadiendo el mercado para proporcionar una asistencia puramente técnica en áreas tales como la selección de la cartera de valores, el reequilibrado y el aprovechamiento de las pérdidas para reducir impuestos, puede que la gestión conductual y el *coaching* sean el último y el mejor campo para que los asesores financieros en persona sobrevivan y medren.

¿Deberías escuchar al analista financiero?

Los acumuladores exitosos de riqueza sobresalen en la valoración de la calidad de la información financiera que reciben y, por tanto, en aquello en lo que deciden confiar, y no aceptan ciegamente el consejo de alguien que posea un título «profesional». Mi padre escribió sobre los analistas financieros en 2011:

De entre las doscientas categorías de empleos con los mejores ingresos, los analistas financieros se encuentran constantemente entre los diez primeros puestos en cuanto a la proporción de aquellos que obtienen unos ingresos anuales de 200 000 o más dólares. Pero ¿son ricos? Muchos de ellos lo son. El grupo de los analistas financieros ocupa el primer lugar en términos del porcentaje de sus miembros con más de un millón de dólares neto en inversiones. No obstante, sé selectivo al escuchar a los analistas, ya que no todos ellos tienen una gran trayectoria, y no todos son excelentes transformando los ingresos en riqueza. De acuerdo con mi estimación, ocupan el lugar número 116 a este respecto. Hace falta el equivalente a 154 analistas con ingresos elevados producir cien millonarios.

En un artículo publicado en 2011 en el periódico *USA Today*, se citaba un estudio llevado a cabo por Edward Swanson, un profesor de finanzas en la Universidad de Texas A&M, que analizaba las recomendaciones de los analistas de inversiones. El estudio se publicó originalmente en la revista *The Accounting Review*. Según el artículo: «[...] podrías añadir un rendimiento significativo a las acciones que escoges combinando la información de analistas y vendedores al descubierto... en concreto: compra acciones que tengan una recomendación de "venta" por parte de los analistas pero que tengan una muy baja actividad de ventas a corto. Vende los valores que los analistas recomienden "comprar" pero que tengan mucha actividad a corto».[32]

¿Qué significa «mucha actividad a corto»? Significa, sencillamente, que hay muchos dólares de inversiones sofisticadas apostados a la expectativa de que el precio de las acciones baje.

Claramente, esto no dice mucho de la investigación por parte de los analistas (o quizás de su honestidad e integridad), y proporciona un gran crédito a los vendedores a corto: no a lo que dicen, pero sí a lo que hacen.[33]

Siendo justos, algunos analistas financieros tienen unas excelentes estadísticas. Muchos de aquellos que las tienen son mencionados en el perfil anual de los mejores analistas del periódico *The Wall Street Journal*. Parte de ser un buen inversor consiste en determinar la fiabilidad de las distintas fuentes de información disponibles.

Lamentablemente, no todos los asesores se centran en lo que es más conveniente para sus clientes. Tal y como expone Dennis P., un asesor de sesenta años que trabaja para una de las mayores instituciones financieras de EE. UU.: «Quiero clientes que carezcan de confianza». Trabaja en el modelo de asesoría financiera que ofrece servicios completos y que trabaja a plena comisión y con agentes y corredores de bolsa. Sus clientes suelen ser los profesionales que son «nuevos» ejecutivos que ganan unos ingresos elevados, que buscan estatus y que no disponen de mucho tiempo para ocuparse de estudiar sus inversiones o aquellos que proporcionan asesoría relacionada con las inversiones. «Disfrutan» con los consejos candentes sobre las acciones y estrategias de inversión que parecen un juego. Disponen de poco tiempo para gestionar sus propias inversiones, suelen estar interesados en jugar al juego de las inversiones y quieren las acciones más novedosas y de moda, y disfrutan del prestigio de contratar los servicios de una firma de asesoría financiera de renombre. Es fácil decir: «Trabajo con X [insértese el nombre de una agencia de corredores famosa]» y sentirse bien al encontrarse con otros arribistas que van cortos

---

32. Waggoner, 2011.
33. Ibíd.

de tiempo y que son prósperos en cuanto a su cuenta de resultados. El coste de este privilegio práctico es un generoso 2 % de los activos que Dennis gestiona cada año por hacer muy poco. Puede que nuestro Jack necesite una estrategia distinta: una que se dirija a este grupo.

Aunque puede que la mayoría de sus clientes sean líderes de tipo ejecutivo, Dennis también tiene clientes que carecen de autoestima o de autoeficacia cuando se trata de las inversiones. Este asesor prefiere que sus clientes dependan completamente de su consejo y experiencia. Ciertamente, nos hemos encontrado con otros proveedores de servicios profesionales (abogados, médicos, etc.) que se sienten de la misma forma: los clientes que se creen que saben más que los profesionales pueden suponer un verdadero dolor de cabeza (o eso nos han dicho). Pero con el grado en el que un asesor financiero busca clientes que carecen de confianza para aprovecharse de ellos haciendo rotar sus cuentas de transacciones de activos y vendiéndoles productos financieros caros innecesarios, no es una sorpresa que el sector en su conjunto tenga un tremendo problema de relaciones públicas.

Las olas de cambio tanto en las regulaciones como en la cultura popular con respecto a los planificadores financieros nos están llevando a una lenta adopción del estándar fiduciario: el asesor que proporciona recomendaciones únicamente teniendo en cuenta lo más conveniente para su cliente. Tal y como se analizaba en *MPA* en relación con la «enseñanza del ahorro y la economía», ahora es, de algún modo, bien conocido que si un asesor no está dispuesto a comprometerse a eso, a firmar una promesa fiduciaria, entonces será mejor que los millonarios se anden con ojo.

Creemos, y hemos visto en investigaciones pasadas, que ser económicamente exitoso también requiere de la elección del equipo correcto de asesores de confianza.

Muchos millonarios han compartido con nosotros que quieren ser capaces de centrarse en su experiencia (por ejemplo, gestionar su negocio) mientras permiten que otros expertos (contables públicos, planificadores financieros) se centren en la suya. Teniendo eso presente, ¿qué debería buscar un aspirante a millonario de la puerta de al lado mientras evalúa contratar la experiencia de un profesional para que administre sus finanzas? Aquí tenemos las preguntas más fundamentales que formular:

1. ¿Cuánto voy a pagarte, exactamente?

Los días en los que se pagaba una generosa comisión a un «corredor de bolsa» por el privilegio de comprar un producto financiero que quizás y en realidad no necesitaras (y si lo necesitabas lo podrías haber comprado por tu cuenta y por un precio menor) han pasado. El sector de los servicios financieros y el público general en su mayoría todavía no lo saben. Llevará años o quizás décadas que esta industria millonaria tenga una muerte lenta, pero está en marcha. Los llamados asesores financieros que sólo cobran sus honorarios y que no cobran comisiones (o cualquier otra forma de «soborno» por parte de grandes compañías de productos financieros) por los productos financieros en los que invierten tu dinero han sido un segmento de la industria pequeño pero que ha ido creciendo constantemente desde hace ya varios años, y los acumuladores prodigiosos de riqueza comprenden que ésta es la única forma de pagar por servicios de asesoría financiera. La «tarifa» puede consistir en un porcentaje de los «activos gestionados», o un «anticipo» o tasa de «suscripción» mensual o anual clara.

2. ¿Qué valor estoy obteniendo de ti?

El valor aportado por un asesor financiero debería ser fácilmente verificable, por no decir obviamente visible. Desde hace ya muchos años, Vanguard ha llevado a cabo un estudio titulado «El valor del asesor» que cataloga y cuantifica el valor adicional proporcionado por los asesores financieros profesionales. El estudio de Vanguard calcula un beneficio progresivo de, como media, aproximadamente un 3 % de rendimiento adicional de las carteras de valores basándose en los beneficios procedentes de productos como el reequilibrado de la cartera de valores, la elaboración de la cartera de valores y unas conductas de inversión mejoradas (por ejemplo, no comprar caro y vender barato). Pero este análisis cuantifica sólo el beneficio recibido de los asesores financieros profesionales en relación con el dinero *ya ahorrado e invertido*. ¿Qué hay del *dinero adicional* que se ahorra (y en último término se invierte) debido a los servicios profesionales de asesoría financiera? Nuestra investigación del mercado llevada a cabo mediante la empresa de investigación de datos DataPoints indica que las personas que son capaces de mejorar sus conductas de acumulación de riqueza se benefician de una tasa de incremento de sus ahorros anuales que es un 143 % mayor que la de sus homólogos con un rendimiento bajo (el 17 % frente al 7 %). (Y nótese: estos beneficios pueden conseguirse mediante unas conductas financieras mejoradas implementadas de forma autónoma o a través de la asistencia de un asesor financiero profesional). En otras palabras, las personas que muestran constantemente unas conductas exitosas en cuanto a la acumulación de riqueza en áreas que incluyen la frugalidad, la indiferencia social, la responsabilidad y otras, ahorran, de media, un 143 % más cada año que sus homólogos peor clasificados. Si un asesor financiero te puede ayudar a mejorar tu tasa anual de ahorro, aunque sólo sea por la mitad de esta cifra, valdrá su peso en oro.

Lo que sigue haciéndoles distintos

Cuando las cosas van bien en Wall Street, también les van bien a los minoristas de productos de lujo cercanos, tal y como se puede ver en este artículo que mi padre compartió en su blog hace algunos años:

En una emisión *Mad Money* de 2012, Jim Cramer realizó un análisis de distintos minoristas que atienden a los pudientes. Uno de ellos era Tiffany's. Jim indicó que el precio de las acciones de la compañía estaba, por supuesto, muy correlacionado con sus ventas y, en último término, con sus beneficios. Además, sugirió que el rendimiento de este minorista de lujo está muy relacionado con el rendimiento de los productos y servicios financieros y de las organizaciones que los venden. Esto significa, sencillamente, que cuando la gente de Wall Street obtiene grandes primas, gastan mucho en los productos ofrecidos por Tiffany's.

Mis propios datos sugieren que es más probable que los comercializadores de productos y servicios de inversión pertenezcan al grupo de los prósperos en cuanto a su cuenta de resultados que al de los ricos en cuanto al estado de su situación patrimonial. Cuando los ingresos son elevados entre esta población de consumidores, es probable que te encuentres con una serie de artículos en los periódicos que detallen sus prolíficos hábitos de consumo. Por contra, cuando las pagas se reducen, el consumo ostentoso baja y los minoristas de artículos de lujo se preocupan por su futuro. En un artículo publicado en *The New York Times*, Kevin Roose afirmaba: «[...] las empresas de valores en bolsa de Nueva York ganaron [...] 13 500 millones de dólares en 2011, con una reducción abrupta de esta cifra desde los 27 600 millones de dólares en 2010 [...] percibiendo la reducción en los salarios en Wall Street [...], las tiendas de artículos de lujo [...] de Nueva York se preparan para sufrir».[34] ¿Qué impacto tendrá esto sobre las ventas de Tiffany's? Ya conoces la respuesta.

34. Roose, 2012.

¡Ah, los prósperos en cuanto a su cuenta de resultados! Cuando se encuentran con un aumento importante de sus ingresos muestran inclinación por ponerse en modo hiperconsumidor. Compara a los ricos de Wall Street con un segmento distinto. Recientemente, los agricultores de EE.UU. se encontraron con un importante aumento de sus ingresos: «[...] los ingresos netos de los agricultores estadounidenses alcanzaron la cifra récord de 98 100 millones de dólares en 2011: un 24 % más que el año anterior». La mayoría de los agricultores son gente próspera en cuanto al estado de su situación patrimonial. Suelen dedicar los beneficios caídos del cielo al incremento de su capital y a acciones y bonos de calidad en lugar de a trofeos en forma de diamantes y plata. Los silos y los tractores nuevos son los símbolos de estatus en las zonas rurales. Tal y como se informaba en *The Wall Street Journal*, existe una «[...] íntima relación entre las acciones [de John Deere] y el precio por tonelada del maíz. [...] Cuando los ingresos de una explotación agrícola son altos, los agricultores se ven motivados a invertir en las grandes máquinas [tractores, etc.] de color verde y amarillo de John Deere».[35]

En *Stop Acting Rich*, retraté a los agricultores en términos de su productividad a la hora de transformar los ingresos en riqueza. Ocupan el octavo lugar en este cometido entre los doscientos grupos profesionales con unos ingresos elevados de EE.UU. ¿Y qué pasa con el otro grupo, el de los comercializadores de servicios de inversión? Mi prueba de fuego en este contexto es la proporción de millonarios surgidos como función de los generadores de grandes ingresos en este sector. Están clasificados muy por debajo de los agricultores, y se encuentran entre los médicos y los abogados con unos ingresos elevados; pero en términos de la proporción de ellos que genera unos grandes ingresos (de 200 000 o más dólares), están situados entre las diez primeras posiciones.

3. ¿Estás actuando teniendo presente lo que más me conviene? (Es decir, ¿puedo confiar en ti?)

Ésta debería ser, realmente, la primera pregunta en cualquier relación profesional de servicios, y los asesores financieros no son distintos. Siempre estamos buscando valorar este asunto en la gente con la que hacemos negocios y de la que buscamos consejo, y en el campo de la gestión de nuestro dinero eso tiene una importancia crucial. Desde hace décadas, los «asesores financieros» que operan bajo el modelo del «corredor de bolsa» de vender productos a cambio de una comisión han hecho que resulte difícil contestar a esta pregunta; pero los asesores financieros actuales que trabajan sólo por unos honorarios (sin cobrar comisiones) mencionados anteriormente operan generalmente bajo un «estándar fiduciario» (la misma forma en la que los abogados han trabajado bajo las normas de su

35. Jakab, 2012.

Colegio de Abogados estatal), que exige y requiere que actúen teniendo siempre presente lo que más conviene a sus clientes. (Ésta es una de esas áreas en la que se desvela una nueva norma y es difícil imaginar que no haya sido *siempre* la norma).

ASESORÍA EN ALGO MÁS QUE EN FINANZAS

Nuestras responsabilidades y conductas financieras están entretejidas con el resto de nuestra vida. Ésa es, en parte, la razón por la cual aquellos que trabajan en los servicios financieros que se están centrando en un enfoque holístico en el trabajo con personas están alcanzando el éxito. Llevamos al trabajo de la gestión financiera, tal y como hemos comentado antes, el resto de las características, experiencias, retos y relaciones familiares que impregnan el resto de nuestra vida. ¿Qué significa esto para el sector de los servicios financieros? La experiencia necesaria es una verdadera combinación de planificación financiera, psicología, asesoría y la planificación de la vida.

Los problemas familiares, de salud y maritales, además del dolor y la religión, son tan sólo algunos de los temas no económicos que los asesores financieros trabajan con sus clientes. Hace algunos años, un estudio a gran escala de los asesores aportó una gran cantidad de información sobre el papel cambiante de los asesores financieros como *coaches*.[36] La investigación, que incluyó a aproximadamente mil cuatrocientos asesores afiliados a la Financial Planning Association (Asociación de Planificación Financiera) o la Certified Financial Planner Board of Standards (Consejo de Estándares de los Planificadores Financieros Certificados), destacó los asuntos, retos e incidentes cruciales a los que se enfrentaban los asesores y que no estaban relacionados con asuntos financieros. Casi el 90 % de los asesores informaron acerca de su implicación en el *coaching* o la asesoría no financiera, y el 25 % del contacto de los asesores con sus clientes consistía en asuntos no financieros. Las tres cuartas partes de los encuestados estimaron que ese tiempo ha aumentado en los últimos cinco años. Algunos de los asuntos no financieros comentados incluían:

36. Dubofsky y Sussman, 2009.

- Metas en la vida personal (64 %)
- Salud física (52 %)
- Asuntos relacionados con la carrera profesional (50 %)

El fallecimiento de familiares o amigos, los conflictos o desacuerdos con los hijos y los problemas maritales también se enumeraron como principales áreas que se trataban. En términos de la cantidad de tiempo empleado, los asesores informaron de que las metas personales en la vida, la carrera profesional o el empleo de un cliente y la salud física ocuparon la mayor parte del tiempo.

La evolución de los servicios de asesoría financiera, desde los centrados en las transacciones a los centrados en las relaciones,[37] desde la asesoría basada en las ventas hasta la práctica holística, también está desafiando a las distinciones entre los *coaches* financieros, los asesores y los consejeros frecuentemente empleadas en la actualidad por los académicos y los profesionales. Estas líneas borrosas proporcionan a los asesores centrados en el bienestar de sus clientes la oportunidad de acumular experiencia en esta área y también de transmitir ese ofrecimiento a sus clientes potenciales. Los autores del estudio llegaron a la siguiente conclusión:

> *El divorcio, los conflictos familiares, el suicidio, las drogas, la salud mental, la religión y la espiritualidad, la enfermedad y la muerte: ésta parece una lista de asuntos que serían tratados y deberían ser gestionados por un miembro del clero, un trabajador social, un psicólogo o un médico. Nuestra investigación revela que los planificadores financieros suelen enfrentarse a estos problemas. Los conocimientos acerca de las inversiones y los seguros no solucionarán estos problemas. Poseer unos títulos superiores en contabilidad, impuestos, finanzas o inversiones será de gran ayuda para los planificadores, pero no será suficiente. En la medida en la que la planificación financiera está diseñada para ayudar a un cliente a conseguir sus objetivos en la vida, el* coaching *y las habilidades para la planificación de la vida se convertirán en talentos necesarios para los asesores financieros.*[38]

37. Fallaw, 2016.
38. Dubofsky y Sussman, 2009, pág. 57.

Estos temas son demasiado para Dennis o P., pero tal y como vemos ahora cada vez más, ignorar la naturaleza interrelacionada de la gestión financiera y la administración de la vida está pasando de moda. El enfoque de Jenkins podría resultar victorioso a largo plazo.

INVERTIR EN CONOCIMIENTO

Menos de una tercera parte de los millonarios de nuestra última muestra dependen fuertemente de un asesor financiero. ¿Cómo pueden entonces, estas personas económicamente exitosas gestionar sus inversiones? Parte de la acumulación de riqueza es la dedicación de tiempo, que es un recurso no renovable, a gestionar de forma eficaz el dinero que ingresemos. Este tiempo también se dedica a acumular conocimientos.

Las capacidades para la inversión dependen más de la educación que de la herencia. Las complejidades y los conocimientos necesarios requieren de formación, de lecciones que la mayoría de nosotros no recibe en casa. Por ejemplo, en uno de nuestros estudios con inversores muy prósperos, menos de la quinta parte de ellos nos dijo que sus progenitores les hubieran enseñado cómo invertir, mientras que más del 55 % nos comentó que sus padres les hablaron de la importancia de ahorrar para el futuro.[39] Tal y cómo nos explicó un millonario de Alaska (un ingeniero petrolero que trabajaba en zonas de perforaciones): «Ojalá hubiese aprendido a invertir cuando era joven. Mis padres no lo comprendían realmente, y pienso que su plan a largo plazo consistía en una pensión y un pequeño negocio consistente en un huerto… A principios de la década de 1990, cuando los precios del petróleo se desplomaron junto con el valor de los bienes inmuebles en Alaska, perdimos todo nuestro patrimonio neto. Fue una época dura para nosotros, pero esa experiencia supuso una enorme influencia en nuestras inversiones y gestión financiera actuales. Todo lo que tenemos en la actualidad se ha cultivado desde entonces».

Considerando que la mayoría de los inversores millonarios de nuestra muestra más reciente coincidieron en que dedicaron una cantidad de tiempo considerable a sus inversiones, también vemos un patrón cons-

39. Fallaw, 2018.

tante entre nuestros grupos acumuladores de riqueza. Concretamente, los APR dedican, constantemente, más tiempo a estudiar inversiones y a planificar para tomar decisiones futuras con respecto a las inversiones que los MAR, aunque las diferencias entre estos dos grupos se han reducido desde 1996. En los datos de la encuesta de 1996, los MAR declararon dedicar el 55 % del tiempo que dedicaban los APR cada mes a estudiar y planificar las decisiones futuras relativas a las inversiones. En los datos de 2016, los MAR dijeron dedicar casi el 77 % de tiempo que dedicaban los APR. La razón de este cambio no está clara, pero sospechamos que se debe, por lo menos en parte, a la mejor disponibilidad de noticias y comentarios de calidad en Internet relacionados con las inversiones. En 1996, para acceder a este tipo de información, un inversor hubiera necesitado suscribirse a publicaciones (frecuentemente caras) como boletines informativos privados o publicaciones periódicas como *Barron's*. En 2016, esas fuentes siguen estando disponibles (por un precio), pero también hay todo un universo de fuentes de información de calidad gratuitas en forma de páginas web, blogs, *podcasts*, etc. Así pues, las inversiones se han democratizado no sólo mediante la proliferación de fondos indexados y la enorme reducción de las tarifas, sino también mediante la difusión de contenidos e información gratuitos.

El tiempo empleado gestionando las inversiones y planificando decisiones futuras vinculadas con las inversiones está relacionado (o en términos estadísticos, está controlado por) de forma positiva con el patrimonio, independientemente de la edad y los ingresos. ¿Acaso nos sorprende entonces que aquellos económicamente victoriosos, es decir, aquellos que tienen éxito transformando los ingresos en riqueza, dediquen más tiempo a estudiar las inversiones que sus homólogos malos acumuladores de riqueza?

CONCLUSIÓN

«¡Confía en ti mismo! ¡Ten fe en tus capacidades! Sin una confianza humilde pero razonable en tus propias capacidades no podrás tener éxito ni ser feliz».

NORMAN VINCENT PEALE

Si hay un libro de jugadas sobre quién se convertirá en el siguiente millonario de la puerta de al lado, no lo encontraremos en un cierto código postal, en el asiento del conductor de un coche concreto ni con un cierto reloj de pulsera o un tipo de cartera de valores. En lugar de ello, la fórmula para ayudar a dar con (o más importante, convertirse en) el siguiente millonario de la puerta de al lado se encontraría en los patrones de las conductas relacionadas con la riqueza y las experiencias que constituyen nuestra vida cotidiana.

A no ser que quieras, simplemente, permitir que la demografía marque tu rumbo, deberás confiar en lo que haces un día sí y el otro también. Ésa es la razón por la cual los millonarios hechos a sí mismos son ricos: dedican su tiempo, energía y dinero de formas que les permiten acumular riqueza; son ahorradores, gastadores e inversores disciplinados en un mundo de consumidores profesionales; y son conscientes tanto de sus propias fortalezas como de las condiciones del mercado, las económicas y las familiares con las que podrían encontrarse en el futuro.

Hoy en día y en el futuro, aquellos que deseen acumular riqueza sin tener unos ingresos excesivamente elevados ni una cantidad sustanciosa de dinero caído del cielo tendrán que modificar tanto su estilo de vida como sus conductas. Ciertamente, muchos de nosotros no estamos dispuestos a hacerlo. Y como *no nos gusta lo que debemos hacer,* algunos afirman que no hay forma posible de alcanzar la independencia económica por tu cuenta.

Tanto si estamos fijándonos en las compras por parte de los consumidores como en las inversiones, la adquisición de un inmueble u otras preocupaciones financieras, hemos visto, a lo largo de los años, que aquellos que son expertos en la transformación de los ingresos en riqueza siguen yendo contracorriente. Piensan y se comportan de forma distinta a la que podrías esperar, y ciertamente de forma diferente a la norma. Aquellos que quieran sobresalir en la acumulación de riqueza y en alcanzar el éxito económico quizás deban abandonar las versiones tradicionales de la educación, las carreras profesionales y la inversión. Ciertamente, nuestra vida y nuestro estilo de vida pueden parecer muy distintos a los de nuestros padres, especialmente si nuestra educación incluyó un fuerte consumo.

Las anécdotas y los hallazgos relativos a los precios de los vaqueros o los errores con las inversiones que debemos evitar son interesantes y, potencialmente, moderadamente útiles. Pero no son suficientes para generar un patrón de conductas conducentes a la acumulación de riqueza a largo plazo. Tal y como hemos comentado en el capítulo 5, el trabajo de gestionar nuestros asuntos económicos requiere de competencias, de ciertos conjuntos de patrones conductuales que sean constantes y eficaces para transformar los ingresos en riqueza. No basta, y ni siquiera es apenas suficiente, con ser frugal un día al año o hacer una compra inteligente de un coche.

En lugar de ello, acumular riqueza requiere de una combinación de nuestra capacidad y voluntad para vivir por debajo de nuestras posibilidades, para tener confianza en nuestras decisiones financieras y, en último término, para asumir la responsabilidad por los resultados económicos de nuestro hogar. Requiere que ignoremos el bombardeo constante con lo que están haciendo, conduciendo y vistiendo los demás, y que nos concentremos lo suficiente como para monitorizar lo que está sucediendo en nuestra propia vida económica. Y requiere que seamos deliberados con respecto a nuestro camino financiero: generando metas y planes basados en qué aspecto queremos que tenga nuestra vida y luego marcándonos un rumbo para alcanzar esos objetivos. Encontramos interesante que una reciente «previsión económica» de Vanguard (un informe diseñado, presumiblemente, para ayudar a los que operan en bolsa a tomar decisiones sobre compras o ventas o corto o incluso medio plazo) concluyera, finalmente, informando al lector de que el mayor impacto sobre nuestra capacidad para acumular riqueza con el tiempo es el *ahorrar*.

Incluso aunque no tengamos confianza, por naturaleza, en nuestras decisiones relacionadas con el dinero, o si preferimos las compras como uno de nuestros pasatiempos, las buenas noticias para todos es que cada una de estas características comportamentales son, en grado variable, resultado de una combinación de la herencia *y* la educación. Por exponerlo de otra forma: sin importar dónde te encuentres en este preciso momento, puedes modificar tus conductas financieras y tu estilo de vida. Por exponerlo de otra forma más:

En gran medida, los acumuladores de riqueza con un potencial elevado se hacen, no nacen.

Éstas son las buenas noticias. Nuestras conductas financieras pueden trascender a cualquier grupo, género, etc. al que pertenezcamos. Lo que sucedió en el pasado, aunque puede que, en cierto grado, pueda ser predictivo de nuestro futuro, no supone necesariamente nuestro futuro, especialmente si nos centramos y nos formamos para un mejor camino financiero.

Las buenas noticias son que hay recursos, muchos de los cuales son gratuitos y accesibles (muchos más que en 1996) para aquellos que deseen crecer, aprender y obtener los conocimientos necesarios para gestionar sus asuntos económicos. Empleadas de forma positiva, las tecnologías pueden estimularnos a cambiar para mejor. La forma en la que nos comportemos con respecto a nuestras finanzas puede variar en cualquier momento, independientemente que quién sea el presidente de Estados Unidos o del origen de nuestra familia.

Satisfacción: Disfrutando del viaje hacia la riqueza

¿Qué sucede con aquellos que no tienen que cambiar nada acerca de su estilo de vida porque disponen de una buena red de seguridad? Mi padre escribió en 2010 que aquellos que reciben grandes cantidades de cuidados económicos externos no disponen del privilegio de experimentar la búsqueda de la riqueza y, por lo tanto, quizás la den por sentada:

Sí, en la actualidad supone un reto acumular riqueza por tu cuenta. También suponía un desafío en 1996. Pero es posible, y es necesario si uno quiere vivir en Ciudad Independiente.

¿Qué sucede con aquellos que heredan su riqueza? Puede que vivan holgadamente. Incluso entre quienes heredan su riqueza hay considerables diferencias individuales en lo que finalmente hacen de o con esa riqueza. Estos «herederos triunfadores» frente a los «herederos fracasados» pueden formar parte de tu propia familia o vecindario.

¿Cómo categorizo yo a los millonarios que han heredado toda o la mayor parte de su riqueza? No considero que sean afortunados. De hecho, considero que están faltos del gran orgullo y satisfacción que se derivan del desarrollar nuestra propia fortuna. Incontables millonarios me han explicado que es la travesía hacia la riqueza lo que resulta mucho más satisfactorio que el destino. Cuando echan la vista atrás hacia su historia de acumulación de riqueza, recuerdan constantemente el marcarse unas metas económicas y la gran satisfacción obtenida al alcanzarlas. Sí, en el contexto de los logros económicos, es el viaje, la travesía hacia Ciudad Independiente aquello de lo que más se enorgullecen.

Nunca deberíamos envidiar a aquellos que heredaron su destino. La mayoría de las sendas hacia la independencia económica empiezan con el primer dólar ahorrado. La próxima vez que veas una bellota en el suelo, llévatela a casa y colócala sobre tu escritorio. Estará ahí para recordarte que incluso el roble más grandioso, al igual que sucede con las fortunas, empezó siendo una simple bellota.

Si has leído *MPA*, quizás recuerdes los extractos de una entrevista que le hice al doctor Dave North.[1] El doctor North acababa de ser elegido para formar parte del salón de la fama de los millonarios de la puerta de al lado en su primera nominación. Mantenía que había sido su viaje hacia la independencia económica (su patrimonio neto era de más de 7 millones de dólares) lo que había resultado mucho más satisfactorio y le había aportado mucho más orgullo que el estado actual de su balance de situación. Durante mi entrevista con el doctor North, éste explicó cómo potenció su autoestima y su satisfacción durante sus primeros años de acumulación de riqueza:

«Ya cuando tenía once años, ahorré mis primeros cincuenta dólares trabajando en una tienda de comestibles. Es como hoy en día [...] sólo que hoy el número de ceros cambia. Son más ceros, pero es la misma norma, la misma disciplina. Cuando yo iba a la universidad, mi mujer enseñaba. Teníamos unos ingresos modestos [...]. Incluso entonces siempre teníamos una norma [...], ahorrar: incluso entonces ahorrábamos. No puedes invertir sin disponer de algo [...]. Lo primero es ahorrar. Debes aprovechar las oportunidades para invertir [...]. Deberías disponer de algo para aprovechar las oportunidades excelentes [...] Forma parte de mi educación».

1. Stanley y Danko, 1996, págs. 72-93.

No tienes por qué ser un profesional con un sueldo muy elevado o un ejecutivo como el doctor North para alcanzar la independencia económica. Cuatro de cada cinco millonarios en EE. UU. se han hecho a sí mismos. Todo un 42 % de los 944 millonarios descritos en *Stop Acting Rich* tenía un patrimonio neto de *cero* o menos dólares cuando empezaron a trabajar a jornada completa. Aprende a obtener felicidad del viaje hacia la riqueza, y no de la apariencia de ser rico. Experimenta la constante alegría de ostentar el control de tu vida y de no permitir que el consumo te controle.

Así pues, ¿dónde se encuentra el millonario de la puerta de al lado en la actualidad? En sus distintas formas, el millonario de la puerta de al lado seguirá existiendo y medrando siempre que EE. UU. siga ofreciendo sus libertades y recompensas únicas a la iniciativa, la disciplina y el trabajo duro. A continuación, tenemos un resumen de lo que seguirá siendo necesario para aquellos que busquen el éxito económico:

- Ignorar los mitos sobre la riqueza, incluyendo la confusión entre los ingresos y el patrimonio neto y las barreras para generar riqueza conseguida por uno mismo.

- Reconocer las influencias que otros pueden tener sobre las actitudes y las conductas financieras, y aprender de aquellos que estén igualmente comprometidos con el éxito económico por encima de parecer rico.

- Tomar, de forma constante, buenas decisiones como consumidor, empezando con tu vecindario, comprendiendo su efecto potencial sobre el alcanzar tus metas financieras.

- Valorar las fortalezas y las debilidades relacionadas con las finanzas para mejorar, en lo posible, en áreas como la frugalidad, el responsabilizarse por los resultados económicos y la confianza para tomar decisiones basadas en los conocimientos.

- Decidir, desde un primer momento, una filosofía para el trabajo y las carreras profesionales, y no asumir que el punto de vista tradicional sobre el trabajo, ese que parece dictar un empleo desde las

08:00 h hasta las 18:00 h, desde los veinticinco hasta los sesenta y siete años, es el único camino.

- Reconocer que las conductas exitosas relativas a las inversiones pueden aprenderse y mejorarse, y que los frutos del invertir de forma eficaz lo que se ahorra a lo largo del tiempo proporcionan seguridad para los aspectos más importante de nuestra vida.

Puede que, dentro de veinte años, los investigadores encuentren una fórmula o una píldora secreta que convierta de forma fiable y fácilmente los ingresos obtenidos en riqueza. Cuando se haya encontrado, dejaremos de hablar de conductas y disciplina, frugalidad, asignación de recursos y perseverancia. Hasta entonces, aquellos que deseen seguir un camino de éxito económico tienen al alcance de su mano un mapa para el viaje desafiante y gratificante que está por llegar.

APÉNDICE A: ESTUDIOS

FOCALIZACIÓN SEGÚN EL ESTATUS DEL VECINDARIO EN EL QUE SE VIVE Y DEL TIPO DE NEGOCIO QUE SE POSEE

El estudio sobre los millonarios empleado en la mayoría de las tablas y las discusiones de este libro se llevó a cabo entre abril de 2015 y enero de 2016. Para acotar esta muestra de gente acaudalada, empleamos una fuente consistente en una base de datos disponible en el mercado relacionada con el lugar de residencia y los negocios. En concreto, utilizamos los servicios de una compañía que empleaba una metodología similar a la usada para identificar hogares millonarios en los últimos estudios (por ejemplo, los que aparecen en *MPA*). Es decir: la identificación de los hogares con unos ingresos elevados o un patrimonio neto alto se basaba en la geocodificación. Seleccionamos un grupo de Experian's Mosaic®[1] llamado American Royalty que representa a aproximadamente el 0,73 % de la población estadounidense.[2] Este grupo representa a los hogares más pudientes de EE. UU., de acuerdo con la definición de Experian, y se basa en la geocodificación de los códigos postales y las direcciones. Luego utilizamos los datos de las Estadísticas sobre los Ingresos de 2012[3] de la Agencia Tributaria de EE. UU. para clasificar a todos los estados de acuerdo con las declaraciones de la renta estatales. Subrepresentamos los hogares de los siete primeros estados en términos de la cantidad total de pagos de impuestos (20 % de la mues-

1. Experian's Mosaic® USA es un sistema de segmentación del estilo de vida de los consumidores basado en los hogares que clasifica todos los hogares y vecindarios estadounidenses en 71 tipos y 19 grupos globales, lo que proporciona una visión completa de las elecciones, las preferencias y los hábitos de los consumidores. *(N. del T.)*
2. Experian, 2014.
3. Agencia Tributaria de EE. UU., 2012.

tra; los estados incluidos eran California, Florida, Illinois, Nueva Jersey, Nueva York, Pensilvania y Texas), y sobrerrepresentamos al resto de los estados (el 80% de la muestra). Sobrerrepresentamos aquellos estados que tenían una menor cantidad de millonarios para asegurar que se incluyera una diversidad más amplia en la muestra.

Además de hogares en barrios residenciales, incluimos a un subconjunto de pequeños empresarios en la muestra, utilizando a la misma compañía, empleando las opciones relativas a los empresarios, e incluimos cargos como presidente, propietario, director ejecutivo y fundador.

En total, escogimos a 9 947 cabezas de familia además de a 1 516 pequeños empresarios para incluirlos en el estudio.

Creamos un instrumento de encuesta que incluía preguntas sobre el estilo de vida, la demografía, las conductas y los hábitos. Muchas de las mismas preguntas que se emplearon en encuestas anteriores (aquellas que se incluyeron en *MPA* y *The Millionaire Mind,* por ejemplo) se incluyeron junto con muevas secciones relacionadas con la compra de propiedades inmobiliarias y conductas relacionadas con las inversiones. Se creó una versión en papel y otra *online* de los instrumentos de encuesta. El Instituto de Servicio e Investigación Públicos A. L. Burruss de la Universidad estatal de Kennesaw gestionó la encuesta (incluyendo su envío y recogida) e introdujeron los datos de las encuestas en papel. Se llevaron a cabo múltiples oleadas de recogida de datos:

Oleada número 1: Se contactó con 5 000 cabezas de familia por correo y se les solicitó que rellenasen la encuesta a cambio de un dólar, y recibieron un recordatorio para rellenar la encuesta aproximadamente entre tres y cuatro semanas después del envío del instrumento de encuesta. Esta oleada dio como resultado 461 encuestados que respondieron, lo que equivale a un índice de respuesta del 9,2%.

Oleada número 2: Esta oleada de recopilación de datos incluyó dos muestras de 500 cabezas de familia a los que (a) se envió por correo ordinario una carta de presentación seguida de una encuesta en papel, o (b) se les envío por correo ordinario una carta de presentación seguida de una postal que les solicitaba que rellenasen una encuesta *online*. En ambos casos se ofreció un incentivo de dos dólares. Los índices de respuesta fueron del 18,2% en el caso de la versión en papel y del 11,4% para la versión *online*.

En esta oleada, 148 de los 1 000 cabezas de familia con los que se contactó participaron en el estudio.

Oleada número 3: El instrumento de encuesta se dividió en dos partes para acortar su extensión, y a los participantes en esta oleada se les asignó aleatoriamente la parte A o la B.

Esta oleada de recopilación de información incluyó a 3 947 cabezas de familia y a 1 516 pequeños empresarios a los que se envió una carta de presentación seguida de una postal invitándoles a rellenar una encuesta *online* a cambio de dos dólares. Los índices de respuesta para esta oleada de recopilación de datos fueron del 7,32 % y del 6,6 % en el caso de los cabezas de familia (n = 289) y los pequeños empresarios (n = 100), respectivamente.

Se recibieron un total de 998 respuestas a tiempo para su inclusión en nuestros análisis. En conjunto, el índice de respuesta fue del 9 %. De las respuestas recibidas, 164 fueron incompletas, dejando así un total de 834 respuestas. De esas 834 respuestas, 669 eran de millonarios o decamillonarios.

Estudios adicionales

Al igual que en *MPA* y en otras obras relacionadas, en este libro se incluyeron muestras y estudios adicionales en algunos casos. Una de las principales fuentes de datos adicionales se describe aquí. Empleando el mismo instrumento de encuesta que en la muestra de gente acaudalada mencionada anteriormente, encuestamos a 528 personas empleando un servicio de participación colectiva (Mechanical Turk, de Amazon). A los encuestados se les pagó dos dólares a cambio de su participación. Para ser idóneas para participar, las personas en cuestión tenían que tener unos ingresos anuales antes de impuestos de por lo menos 25 000 dólares, tenían que ser responsables únicos o conjuntos de la gestión económica de su hogar y debían tener por lo menos veinticinco años. Esto dio como resultado una muestra formada principalmente por gente muy próspera con una edad media de 37,9 años, que eran principalmente hombres (53,5 %) y que tenían unos ingresos medianos estimados de 87 101,21 dólares. Casi la mitad de la muestra (47,7 %) tenía un patrimonio neto inferior a los

200 000 dólares, mientas que el 44,2 % de la muestra tenía un patrimonio neto de entre 200 000 y 999 999 dólares.

Estudios de conductas y experiencias

El estudio de la naturaleza predictiva de experiencias y conductas pasadas se examinó empleando múltiples estudios realizados entre 2010 y 2017. Estos estudios examinaban la utilidad de las mediciones basadas en datos biográficos sobre la acumulación de riqueza con dos muestras distintas: los miembros del Comité de Investigación del Instituto del Mercado Próspero (Affluent Market Institute Research Panel) y dos muestras producto de la colaboración masiva de, principalmente, estadounidenses muy pudientes. Los detalles sobre esta investigación pueden encontrarse en el Informe Técnico sobre la Acumulación de Riqueza (Building Wealth Technical Report) y el Libro Blanco sobre las Conductas Financieras y el Potencial para la Riqueza (Financial Behaviors and Wealth Potential White Paper) de DataPoints,[4] además de en artículos periodísticos y ponencias.[5]

4. Fallaw, 2016; Fallaw, 2017; Fallaw, 2018a.
5. Grable, Kruger y Fallaw, 2017; Kruger, Grable y Fallaw, 2017; Fallaw, Kruger y Grable, 2018.

APÉNDICE B: CLASIFICACIONES DE LAS EMPRESAS UNIPERSONALES POR PORCENTAJE DE RENTABILIDAD (1998 Y 2015)[1]

	1998		2015	
Sector	**% rentable**	**Número de declaraciones de la renta**	**% rentable**	**Número de declaraciones de la renta**
Productos de plástico y goma			98	3 188
Consultas de médicos y especialistas en salud mental	93	21 698	91	37 200
Banquero de inversiones y agentes de valores	49	2 246	90	12 810
Consultas de dentistas	94	91 998	89	77 693
Consultas de podólogos	75	6 296	88	7 905
Asistencia social	83	75 876	87	834 770
Corredores de bolsa	67	20 839	86	10 176
Consultas de quiroprácticos	84	31 285	86	33 192
Otros cuidados ambulatorios de la salud (incluyendo servicios de ambulancia, bancos de sangre y órganos)	-	-	86	35 594
Gestión de residuos y servicios de descontaminación	69	15 741	85	24 059
Hospitales	-	-	85	9 787
Construcción de edificios	-	-	84	622 635
Contratistas especializados	87	1 789 725	84	2 035 724
Construcción	86	2 243 044	84	2 696 797
Cuidados de la salud y asistencia social	86	1 506 387	84	2 181 372
Delineación, inspección de construcciones y estudios geofísicos	91	50 347	83	44 376
Enfermería y residencias	72	48 026	83	81 300
Talleres de carrocería	79	80 665	83	70 691

1. Agencia Tributaria de EE UU., 1998; Agencia Tributaria de EE. UU., 2015. Nótese que las clasificaciones son para las empresas con más de mil declaraciones de la renta. Debido a cambios en las categorizaciones de las empresas entre 1998 y 2015 no pueden establecerse algunas comparaciones directas.

Sector	1998		2015	
	% rentable	Número de declaraciones de la renta	% rentable	Número de declaraciones de la renta
Servicios legales	83	318 005	83	345 480
Servicios administrativos, de asistencia y de gestión de residuos	-	-	82	2 471 954
Servicios administrativos y de asistencia	83	1 235 496	82	2 447 895
Consultas de médicos (excepto de especialistas en salud mental)	87	170 538	82	179 425
Investigación científica y servicios de desarrollo	53	12 566	82	40 461
Instalaciones de almacenamiento	74	3 826	82	8 290
Transporte en camiones	-	-	82	643 728
Servicios de asistencia sanitaria ambulatorios	87	760 492	81	1 255 515
Centros de cuidados de pacientes externos y otros profesionales sanitarios varios	-	-	81	259 314
Otros transportes públicos y terrestres	-	-	80	655 423
Servicios personales y de lavandería	81	1 208 071	80	2 493 940
Consultas de médicos de salud mental y terapeutas sociales	92	150 205	80	197 753
Transporte y almacenamiento	80	790 262	80	1 619 557
Otros servicios de contabilidad	83	345 408	80	356 199
Otros servicios	81	1 857 237	79	3 512 160
Servicios de asistencia sanitaria en el hogar	89	93 253	79	386 214
Despachos de contables titulados	93	48 585	79	46 475
Establecimientos no clasificados	82	348 125	78	589 940
Productos de metal fabricados	75	29 319	78	36 733
Laboratorios de pruebas	-	-	78	6 564
Corredores y agentes de contratos de productos financieros	65	7 .621	78	3 031
Servicios educativos	79	292 813	77	855 798

Sector	1998		2015	
	% rentable	Número de declaraciones de la renta	% rentable	Número de declaraciones de la renta
Consultas de optometristas	98	12 810	77	22 796
Reparaciones varias	85	342 797	77	398 593
Servicios de mensajería y correo	76	182 092	77	189 460
Mobiliario y productos relacionados	58	31 772	76	23 881
Servicios arquitectónicos	87	70 786	76	102 545
Transporte aéreo y por ferrocarril	61	13 722	76	16 929
Publicidad y servicios relacionados	81	86 337	75	144 018
Investigaciones de mercado y sondeos de opinión pública	49	28 111	75	53 368
Museos, sitios históricos e instituciones similares	-	-	75	8 028
Servicios arquitectónicos, de ingeniería y relacionados	84	226 852	75	249 754
Reparaciones y mantenimiento de automóviles	78	306 369	75	360 747
Todas las industrias no ganaderas	75	17 408 809	74	25 226 245
Herramientas eléctricas, electrodomésticos y componentes	71	7 936	74	8 239
Servicios profesionales científicos y técnicos	78	2 431 347	74	3 486 604
Laboratorios médicos y de diagnósticos	83	19 427	74	17 709
Organizaciones religiosas, de concesión de subvenciones, cívicas, profesionales y similares	-	-	74	258 879
Reparaciones y mantenimiento mecánico y eléctrico de vehículos	77	138 276	74	197 540
Otros servicios varios	75	454 840	73	775 788
Otros servicios profesionales, servicios y técnicos	76	1 145 409	73	1 932 153
Productos madereros	44	37 081	73	31 955
Servicios de gestión, científicos y consultoría técnica	77	563 555	73	918 517

Sector	1998		2015	
	% rentable	Número de declaraciones de la renta	% rentable	Número de declaraciones de la renta
Cuero y productos afines			72	6 038
Servicios de diseño de sistemas informáticos	74	205 552	72	286 069
Actividades de soporte a la minería	70	12 818	71	19 300
Despachos de agentes de la propiedad inmobiliaria, corredores de bolsa, gestores de la propiedad y tasadores	-	-	71	858 484
Manufacturas varias	-	-	71	66 390
Procesado de datos, publicación y difusión en Internet y portales de búsquedas en la red	-	-	71	100 357
Servicios de ingeniería	74	86 090	71	85 798
Actividades de apoyo al transporte (incluyendo servicios de grúas para vehículos)			71	90 138
Agencias y corredores de seguros	77	294 680	70	311 554
Producción de sustancias químicas	-	-	70	15 976
Agentes y corredores de seguros y actividades relacionadas	76	387 774	70	422 069
Otros servicios de reparación y mantenimiento de vehículos (incluyendo cambios de aceite, lubricación y lavados de coches)	-	-	70	92 517
Actividades de apoyo a la agricultura y la silvicultura	62	121 885	70	106 930
Otras actividades relacionadas con los seguros y sociedades instrumentales	73	93 095	70	110 515
Sector inmobiliario	77	796 471	69	1 167 939
Productos del petróleo y el carbón	-	-	69	1 030
Propiedades inmobiliarias y alquiler y arrendamiento	-	-	69	1 214 655
Finanzas y seguros	73	598 939	68	636 234
Productos informáticos y electrónicos	70	12 937	68	16 891
Silvicultura y explotación forestal	-	-	67	52 006

Sector	1998		2015	
	% rentable	Número de declaraciones de la renta	% rentable	Número de declaraciones de la renta
Manufacturas	67	361 254	67	380 959
Grabación de películas y sonido	59	54 643	67	112 826
Restaurantes (servicio completo y limitado) y bares	-	-	66	427 770
Alquiler y venta de equipamiento para vehículos	80	17 803	66	15 330
Distribuidores de vehículos y piezas	69	131 095	66	132 250
Otras actividades relacionadas con el sector inmobiliario	79	102 301	66	257 276
Transporte de agua	98	2 720	66	6 033
Información	65	212 455	66	337 957
Bienes no perecederos, incluyendo maquinaria, madera, metales, etc.	74	186 195	66	189 507
Artes escénicas, espectáculos e industrias relacionadas	60	820 312	66	1 346 487
Impresión y actividades de apoyo relacionadas	77	36 768	66	31 950
Servicios públicos	44	4 174	65	20 235
Artes, entretenimiento y recreación	61	986 769	65	1 499 737
Servicios de diseño especializados	60	141 563	65	270 473
Intermediación de créditos y actividades relacionadas	76	63 151	65	39 213
Valores, contratos de mercancías y otras inversiones financieras	64	148 034	65	174 952
Alojamientos, servicios de alimentos y establecimientos de bebidas	64	302 777	65	486 163
Tiendas de alimentos y bebidas	81	127 853	65	92 538
Minería	50	119 376	64	134 638
Industrias de la diversión, las apuestas y recreativas	67	165 341	64	145 222
Construcciones pesadas y de ingeniería civil	-	-	64	38 439
Extracción de petróleo y gas			63	109 099

Sector	1998		2015	
	% rentable	Número de declaraciones de la renta	% rentable	Número de declaraciones de la renta
Ropa	61	23 213	63	22 701
Tiendas de productos generales	73	27 061	63	28 966
Sector editorial (excepto Internet)	70	48 598	62	77 200
Comercio al por mayor (comercios mayoristas)	73	376 581	61	371 148
Otras actividades de inversión financiera (asesoría financiera)	64	115 889	61	147 617
Equipamiento para transporte	100	8 092	61	11 931
Maquinaria	85	32 967	61	24 012
Otros tipos de minería	-	-	61	6 239
Agricultura, silvicultura, caza y pesca	64	288 922	60	269 704
Elaboración de alimentos			60	54 971
Distribuidores de suministros de materiales de construcción y herramientas de jardinería	73	51 639	59	26 585
Tiendas de electrónica y tiendas de electrodomésticos	82	39 038	59	13 704
Servicios de encuestas y cartografía (excepto geofísica)	100	15 598	59	10 471
Bienes perecederos, incluyendo alimentos, fibras, sustancias químicas, etc.	71	190 386	58	142 190
Productos minerales no metálicos	88	8 078	58	9 178
Industria de la comunicación (excepto Internet) y proveedores de servicios de telecomunicaciones e Internet	-	-	58	47 574
Peca, caza y capturas	-	-	58	56 144
Comerciantes al por menor varios	48	453 894	57	618 370
Tiendas de ropa y accesorios	70	120 917	57	164 182
Alojamientos turísticos (incluyendo hoteles, moteles y hostales)	-	-	56	38 853

Sector	1998		2015	
	% rentable	Número de declaraciones de la renta	% rentable	Número de declaraciones de la renta
Comercio al por menor	55	2 349 535	55	2 460 635
Gasolineras	71	37 767	55	16 546
Tiendas de artículos de deporte, aficiones, librerías y de música	61	140 232	54	104 898
Servicios de alquiler y arrendamiento	58	75 143	54	45 550
Transporte panorámico y turístico	40	4 491	54	9 556
Mercados, agentes y comerciantes electrónicos al por mayor	-	-	53	39 451
Alojamiento	63	56 380	53	58 393
Tiendas de cuidados de la salud y personales	44	143 921	53	136 758
Tiendas de muebles y suministros para el hogar	78	58 877	52	25 876
Comerciantes minoristas de venta directa	47	1 017 241	52	1 099 962
Arrendadores de propiedades inmobiliarias (incluyendo los pequeños almacenes y el autoalmacenaje)	-	-	51	52 178
Alquiler y arrendamiento de maquinaria y equipamientos comerciales e industriales	-	-	50	15 176
Parques y campamentos recreativos de autocaravanas (vehículo recreativo)	72	14 107	49	9 999
Casas de huéspedes y pensiones	56	11 862	47	9 542
Centros de alquileres generales y otros alquileres de bienes de consumo	52	13 620	45	11 906
Alquiler de electrónica de consumo y electrodomésticos		-	38	2 671
Fábricas textiles y de productos textiles	94	5 668	35	13 155
Producción animal (incluyendo la cría de gatos y perros)	25	26 188	34	44 625
Industrias de metales primarios	-	-	27	2 781
Intercambios de valores y productos básicos	-	1 439	11	1 317

APÉNDICE C: CARGOS CONCRETOS DE LOS ACUMULADORES DE RIQUEZA PRODIGIOSOS, LOS PLURIEMPLEADOS Y LA GENTE ENORMEMENTE ACAUDALADA

Abogado
Administrador de páginas web
Administrador de sistemas
Administrador de tribunales
Administrador de un programa de investigación
Agente de seguros
Agente inmobiliario
Agricultor
Amo de casa
Analista
Analista de negocios
Analista financiero
Arrendador
Asesor de asistencia sanitaria para los mayores – Terapia individual
Asesor de estudios estadísticos
Asistente
Asistente legal
Auditor
Autoempleado-autónomo
Autónomo
Bromatólogo
Científico
Clero
Conductor de carretillas elevadoras
Consejero académico
Consejero educativo
Consultor
Contable
Desarrollador de redes
Desarrollador de ventas y negocio
Desempleado
Director de control de calidad
Director de oficina
Director de operaciones
Director de un programa de empleo
Educador
Empleado de personal
Emprendedor
Empresario
Empresario-director
Empresario/administrador agrícola
Empresario/contratista

Encargado de selección de personal
Enfermero
Escritor
Estudiante
Físico
Fotógrafo
Gerente
Gerente de calidad
Gerente de mantenimiento
Gerente de *marketing* digital
Gerente de tecnologías de la información
Gerente de ventas
Gerente de ventas al detalle
Gerente intermedio
Gerente y socio
Gestión de la vegetación
Gestor financiero
Grabador de datos
Ingeniero
Ingeniero de automatismos
Ingeniero de *software*
Inversor
Jubilado
Jurista
Líder de equipo
Monitor de actividades recreativas
Pequeño empresario
Profesional de la asistencia sanitaria
Profesor
Profesor de Historia en la escuela secundaria
Profesor numerario
Progenitor que se queda en casa
Programador
Proveedor de servicios de centro de día o guardería
Redactor creativo de publicidad
Redactor de noticias para televisión
Supervisor
Supervisores de comedor
Técnico farmacéutico
Tecnologías de la información

BIBLIOGRAFÍA

AMERICAN APPAREL AND FOOTWEAR ASSOCIATION (2016): «ApparelStats and ShoeStats 2016 At-a-Glance». www.aafaglobal.org/AAFA/ApparelStats_and_ShoeStats_at-a-glance.aspx

AMERICAN PSYCHOLOGICAL ASSOCIATION (2015): «Money stress weighs on Americans' health», www.apa.org/monitor/2015/04/money-stress.aspx

ANDERSON, C.; KRAUS, M. W.; GALINSKY, A. D. y KELTNER, D. (2012): «The local-ladder effect: Social status and subjective well-being», *Psychological Science*, vol. 23, núm. 7, pp. 764-771.

ASSOCIATED PRESS-NORC CENTER FOR PUBLIC AFFAIRS RESEARCH (2017): «Phasing into retirement: Older Americans' experiences with work and retirement planning», www.apnorc.org

ASANO, E. (2017): «How much time do people spend on social media? [Infografía], *Social Media Today*. www.socialmediatoday.com

BAKER, H. K. y NOFSINGER, J. R. (2002): «Psychological biases of investors», *Financial Services Review*, vol. 11, núm. 2, p. 97.

BANKRATE (2012a): «How much house can I afford?», www.bankrate.com/ calculators/mortgages/new-house-calculator.aspx

— (2012b): «Home values: Prices rise, fall equally», www.bankrate.com/ finance/real-estate/home-values-prices-rise-fall-equally.aspx

BARBER, B. M. y ODEAN, T. (2001): «Boys will be boys: Gender, overconfidence, and common stock investment», *Quarterly Journal of Economics*, pp. 261-292.

— (2011): «The behavior of individual investors», http://dx.doi.org/ 10.2139/ssrn.1872211

BENTLEY, T. (16 de octubre de 2010): «A chart topping cave dweller», *Wall Street Journal*. www.wsj.com/articles/SB10001424052748703843804575534513063943170.

BERKOWITZ, B. (12 de octubre de 2011): «Buffett tells congressman he paid $6.9 mln taxes», Reuters. www.reuters.com/article/buffett/buffett-tells-congressman-he-paid-6-9-mln-taxes-idUSN1E79B1AV2011 1012

Berkowitz, J. (23 de abril de 2013). «Checkpoint Carlo: How tax cops killed Italy's supercar market», Car & Driver. www.caranddriver.com/news/checkpoint-carlo-how-tax-cops-killed-italys-supercar-market

Bernardo, R. (13 de marzo de 2017): «2017's happiest places to live», Wallethub. http://wallethub.com/edu/happiest-places-to-live/32619/

Bodnaruk, A. y Simonov, A. (2015): «Do financial experts make better investment decisions?», *Journal of Financial Intermediation,* vol. 24, núm. 4, pp. 514-536.

Bolduc, B. (11 de febrero de 2012): «Leadership secrets of George Washington», *Wall Street Journal.* www.wsj.com/articles/SB10001424052970204369404577211010507347208

Buffett, W. (25 de febrero de 2017): Berkshire Hathaway letter to shareholders 2016. www.berkshirehathaway.com/letters/2016ltr.pdf

Bureau of Labor Statistics (1996): *Occupational outlook handbook,* 1996-1997. www.bls.gov/news.release/history/ecopro_031596.txt

— (2016a): «College tuition and fees increase 63 percent since January 2006», www.bls.gov/opub/ted/2016/college-tuition-and-fees-increase-63-percent-since-january-2006.htm

— (2016b): «Employed persons by disability status, industry, class of worker, and sex, 2016 annual averages», www.bls.gov/news.release/disabl.t04.htm

— (2016c): «Entrepreneurship and the U.S. economy», www.bls.gov/bdm/entrepreneurship/entrepreneurship.htm

— (2016d): *Occupational outlook handbook: Personal financial advisors.* www.bls.gov/ooh/business-and-financial/personal-financial-advisors.htm

— (2016e): *Occupational outlook handbook: Physicians and surgeons.* www.bls.gov/ooh/healthcare/physicians-and-surgeons.htm

— (2016f): *Occupational outlook handbook: Securities, commodities, and financial services sales agents.* www.bls.gov/ooh/sales/securities-commodities-and-financial-services-sales-agents.htm

— (2016g): «Self-employment in the United States», www.bls.gov/spotlight/2016/self-employment-in-the-united-states/pdf/self-employment-in-the-united-states.pdf

— (2016h): «Time spent in detailed primary activities and percent of the civilian population engaging in each activity, averages per day by sex, 2016 annual averages», www.bls.gov/tus/a1_2016.pdf

— (2017): CPI Inflation Calculator. Consultado en www.bls.gov/data/inflation_calculator.htm

Byron, E. (2010): «Wash away bad hair days», *Wall Street Journal.* www.wsj.com/articles/SB10001424052748704911704575327141935381092

CareerBuilder (2017): «Living paycheck to paycheck is a way of life for majority of U.S. workers, according to new CareerBuilder survey» [comunicado de prensa], http://press.careerbuilder.com/2017-08-24-Living-Paycheck-to-Paycheck-is-a-Way-of-Life-for-Majority-of-U-S-Workers-According-to-New-CareerBuilder-Survey

Carlson, B. (2017): «How the Bogle model beats the Yale model» [entrada de blog]. http://awealthofcommonsense.com/2017/02/how-the-bogle-model-beats-the-yale-model/

Cassuto, L. (1 de julio de 2013): «Ph.D. attrition: How much is too much?», *Chronicle of Higher Education*. www.chronicle.com/article/PhD-Attrition-How-Much-Is/140045

Cavale, S. (1 de marzo de 2018): «P&G says cut digital ad spend by $200 million in 2017», Reuters. www.reuters.com/article/us-procter-gamble-advertising/pg-says-cut-digital-ad-spend-by-200-million-in-2017-idUSKCN1GD654

Chernow, R.: *Washington: A life*. Penguin Press, Boston (Massachusetts), 2010.

Congress of the United States Congressional Budget Office (2016): *Trends in family wealth: 1998–2013*. www.cbo.gov/sites/default/files/114th-congress-2015-2016/reports/51846-familywealth.pdf

Consumer Reports (2017): «Consumer reports' car reliability FAQ», www.consumerreports.org/car-reliability-owner-satisfaction/consumer-reports-car-reliability-faq/

Corrado, C. (20 de noviembre de 2011): «The wealth race», *American Thinker*. www.americanthinker.com/articles/2011/11/the_wealth _race.html

Corter, J. E. y Chen, Y. J. (2006): «Do investment risk tolerance attitudes predict portfolio risk?», *Journal of Business and Psychology*, vol. 20, núm. 3, pp. 369-382.

Cotton Incorporated (2013): «Driving demand for denim jeans», http://lifestylemonitor.cottoninc.com/driving-demand-for-denim-jeans/

Credit Suisse Research (2016): *The global wealth report 2016*. www.credit-suisse.com/about-us-news/en/articles/news-and-expertise/the-global-wealth-report-2016-201611.html

Dokko, J.; Li, G. y Hayes, J. (2015): «Credit scores and committed relationships». Consultado el 1 de marzo de 2018 de www.kiplinger.com/article/credit/T017-C023-S002-what-your-credit-score-says-about-your-love-life.html

Dubofsky, D. y Sussman, L. (agosto de 2009): «The changing role of the financial planner part 1: From financial analytics to coaching and life planning», *Journal of Financial Planning*, pp. 48-57.

Easton, N. (2012): «Don't blame the 1% for America's pay gap», *Fortune*. http://fortune.com/2012/04/24/dont-blame-the-1-for-americas-pay-gap/

Experian: *Experian Mosaic guide* [documento PDF]. Experian, Costa Mesa (California), 2014.

FALLAW, S. S. (2016). *Financial Behaviors and wealth potential* [libro blanco], DataPoints. www.datapoints.com/research/

— (2017): *The building wealth technical report*, DataPoints. www.datapoints.com/

— (2018a): *The investor profile technical report*, DataPoints. www.datapoints.com/

— (2018b). *Understanding great investors: The competencies of investing success* [libro blanco], DataPoints. www.datapoints.com/research/

FALLAW, S. S.; KRUGER, M. y GRABLE, J. (2018): *The household CFO: Using job analysis to define tasks related to personal financial management*. Academic Research Colloquium for Financial Planning and Related Disciplines. https://ssrn.com/abstract=3040904

FARRELL, M. (2015): «New Year, same you», *Psychology Today*. www.psychologytoday.com/blog/frontpage-forensics/201501/new-year-same-you

FEDERAL RESERVE (2015). *Report on the economic well-being of U.S. households in 2015*. www.federalreserve.gov/2015-report-economic-well-being-us-households-201605.pdf

— (2017a): «Changes in U.S. family finances from 2013 to 2016: Evidence from the survey of consumer finances», *Federal Reserve Bulletin*, vol. 103, núm. 3, pp. 1-42. www.federalreserve.gov/publications/files/scf17.pdf

— (2017b): *Report on the economic well-being of U.S. households in 2016*. www.federalreserve.gov/publications/files/2016-report-economic-well-being-us-households-201705.pdf

FIDELITY INVESTMENTS (2016): *10th annual college savings indicator: Executive summary of key findings*. www.fidelity.com/bin-public/060_www_fidelity_com/documents/press-release/csi-exec-natl.pdf

FINANCIAL INDUSTRY REGULATORY AUTHORITY (2017): Key statistics for 2017. Consultado en www.finra.org/newsroom/statistics

FINKE, M. S. y HUSTON, S. J. (2003): «The brighter side of financial risk: Financial risk tolerance and wealth», *Journal of Family and Economic Issues*, vol. 24, núm. 3, pp. 233-256.

GALLUP (2017): *State of the American workplace report*. Retrieved from http://news.gallup.com/reports/199961/7.aspx

GATENBY, R. (2000): «Married only on the weekends? A study of the amount of time spent together by spouses» [artículo de investigación], Office for National Statistics.

GATEWOOD, R. D. y FEILD, H. S.: *Human resource selection* (4.ª edición). The Dryden Press, Fort Worth (Texas), 1998.

GELDHOF, J. y LERNER, R. M. (26 de mayo de 2015): «How to recognize a budding entrepreneur», *Wall Street Journal.* www.wsj.com/articles/how-to-recognize-a-budding-entrepreneur-1432318006

GENWORTH (2016): *Annual cost of care study: Costs continue to rise, particularly for services in home.* Consultado el 1 de marzo de 2018 en http://investor.genworth.com/investors/news-releases/archive/archive/2016/Genworth-2016-Annual-Cost-of-Care-Study-Costs-Continue-to-Rise-Particularly-for-Services-in-Home/default.aspx

GLOBAL FINANCIAL LITERACY EXCELLENCE CENTER (2018): *The TIAA Institute-GFLEC personal finance index.* http://gflec.org/initiatives/personal-finance-index/

GODIN, S. (31 de enero de 2008): «Permission marketing» [entrada de blog], https://seths.blog/ 2008/01/permission-mark/

GRABLE, J. E. (2000): «Financial risk tolerance and additional factors that affect risk taking in everyday money matters», *Journal of Business and Psychology*, vol. 14, núm. 4, pp. 625-631.

GRABLE, J. E. y JOO, S. H. (2004): «Environmental and biophysical factors associated with financial risk tolerance», *Financial Counseling and Planning*, vol. 15, núm. 1, pp. 1-6.

GRABLE, J. E.; KRUGER, M. y FALLAW, S. S. (2017): «An assessment of wealth accumulation tasks and behaviors», *Journal of Financial Service Professionals*, vol. 71, núm. 1, pp. 55-70.

GRABLE, J. E.; LYTTON, R. H.; O'NEILL, B.; JOO, S. H. y KLOCK, D. (2006): «Risk tolerance, projection bias, vividness, and equity prices», *Journal of Investing*, vol. 15, núm. 2, pp. 68-74.

HAGERTY, J. R. (25 de enero de 2014): «Entrepreneur let no impediment stop him», *Wall Street Journal.* Consultado el 2 de marzo de 2018 en www.wsj.com/articles/entrepreneur-let-no-impediment-stop-him-1389835205

HANKS, T. (14 de enero de 2015): «Tom Hanks on his two years at Chabot College», *New York Times.* www.nytimes.com/2015/01/14/opinion/tom-hanks-on-his-two-years-at-chabot-college.html?_r=0&mtrref=undefined&gwh=3CEBA5FE3A28B253BDDD61A2BF967E2E&gwt=pay&assetType=opinion

HARTOG, J.; FERRER I CARBONELL, A. y JONKER, J. (2002): «Linking measured risk aversion to individual characteristics», *Kyklos*, vol. 55, núm. 1, pp. 3-26.

HORWITZ, S. G. (26 de enero de 2011): «Data overlook upward mobility», *Atlanta Journal-Constitution.* www.ajc.com/news/opinion/data-overlook-upward-mobility/2R5x19rNC2jfAnkd0ppPQI/

HOWLETT, E.; KEES, J. y KEMP, E. (2008): «The role of self-regulation, future orientation, and financial knowledge in long-term financial decisions», *Journal of Consumer Affairs*, vol. 42, pp. 223-242.

INMAR (2014): *2014 coupon trends: 2013 year-end report.* http://online.anyflip.com/zwiq/ruix/mobile/index.html#p=1

INTERNAL REVENUE SERVICE (1998): Table 3—1998, nonfarm sole proprietorships: Business receipts, selected deductions, payroll, and net income, by industrial groups classified with the North American industry classification system. www.irs.gov/statistics/soi-tax-stats-nonfarm-sole-proprietorship-statistics

— (2012): *SOI tax stats—Individual income tax returns—2012.* www.irs.gov/statistics/soi-tax-stats-individual-income-tax-returns

— (2015): Table 1. Nonfarm sole proprietorships: Business receipts, selected deductions, payroll, and net income, by industrial sectors, tax year 2015. www.irs.gov/statistics/soi-tax-stats-nonfarm-sole-proprietorship-statistics

— (2017): *SOI tax stats—Individual income tax returns—2016.* www.irs.gov/statistics/soi-tax-stats-individual-income-tax-returns

— (2018): *SOI tax stats—Estate tax filing year tables.* www.irs.gov/statistics/soi-tax-stats-estate-tax-filing-year-tables

JAKAB, S. (15 de febrero de 2012): «It is time to reap what Deere has sown», *Wall Street Journal.* www.wsj.com/articles/SB10001424052970204062704577223624164009432

JOHNSON, B.; RAUB, B. y NEWCOMB, J. (fecha desconocida): «A new look at the income-wealth connection for America's wealthiest decedents», Internal Revenue Service, Statistics of Income. www.irs.gov/pub/irs-soi/ 13rpwealthdedents.pdf

JUDGE, T. A. y HURST, C. (2007): «Capitalizing on one's advantages: Role of core self-evaluations», *Journal of Applied Psychology*, vol. 92, núm. 5, p. 1212.

KAHLENBERG, R. D. (2012): «Should colleges consider legacies in the admissions process?», *Wall Street Journal.* www.wsj.com/articles/SB10001424052970204653604577249230164868846

KROLL, L. (12 de septiembre de 2012): «The Forbes 400: The richest people in America», *Forbes.* www.forbes.com/sites/luisakroll/2012/09/19/the-forbes-400-the-richest-people-in-america/

KRUGER, M.; GRABLE, J. E. y FALLAW, S. S. (2017): «An evaluation of the risk-taking characteristics of affluent households», *Journal of Financial Planning*, vol. 30, núm. 7, pp. 38-47.

LEHRER, J. (2 de abril de 2011): «Measurements that mislead», *Wall Street Journal.* www.wsj.com/articles/SB10001424052748704471904576230931647955902

LEE, S. H. (2012): «When are frugal consumers not frugal? It depends on who they are with», *Advances in Consumer Research*, vol. 40, p. 584.

LEONHARDT, D. (23 de enero de 2014): «Upward mobility has not declined, study says», *New York Times*. www.nytimes.com/2014/01/23/business/upward-mobility- has-not-declined-study-says.html?_r=0&mtrref=undefined

LETKIEWICZ, J. C. y FOX, J. J. (2014): «Conscientiousness, financial literacy, and asset accumulation in young adults», *Journal of Consumer Affairs*, vol. 48, núm. 2, pp. 274-300.

LEVANON, G.; KAN, M. y LI, A. (19 de julio de 2016): «Job satisfaction continues to rise», Blog *Conference Board*. www.conference-board.org/blog/postdetail.cfm?post=5231

LUSARDI, A. y MITCHELL, O. S. (2011): «Financial literacy around the world: An overview», *Journal of Pension Economics and Finance*, vol. 10, núm. 4, pp. 497-508.

LYNCH, P.: *Beating the street*. Simon and Schuster, Nueva York, 2012.

MANGLEBURG, T. F.; DONEY, P. M. y BRISTOL, T. (2004): «Shopping with friends, and teen's susceptibility to peer influence», *Journal of Retailing*, vol. 80, núm. 2, pp. 101-116.

MARGALIT, L. (2016): «What screen time can really do to kids' brains», *Psychology Today*. www.psychologytoday.com/blog/behind-online-behavior/201604/what-screen-time-can-really-do-kids-brains

MARTIN, D. (2014): «Paula Kent Meehan, co-founder of a hair giant, dies at 82», *New York Times*. www.nytimes.com/2014/06/26/business/paula-kent-meehan-hair-care-entrepreneur-dies-at-82.html

MAYFIELD, C.; PERDUE, G. y WOOTEN, K. (2008): «Investment management and personality type», *Financial Services Review*, vol. 17, pp. 219-236.

MCGRATH, M. (18 de noviembre de 2015): «A global financial literacy test finds that just 57% of adults in U.S. are financially literate», *Forbes*. www.forbes.com/sites/maggiemcgrath/2015/11/18/in-a-global-test-of-financial-literacy-the-u-s/#62cf5a0c58f0.

MESNIK, H. (10 de abril de 2017): «Fast fashion: with the rise of disposable fashion trends, Americans are purchasing and throwing out clothing faster than ever», *State Press*. www.statepress.com/article/2017/04/spmagazine-sustainability-recycling-fashion-in-arizona.

MR. MONEY MOUSTACHE (23 de febrero de 2013): «Getting rich: from zero to hero in one blog post» [entrada de blog], www.mrmoneymustache.com/2013/02/22/getting-rich-from-zero-to-hero-in-one-blog-post/

MULLER, J. (30 de diciembre de 2011): «What the rich people really drive», *Forbes*. www.forbes.com/sites/joannmuller/2011/12/30/what-the-rich-people-really-drive/

NATIONAL BUREAU OF ECONOMIC RESEARCH (2012): *Were they prepared for retirement? Financial status at advanced ages in the HRS and ahead cohorts*. NBER Working Paper No. 17842. www.nber.org/papers/w17824.pdf

National Center for Education Statistics (2018): Table 303.70. Total undergraduate fall enrollment in degree-granting postsecondary institutions, by attendance status, sex of student, and control and level of institution: Selected years, 1970 through 2026. https://nces.ed.gov/programs/digest/d16/tables/ dt16_303.70.asp

National Center for O*NET Development (2016): *Summary support for ship engineers* (53-5031.00). www.onetonline.org/link/summary/53-5031.00

Neuharth, A. (28 de marzo de 2013): «Neuharth: Best way to get rich is the stock market», *USA Today*. www.usatoday.com/story/opinion/2013 03/28/neuharth-best-way-to-get-rich-is-the-stock-market/2029129/

Norton, M. I. (2013): «All ranks are local: Why humans are both (painfully) aware and (surprisingly) unaware of their lot in life». *Psychological Inquiry*, vol. 24, núm. 2, pp. 124-125.

O'Connor, C. (7 de marzo de 2012): «Undercover billionaire: Sara Blakely joins the rich list thanks to Spanx». *Forbes*. www.forbes.com/sites/clareoconnor/2012/03/07/undercover-billionaire-sara-blakely-joins-the-rich-list-thanks-to-spanx/#8dfe410d736f

Paletta, D. (2014): «New data muddle debate on economic mobility», *Wall Street Journal*. www.wsj.com/articles/new-data-muddle-debate-on-economic-mobility-1390453098

Pew Research Center (2013): «The demographics of job satisfaction», www.pewsocialtrends.org/2013/12/11/on-pay-gap-millennial-women-near-parity-for-now/sdt-gender-and-work-12-2013-4-06/

— (2014): «Most see inequality growing, but Partisans differ over solutions», http://assets.pewresearch.org/wp-content/uploads/sites/5/legacy-pdf/1-23-14%20Poverty_Inequality%20Release.pdf

— (2017): «Key trends in social and digital news media», www.pewresearch.org/fact-tank/2017/10/04/key-trends-in-social-and-digital-news-media/

Phillips, M. M. (13 de abril de 2013): «This ain't no bull: Nary a cowboy can ride 'em these days», *Wall Street Journal*. www.wsj.com/articles/SB10001424127887323916304578400503374361938

Rich, M. (13 de enero de 2012): «In Atlanta, housing woes reflect nation's pain», *New York Times*. www.nytimes.com/2012/02/01/business/economy/in-atlanta-housing-woes-reflect-nations-economic-pain.html? ref= motokorich

Richards, K. y Fox, J.: *Life*. Little, Brown and Company; Londres, 2010. (Trad. cast.: *Vida*. Libros Cúpula: Barcelona, 2018).

Rockstarfinance.com (2018): *Rockstar directory: A directory of personal finance blogs (and resources)*, https://directory.rockstarfinance.com/personal-finance-blogs/category/general-finance

Roose, K. (29 de febrero de 2012): «Bonuses dip on Wall St., but far less than earnings», *New York Times*. https://dealbook.nytimes.com/2012/02/29/as-bank-profits-plunge-wall-street-bonuses-fall-modestly/

Sages, R. A., and Grable, J. E. (2010). «Financial numeracy, net worth, and financial management skills: Client characteristics on financial risk tolerance», *Journal of Financial Service Professionals*, vol. 64, núm. 6, pp. 57-65.

Sahadi, J. (12 de octubre de 2011): «Buffett made $62,855,038 last year», CNN Money. https://money.cnn.com/2011/10/12/news/economy/buffett_taxes_2010/index.htm

Sawyers, A. (23 de septiembre de 2013): «Leases buoy market, add factory risk», *Automotive News*. www.autonews.com/article/20130923/RETAIL/ 309239957/leases-buoy-market-add-factory-risk

Schmidt, F. L. y Hunter, J. E. (1998): «The validity and utility of selection methods in personnel psychology: Practical and theoretical implications of 85 years of research», *Psychological Bulletin*, vol. 124, núm. 2, pp. 262-274.

Semega, J. L.; Fontenot, K. R. y Kollar, M. A. (2017): Income and poverty in the United States: 2016. United States Census Bureau. www.census.gov/library/publications/2017/demo/p60-259.html

Shoen, J. W. (2015): «Why does a college degree cost so much?», CNBC. https://www.cnbc.com/2015/06/16/why-college-costs-are-so-high-and-rising. html

ShopSmart (2010): Jeaneology: ShopSmart poll finds women own 7 pairs of jeans, only wear 4 [nota de prensa], www.prnewswire.com/news-releases/jeaneology-shopsmart-poll-finds-women-own-7-pairs-of-jeans-only-wear-4-98274009.html

Snell, A. F.; Stokes, G. S.; Sands, M. M. y McBride, J. R. (1994): «Adolescent life experiences as predictors of occupational attainment», *Journal of Applied Psychology*, vol. 79, núm. 1, p. 131.

Snyder, J. (10 de enero de 2011): «Retail joins fleet in driving growth», *Automotive News*. www.autonews.com/article/20110110/RETAIL01/301109953/retail-joins-fleet-in-driving-growth

Society for Human Resource Management (2015): *2015 Employee job satisfaction and engagement: Optimizing organizational culture for success*. www.shrm.org/hr-today/trends-and-forecasting/research-and-surveys/pages/ job-satisfaction-and-engagement-report-optimizing-organizational-culture-for-success.aspx

Solheim, C. A.; Zuiker, V. S. y Levchenko, P. (2011): «Financial socialization family pathways: Reflections from college students' narratives», *Family Science Review*, vol. 16, núm. 2.

Sorkin, A. R. (29 de agosto de 2011): «The mystery of Steve Jobs's public giving», *New York Times*. https://dealbook.nytimes.com/2011/08/29/the-mystery-of-steve-jobss-public-giving/

Spectrem Group (2018): «New Spectrem Group market insights report reveals significant growth in U.S. household wealth in 2017» [nota de prensa]. Consultado en https://spectrem.com/Content/press-release-new-spectrem-group-market-insights-report-reveals-significant-growth-in-US-household-wealth-in-2017.aspx

Speights, K. (21 de mayo de 2017): «Success rate: What percentage of businesses fail in their first year?», *USA Today*. Consultado el 2 de marzo de 2018 de www.usatoday.com/story/money/business/small-business-central/2017/05/21/what-percentage-of-businesses-fail-in-their-first-year/101260716/

Stanley, T. J.: *Marketing to the affluent*. Irwin Professional Publishing, 1989.

— *Selling to the affluent: The professional's guide to closing the sales that count*. Irwin Professional Publishing, 1991.

— *Networking with the affluent and their advisors*. Irwin Professional Publishing, 1993.

— *The Millionaire Mind*. Andrews McMeel Publishing, Kansas City (Misuri), 2000.

— *Millionaire women next door: The many journeys of successful American businesswomen*. Andrews McMeel Publishing, Kansas City (Misuri), 2005.

— *Stop Acting Rich:... and start living like a real millionaire*. John Wiley & Sons, Hoboken (Nueva Jersey), 2009.

— (26 de julio de 2011): «One man's junk, another man's treasure» [entrada de blog]. www.thomasjstanley.com/2011/07/one-mans-junk-another-mans-treasure/

— (31 de enero de 2012): «Drive rich or be rich» [entrada de blog]. www.thomasj stanley.com/2012/01/drive-rich-or-be-rich/

— (30 de noviembre de 2013): «Wealth? No, not yet!» [entrada de blog]. www.thomasjstanley.com/2013/11/wealth-no-not-yet/

— (25 de marzo de 2014): «Does your chosen vocation have great market opportunities?» [entrada de blog]. www.thomasjstanley.com/2014/03/does-your-chosen-vocation-have-great-market-opportunities/

Stanley, T. J. y Danko, W. D. (1996): *The millionaire next door*. Longstreet Press, Atlanta (Georgia), 1996. (Trad. cast.: *El millonario de la puerta de al lado: Los sorprendentes secretos de los millonarios estadounidenses*. Ediciones Obelisco: Barcelona, 2015).

Stanley, T. J. y Moschis, G. P. (1984): «America's affluent», *American Demographics*, vol. 6, núm. 3, pp. 28-33.

Statistic Brain (2017): Denim jeans industry statistics. www.statisticbrain.com/denim-jeans-industry-statistics/

Stewart, J. B. (2016): «Facebook has 50 minutes of your time each day. It wants more», *New York Times*. www.nytimes.com/2016/05/06/business/facebook-bends-the-rules-of-audience-engagement-to-its-advantage.html

Stokes, G. S.; Mumford, M. D. y Owens, W. A. (1989): «Life history prototypes in the study of human individuality. *Journal of Personality*, vol. 57, núm. 2, pp. 509-545.

Su, J. B. (28 de septiembre de 2016): «The global Fintech landscape reaches over 1,000 companies, $105B in funding, $867B in value: Report», *Forbes*. https://www.forbes.com/sites/jeanbaptiste/2016/09/28/the-global-fintech-landscape-reaches-over-1000-companies-105b-in-funding-867b-in-value-report/#66689d1326f3

Tax Foundation (2012): Fiscal fact No. 317: *Who are America's millionaires*? https://taxfoundation.org/who-are-americas-millionaires/

Taylor, C. D.; Klontz, B. y Lawson, D. (2017): «Money disorders and locus of control: Implications for assessment and treatment», *Journal of Financial Therapy*, vol. 8, núm. 8, pp. 124-137.

Trevelyan, E.; Gambino, C.; Gryn, T.; Larsen, L.: Acosta, Y.: Grieco, E.; Harris, D. y Walters, N. (noviembre de 2016): *Characteristics of the U.S. population by generational status: 2013*. United States Census Bureau. www.census.gov/content/dam/Census/library/publications/2016/demo/P23-214.pdf

Tuttle, B. (2011): «A weak argument: Why some jeans cost $300», *Time*. http://business.time.com/2011/07/08/a-weak-argument-why-some-jeans-cost-300/

United States Census Bureau (2016): *State and county quickfacts*. www.census.gov/quickfacts/fact/table/US/PST045219

— (2017): *Wealth and ownership data tables - 2013*. www.census.gov/topics/income-poverty/wealth/data/tables.all.html

University College London (2009): «How long does it take to form a habit?», www.ucl.ac.uk/news/news-articles/0908/09080401

Vanguard (2016): «Vanguard's Advisor Alpha», www.vanguard.com/pdf/ISGAA.pdf

Waggoner, J. (2011): «Pit stock analysts vs. short sellers for rich clues», *USA Today*. https://usatoday30.usatoday.com/money/perfi/columnist/waggon/ 2011-02-18-investing18_st_N.htm

Wang, A. (2009): «Interplay of investors' financial knowledge and risk taking», *The Journal of Behavioral Finance*, vol. 10, núm. 4, pp. 204-213.

Wang, X., Yu, C. y Wei, Y. (2012): «Social media peer communication and impacts on purchase intentions: A consumer socialization framework», *Journal of Interactive Marketing*, vol. 26, núm. 4, pp. 198-208.

WEINBERG, B.; REAGAN, P. B. y YANKOW, J. (2004). «Does neighborhood affect hours worked? Evidence from longitudinal data», *Journal of Labor Economics*, vol. 22, núm. 4, pp. 891-924.

WILLIAMS, G. (30 de abril de 2014): «The hidden costs of moving», *US News & World Report*. https://money.usnews.com/money/personal-finance/articles/2014/04/30/the-hidden-costs-of-moving

WORLD ECONOMIC FORUM (2017): *We'll live to 100—How can we afford it*. www3.weforum.org/docs/WEF_White_Paper_We_Will_Live_to_100.pdf

YARROW, A. L. (2015): «Falling marriage rates reveal economic fault lines», *New York Times*. www.nytimes.com/2015/02/08/fashion/weddings/falling-marriage-rates-reveal-economic-fault-lines.html?mcubz=0

ZAGORSKY, J. L. (2005): «Marriage and divorce's impact on wealth», *Journal of Sociology*, vol. 41, núm. 4, pp. 406-424.

— (2007): «Do you have to be smart to be rich? The impact of IQ on wealth, income and financial distress», *Intelligence*, vol. 35, núm. 5, pp. 489-501.

ZHANG, J., HOWELL, R. T. y HOWELL, C. J. (2014): «Living in wealthy neighborhoods increases material desires and maladaptive consumption», *Journal of Consumer Culture*, vol. 16, núm. 1, pp. 297-316.

LISTA DE ILUSTRACIONES Y TABLAS

Ilustración

Tablas

ÍNDICE